Oficina: Do Teatro ao Te-ato

Coleção Debates
Dirigida por J. Guinsburg

Equipe de realização – Revisão: Plinio Martins Filho e Dainis Karepovs; Diagramação: Walter Grieco; Produção: Ricardo W. Neves e Raquel Fernandes Abranches.

**armando sérgio
da silva**

# OFICINA: DO TEATRO AO TE-ATO

PERSPECTIVA

Dados Internacionais de Catalogação na Publicação (CIP)
(Câmara Brasileira do Livro, SP, Brasil)

Silva, Armando Sérgio da
  Oficina : do teatro ao te-ato / Armando Sérgio
da Silva. -- 2. ed. -- São Paulo : Perspectiva,
2008. -- (Debates ; 175 / dirigida por J. Guinsburg)

  Bibliografia.
  ISBN 978-85-273-0558-7

  1. Crítica teatral 2. Teatro - História  3. Teatro
Oficina de São Paulo - História  I. Guinsburg, J.
II. Título. III. Série.

05-1812                                    CDD-792.09

Índices para catálogo sistemático:
1. Teatro : História e crítica : Artes da
representação 792.09

2ª edição

Direitos reservados à
EDITORA PERSPECTIVA S.A.

Av. Brigadeiro Luís Antônio, 3025
01401-000 – São Paulo – SP – Brasil
Telefax: (0--11) 3885-8388
www.editoraperspectiva.com.br
2008

## SUMÁRIO

Introdução .................................. 11

Primeira Parte: HISTÓRIA ................... 15
Segunda Parte: ANÁLISE CRÍTICA ............ 95
  1. A Fase Amadora ..................... 97
  2. Assimilação da Técnica e da Cultura Contestatória Norte-americana ............. 107
  3. O Domínio Artesanal no Encontro com a Dramaturgia Russa ................... 117
  4. Na Transição Antiilusionista, a Balança Pesa para o Social .................... 131
  5. *O Rei da Vela* — O Encontro com a Realidade Nacional ...................... 141

6. *Roda Viva* — A Radicalização de um Processo .............................. 157
7. *Galileu Galilei* — Um Aparente *Intermezzo* Racional ........................... 169
8. A Destruição ....................... 181
9. A Morte ........................... 193
10. A Viagem em Busca do "Te-ato" ....... 197

A LINGUAGEM TEATRAL DO OFICINA — *J. Guinsburg e Armando Sérgio da Silva* ............................. 215

BIBLIOGRAFIA .................... 239

## NOTA

Este livro (com pequenas modificações) surgiu de minha dissertação para Mestrado em Artes (com o mesmo título) apresentada à Escola de Comunicações e Artes da Universidade de São Paulo, sob a orientação do Professor Dr. Jacó Guinsburg, ao qual eu quero, especialmente, agradecer por seu trabalho rigoroso, atento, competente e amigo, durante a elaboração da referida dissertação. Foi incluído, neste livro, um ensaio que escrevi de parceria com o referido mestre, fruto de nossas intensas discussões estéticas a respeito do Teatro Oficina.

Esta obra também foi possível graças a ajuda de muitas pessoas, algumas das quais aqui agradeço:

— a Miroel Silveira e Clóvis Garcia, por tudo o que me ensinaram e pela confiança que um dia depositaram em mim;

— a Renata Palotini, Sábato Magaldi, Alfredo Mesquita, Décio de Almeida Prado, Lauro Cesar Muniz, competentes mestres, que transmitiram fundamentos essenciais para minha formação teatral, cultural e humana;

— à lucidez crítica e às aulas do saudoso Prof. Anatol Rosenfeld;

— aos professores e amigos da Pós-graduação da Escola de Comunicação e Artes da Universidade de São Paulo, por permitirem o aprofundamento de minha pesquisa;

— à ajuda de meus amigos Adamilton Andreucci e Sílvio;

— ao empenho pessoal da Senhora Ruth Silva Muniz que me possibilitou a tranqüilidade necessária para essa pesquisa;

— a meus pais.

**PARA**

ROSEMARY
ANA CÂNDIDA
SANDRO
LEANDRO
AMANDA

## INTRODUÇÃO

Minha formação teatral, iniciada em cirquinhos familiares, palcos de igreja, esquetes escolares, direção de teatro amador, organização de grupos universitários e, finalmente, numa escola de teatro (ECA), conduziu-me, sempre, ao teatro como fenômeno do espetáculo, como algo dinâmico, articulado em todos os seus elementos numa linguagem específica. Invariavelmente vemos os seus elementos como integrantes orgânicos do fenômeno cênico, que se configura, ao vivo, num espaço dividido entre área de representação e de platéia. Se tomados isoladamente, esses elementos falam mais de literatura do que de teatro, mais de artes plásticas do que de teatro e assim por diante. Daí por que escolhi, para tema de meu livro a história de um grupo teatral e a análise de seus espetáculos. Pareceu-me também bastante rico, a esse propósito, o itinerário do "Teatro Oficina de São Paulo" que acom-

*11*

panhei como público e estudante de teatro na década de sessenta. A primeira e mais forte motivação que me encaminhou ao referido tema foi, sem dúvida, os inquietantes e ricos espetáculos desse elenco paulista que percorreu, na referida década, o caminho trilhado pelos principais encenadores do teatro contemporâneo. Havia a idéia sempre presente de uma pesquisa, que abrangesse a evolução tanto das formas quanto das idéias, que advinha da própria idéia de grupo estável, onde seus componentes investigavam e amadureciam conjuntamente.

Outro fato que me incentivou a enfrentar a empreitada foi o de que são raríssimos os trabalhos do gênero em nossa bibliografia teatral. A grande maioria dos títulos neste item refere-se a textos teatrais, outros são de caráter apenas biográfico-histórico, não havendo quase nada a respeito dos nossos principais movimentos teatrais. Apenas, à guisa de exemplo, os importantes feitos e contribuições do Teatro Brasileiro de Comédia e do Teatro de Arena ainda não foram devidamente estudados. Isso, evidentemente, não quer dizer que nossos críticos não se tenham preocupado com as realizações e os grupos em apreço. Mas os estudos específicos são raros e talvez só agora, *pari-passu* com o próprio movimento teatral e o desenvolvimento dos primeiros cursos de pós-graduação em teatro é que começaram a aumentar. Até o momento o nosso acervo de escritos sobre as obras cênicas se limitou, quase invariavelmente, a artigos jornalísticos ou a ensaios de revista, que pelo próprio motivo da natureza de elaboração, isto é, urgência no tempo ou/e limitação de espaço, não puderam abarcar longas fases do nosso complexo teatral, o que é pena, pois apesar da pressa com que geralmente são feitos, alguns destes escritos revelam grande perspicácia de análise, bem como extrema atualidade na visão da arte teatral. Diga-se aqui, de passagem, que muitos destes estudiosos, arrolados em minha bibliografia, fizeram exposições brilhantes sobre os diferentes aspectos e apresentações do Teatro Oficina, e sem eles, não há dúvidas, o presente trabalho ver-se-ia a braços com dificuldades insuperáveis.

Dessa maneira, a originalidade e importância do tema logo se configurou evidente a mim, na medida em que, pelo menos até o momento, não há notícia de nenhuma publicação que tenha abarcado toda a história e análise da evolução desse grupo, assim como, de nenhum dos principais elencos do teatro brasileiro. Sobre o Teatro Oficina, especificamente, o nosso rol bibliográfico não foge à regra. Existe farto noticiário e reportagens jornalísticas dos espetáculos isoladamente e alguns poucos ensaios que tentaram explicar, com mais ou menos ligeireza, algumas das fases do conjunto. Fernando Peixoto proferiu algumas conferências acerca do Teatro Oficina (gravadas por mim) e é o que há de mais completo sobre o assunto.

A dificuldade inicial surgiu, é claro, em virtude do próprio teatro como fenômeno, isto é, devido a seu próprio dinamismo, a sua efemeridade e à essência de uma arte que só acontece ao vivo e não pode ser reproduzida em toda sua plenitude para posterior análise. Mais do que nunca senti a falibilidade da memória, de minhas lembranças. Recordava apenas gestos, trechos, sons isolados que não constituíam nem o todo nem a parte, sequer, de um espetáculo. A memória de amigos, mesmo quando ligados ao teatro, era ainda pior do que a minha. A única saída foi procurar elementos no registro e análise dos cronistas do dia seguinte... Os artigos e críticas da imprensa. Cheguei então à conclusão que, antes de iniciar qualquer análise das peculiaridades artísticas desse grupo e de tentar discutir as questões básicas que sua presença colocou no teatro brasileiro, seria preciso estabelecer a história do grupo.

Após ponderar sobre todas essas dificuldades, concluí ser possível enfrentar esse desafio. Aqui está o trabalho. O Teatro Oficina proporcionou-me uma deliciosa aventura. Não tenho dúvida de que o seu exemplo deve ser conhecido por todos os estudiosos de teatro do país, pois a presença desse conjunto paulista será obrigatória em qualquer história da arte cênica nacional.

Primeira Parte: HISTÓRIA

*Somos um país com pouca memória*

Foi no ano de 1958 que um grupo de teatro nasceu dentro da Faculdade de Direito do Largo São Francisco. O nome ainda não era Teatro Oficina. Tudo aconteceu quando um grupo de estudantes de direito, dentre os quais José Celso Martinez Correa, Carlos Queiroz Telles e Hamir Hadad, resolveu encenar duas peças: *Vento Forte para Papagaio Subir* de José Celso Martinez Correa e *A Ponte* de Carlos Queiroz Telles. O local conseguido para a estréia foi uma casa ocupada por um grupo teatral de espíritas, chamado "Teatro dos Novos Comediantes". Eles não representavam e nem tinham o nome de nenhuma instituição acadêmica, pelo contrário, eram, de certa maneira, um grupo marginalizado dentro da sua própria faculdade. Seu núcleo principal existiu antes das Arcadas, na cidade de Araraquara.

Uma atitude marcante do Teatro Oficina em seus primórdios, quase inusitada em outros grupos universitários, foi a participação em festivais de teatro amador; *Vento Forte para Papagaio Subir*, por exemplo, a primeira montagem, venceu um concurso de grupos amadores realizado pela TV Tupi, o que naquela época já deu um certo prestígio ao grupo.

Cabe aqui um comentário sobre os festivais de teatro amador. É sabido que estes têm revelado inúmeros profissionais, principalmente através da premiação individual. O que ocorre, entretanto, é que os laureados procuram, quase sempre, desenvolvimentos individuais nos quadros do profissionalismo, não reaplicando seu talento e/ou sua experiência no grupo e, o que é pior, quebrando a unidade fundamental de um núcleo que poderia continuar e aprofundar uma pesquisa cênica. Tal não ocorreu com o Oficina, que desde o início manteve um centro coeso de indivíduos talentosos que encontravam sempre saídas coletivas para seus problemas, fossem eles artísticos ou econômicos. Em relação a estes, por exemplo, participaram de uma experiência de convívio, ainda mais aglutinadora — o "Teatro a Domicílio" — resquício de uma sadia tradição universal, e também muito nossa, a dos "mambembeiros". No caso, entretanto, a peregrinação era um tanto quanto desconcertante. Uma peregrinação pelas casas ricas do Morumbi, com a finalidade, muito prática, de realizarem um novo projeto: a montagem de *A Incubadeira* de José Celso. Fernando Peixoto nos relata o que foi a tentativa do "Teatro a Domicílio":

... entravam nas mansões, pelas portas dos fundos, pela entrada de serviço e ficavam aguardando numa sala qualquer até o momento de serem apresentados. Aí então faziam três peças. Uma delas era um texto italiano do qual não se tem referências, a segunda peça era *O Guichet* de Jean Tardieu e a terceira *Geny no Pomar* de um autor americano desconhecido, que aliás foi a estréia de José Celso como diretor. Esse Teatro, esse processo estranho, que certamente vem da Idade Média, dos "bobos da corte", conseguiu uma proeza ainda maior, que foi a de estrear na "Boite Cave", a grande *boite* do momento. Tudo isso possibilitou a montagem de *A Incubadeira* e a locação de uma sala chamada "Quitanda". Ali, desligado das salas da Faculdade, o Oficina iniciou uma série de ensaios, estudos, pesquisas, um programa que iria acompanhar o grupo até o fim[1].

1. FERNANDO PEIXOTO, «Conferência sobre o Teatro Oficina», SP, Aliança Francesa, junho/1977.

A *Incubadeira*, dirigida por Hamir Haddad, obteve no II.º Festival de Teatro Amador de Santos (1959) cinco prêmios e, o que é mais importante, conseguiu acesso ao Teatro de Arena, onde ficou dois meses em cartaz. Estava aberto ao grupo o caminho do destaque, pois o Teatro de Arena, na época, aglutinava em torno de si o público universitário e grande parte da pequena burguesia intelectual. Através desse contato o Oficina iria sofrer grandes mudanças.

Até então o Oficina era um elenco que, em suas principais montagens, mostrava um mundo muito particularizado. *Vento Forte para Papagaio Subir* e *A Incubadeira* eram variações em torno de assuntos bastante pessoais vivenciados pelos componentes do grupo. Eram peças quase autobiográficas de José Celso. Vê-se, pois, que se tratava então de um conjunto completamente desligado de qualquer programa de ação social. Foi justamente o Teatro de Arena que, de certa maneira, orientou o grupo para a busca de um teatro que poderia ser definido como "preocupado socialmente".

Pode-se até dizer que a influência foi quase paternalista. A própria atriz Etty Fraser disse: "Nós somos filhos do Teatro de Arena"[2]. Durante muito tempo houve um impasse dentro do Oficina — juntar-se ou não com o Arena. Os primeiros cursos de interpretação foram dados por Augusto Boal, então diretor do Teatro de Arena.

Para se ter uma idéia de como era a imagem que a classe teatral tinha então daquele grupo, veja-se o que disse o crítico Sábato Magaldi:

... A princípio o conjunto (Oficina) não despertava a simpatia do meio teatral, pela sua aparência ligeiramente grã-fina, mas era visível na inquietação algo desorientada de seus elementos com matizes de filhinhos de papai, de existencialistas cristãos, uma sincera procura de novos caminhos, um verdadeiro desejo de acertar[3].

Em 1959 o autor preferido do grupo, e principalmente de José Celso, era Jean-Paul Sartre. Naquele mesmo ano, o Teatro Oficina montava *As Moscas* de Sartre, uma co-produção com a Aliança Francesa, direção de um francês chamado Jean Luc Descaves. Tendo de permeio *As Moscas,* o Oficina depois de *A Incubadeira,* que mos-

2. ETTY FRASER, «Debates sobre o Teatro Oficina» no curso «Análise do Contexto Exterior da Obra Teatral», ECA-USP, 1974.
3. SABATO MAGALDI, A engrenagem, Suplemento Literário de *O Estado de São Paulo*, 10/10/1960.

trava o domínio de uma mãe gorda sobre seu filho asmático, montaria, em 1960, numa co-produção com o Teatro de Arena e direção de Augusto Boal, *Fogo Frio* de Benedito Rui Barbosa, uma peça vinculada ao Teatro Social proposto pela jovem dramaturgia realista do Teatro de Arena, que colocava em cena o trabalhador rural e seus problemas. Tal ruptura, tal guinada para um Teatro que não mais discutia dúvidas existenciais, se inseria mais no processo do Teatro de Arena do que na continuidade do trabalho decorrente das preocupações dos dirigentes do conjunto amador. Até que ponto o preço da desalienação seria deixar de falar de seus problemas individuais? A dúvida, no momento, era justamente essa: juntar-se ou não ao Teatro de Arena.

A solução para essa dúvida foi, em certo sentido, uma saída intermediária. De um lado era necessário um contato com o Arena — uma experiência gratificante em termos de aprendizagem e uma posição inquietante em relação à eficácia do teatro como modificador da sociedade. De outro, era um grupo com objetivos próprios que não se coadunavam totalmente com os objetivos do grupo profissional. A relação estabelecida entre os dois conjuntos foi formulada da seguinte maneira: o Oficina permaneceria como elenco autônomo, mantendo certa vinculação ideológica, ressalvadas algumas divergências, com o Teatro de Arena.

Em 1960 Jean-Paul Sartre visitava o Brasil. O filósofo que apareceu aqui diferia bastante do autor de *As Moscas* (1943). Acabara de engajar-se decisivamente na causa da libertação da Argélia e, no fim da década de cinqüenta, visitara Cuba de Fidel Castro. No ano de 1960 se empenhara na luta por causas políticas e, conversando com os jovens intelectuais e artistas brasileiros disse:

*A Engrenagem* se passa num país imaginário que bem poderia ser o Brasil[4].

Tentando canalizar para o teatro a presença oportuna do filósofo que despertara tamanha atenção da intelectualidade brasileira, o Oficina resolve montar *A Engrenagem*, um roteiro cinematográfico, que em essência tenta mostrar a inutilidade dos movimentos revolucionários, se eles não visam, fundamentalmente, à libertação nacional do imperialismo estrangeiro.

4. SÁBATO MAGALDI e MARIA TEREZA VARGAS, Cem anos de teatro em São Paulo, Suplemento do Centenário, *O Estado de São Paulo*, 17/01/1976.

origem do Teatro Oficina — Faculdade de Direito do Largo São Francisco — 1958 ... O Brasil perdia alguns advogados e ganhava uma nova companhia de teatro... (Arq. Teatro Oficina)

O elenco de A Incubadeira, de José Celso M. Correa, depois dos prêmios recebidos no II.º Festival de Teatro Amador de Santos (1959) (Arq. Teatro Oficina)

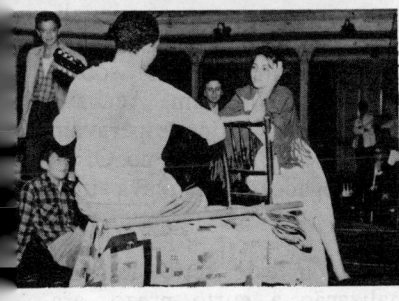

Fogo Frio, de Benedito Rui Barbosa, em co-produção com o Teatro de Arena (1960) ... A dúvida, naquele momento, era essa: juntar-se, ou não, ao Teatro de Arena... (Arq. Teatro Oficina)

A Engrenagem (1960) — Roteiro cinematográfico de Jean-Paul Sartre, adaptado à cena por Augusto Boal e José Celso. O último espetáculo da fase amadora (Arq. Teatro Oficina)

Augusto Boal e José Celso fizeram a adaptação teatral do texto e aprontaram o espetáculo em quinze dias. A *Engrenagem* estreou em outubro de 1960, permaneceu por duas semanas no Teatro Bela Vista, passando depois a ser apresentada em sindicatos e bairros. O espetáculo foi muito cortado pela censura, o que propiciou ao grupo a primeira oportunidade de efetuar um protesto público — os atores postaram-se amordaçados diante do Monumento do Ipiranga[5].

O resultado artístico dessa montagem foi bastante satisfatório, a ponto do crítico Sábato Magaldi tecer o seguinte comentário:

... deve-se abrir enorme crédito de confiança ao grupo Oficina (...) sem talento, sem seriedade, qualquer esforço se perderia na vala comum de tantos movimentos encetados com bons propósitos e logo desfeitos diante da primeira dificuldade. Como o grupo Oficina tem talento e seriedade, em breve passará do estágio ainda amador para o de uma das nossas mais conseqüentes companhias profissionais[6].

Instala-se por essa época uma discussão ainda mais radical a respeito da profissionalização do grupo. Depois dessa montagem alguns se afastaram, ou por divergência ideológica ou por serem contrários à profissionalização. A opção foi feita — o próximo passo seria a profissionalização e, para tanto, seria necessário construir um conjunto e um teatro. Os cursos de interpretação, sob a orientação de Augusto Boal, se intensificaram. Acabava o diletantismo. O que o público e a crítica esperavam estava para contecer. Uma nova fase se iniciaria no Oficina. O Brasil perdia alguns advogados e ganhava uma companhia de teatro.

É evidente que para enfrentar esse sério compromisso, o de uma profissionalização a curto prazo, era preciso uma liderança forte, uma direção artística que coordenasse a vontade coletiva de criar o seu próprio teatro. Esse líder, entretanto, já estava no grupo e chamava-se José Celso Martinez Correa. Coadjuvado por Renato Borghi e Etty Fraser

... o talento de Zé Celso absorveu tudo o que era possível em quatro anos de amadorismo e semi-amadorismo e explodiu na coragem de novas descobertas[7].

5. FERNANDO PEIXOTO, *ob. cit.*
6. SÁBATO MAGALDI, A Engrenagem, *ob. cit.*
7. CARLOS QUEIROZ TELLES, TBC, Arena e Oficina, *Palco e Platéia*, junho/1973, p. 19.

Foi no Teatro de Arena, e principalmente através de Augusto Boal, que o futuro diretor buscou as bases de sua formação teatral: um certo grau de preocupação social e o domínio de uma técnica de trabalho com atores, a técnica do Actors' Studio.

Era um trabalho embasado principalmente no ator, o fundamento do teatro, e na pesquisa em grupo. Decisiva e óbvia foi a influência dessa escola-laboratório americana na escolha do texto para a estréia profissional. O autor escolhido, Clifford Odets, um dos componentes do Group Theatre, ajudara na formação do Actors' Studio. Poderíamos mesmo dizer que Clifford Odets, com seu estilo realista e suas personagens bem acabadas no sentido artesanal, era o tipo do autor feito sob medida para o Actors'· Studio. Além disso, sua linha ideológica conjugava-se com o programa de ação do grupo, preocupado em fazer um teatro atuante, do ponto de vista sóciopolítico. A peça escolhida, *Awake and Sing*, traduzida por *A Vida Impressa em Dólar*, fazia um levantamento dos problemas sociais da classe média americana, que no fundo eram os mesmos problemas de sua congênere brasileira e, o que é mais importante, no caso do Oficina, ampliava e aprofundava as questões já ventiladas em *A Incubadeira*. *Awake and Sing* pretendia retratar a letargia que dominava os estratos médios da sociedade brasileira no início da década de sessenta; letargia essa devida à inconsciência social da grande maioria, obrigada a engajar-se em um universo de mesquinharias e insignificância em virtude de seu pragmatismo monetário. Na peça encontramos a figura da mãe, capaz e empreendedora, do pai sonhador, que foge da realidade e passa a viver de lembranças de mitos do passado, do filho que ama uma órfã e é contrariado pela mãe, da filha que procura marido, de um avô que o tempo todo cita Marx e Engels, de um parente, homem de negócios típico, etc.

*A Vida Impressa em Dólar* instilaria no grupo uma certa atração pela dramaturgia e teatro americanos, que predominaria até início de 1963.

O profissionalismo para o Oficina jamais significou meio de ganhar dinheiro, sob a tutela de um espírito comercial. Significou, isso sim, uma maneira de escapar de dificuldades, como o dilentantismo e outros empecilhos de uma atividade cênica a sério. Era a procura de tempo e de espaço para fazer um teatro de equipe, de pesquisa,

A bilheteria deveria curvar-se à grande meta do conjunto, um teatro cultura. Por exemplo, o primeiro passo, após a profissionalização, foi o convite a Eugênio Kusnet, para que desse um curso de interpretação, segundo o "Método de Stanislavski". Kusnet estudara na Rússia com alguns seguidores de Stanislavski os princípios do "Método". A presença de Kusnet não foi somente importante mas decisiva para a própria existência do Oficina. Sobre os frutos do trabalho de Kusnet no grupo, deter-nos-emos longamente quando falarmos de *Pequenos Burgueses*. Por enquanto, é suficiente o fato de que na perspectiva do grupo dentro do profissionalismo, o estudo e o domínio das artes cênicas era um alvo fundamental e que o convite ao mestre russo não poderia ser mais oportuno, neste sentido.

Para realizar tal programa e efetuar a estréia profissional, era necessário um espaço próprio. Uma casa vazia, na Rua Jaceguai n.º 520, parecia atender tais necessidades, mas seria preciso fazer todas as instalações teatrais. O grupo lançou então uma vigorosa campanha de fundos. Verificou-se a oferta de donativos pessoais, uma ante-estréia no Cine Coral, um festival de Música Popular Brasileira, a Bossa Nova, bem como a venda de cadeiras cativas e outros expedientes utilizados para tanto. O resultado total da campanha permitiu o início das obras, nos termos do projeto do arquiteto Joaquim Guedes. Assim é que, na sala, onde antes cabiam apenas cento e quarenta pessoas, e num palco que oferecia poucas possibilidades de montagem, o arquiteto conseguiu inserir mais de duzentos lugares, ampliando, ao mesmo tempo, a área de representação. O orçamento da reforma, que incluía sanitários, camarins, sala de espera, instalações elétricas e acabamento, ficou em mais de um milhão e meio: somente as platéias, executadas em peroba de qualidade, custaram acima de oitocentos mil cruzeiros. Entretanto, mais do que uma reforma para abrigar um elenco cênico, tais obras criaram, no Brasil, uma nova forma de espaço teatral: a combinação de arena com o palco italiano, permitindo o uso de cenários, o contato direto e a proximidade dos atores com o público, por meio da disposição das poltronas em duas platéias paralelas, ao longo da área da cena.

*A Vida Impressa em Dólar* estreou a 16 de agosto de 1961, ao fim de seis meses de pesquisas, ensaios, esforços, no mesmo dia em que o grupo inaugurava o novo teatro, ainda hoje situado no mesmo local. A inauguração foi uma verdadeira festa. Parecia mesmo uma festa

**Eugênio Kusnet trabalhando, como "pedreiro", na construção do futuro Teatro Oficina**
...uma casa vazia, na Rua Jaceguai n.º 520, parecia atender as necessidades do grupo... (Arq. Teatro Oficina)

**A primeira reunião do núcleo central do Oficina no teatro recém-construído (1961)** (Arq. Teatro Oficina)

**A Senhora Maria Prestes Maia inaugurando o Teatro Oficina. Uma festa ao estilo do Teatro Brasileiro de Comédia (1961)** (Arq. Teatro Oficina)

no estilo do Teatro Brasileiro de Comédia; era como se um novo grupo de teatro bem comportado nascesse naquele momento. O evento contou com a participação de várias personalidades, entre as quais a esposa do Prefeito do Município, Senhora Maria Prestes Maia; o Ministro Paschoal Carlos Magno, representantes de toda a imprensa e o Diretor de Diversões Públicas, acompanhado por oito censores. Afora um ligeiro incidente na montagem de *A Engrenagem* era aqui que iria iniciar-se uma longa luta entre o Oficina e a censura (de todos os tempos) no Brasil. A bem dizer, esta censura não só prejudicou como até certo ponto, devido ao caráter espalhafatoso e estapafúrdio de suas medidas, promoveu o grupo junto à classe estudantil e à pequena burguesia intelectual. O incidente merece ser retratado, quer por se tratar de uma fato que pertence à história do Oficina, como pela costumeira messe de absurdos que proporciona.

Depois de assistir ao espetáculo, o Departamento de Diversões Públicas manifestou-se dizendo que liberava apenas provisoriamente a encenação, por ser a estréia do teatro e em atenção às muitas autoridades presentes. Comunicou, todavia, que não pretendia proibir a montagem, desde que o elenco cumprisse algumas exigências, como: mudança de título, cortes em certas passagens com implicações políticas ou contrárias aos bons costumes. O diretor José Celso replicou que não poderia concordar com os cortes e os censores voltaram a assistir ao espetáculo. A respeito do fato, o crítico Décio de Almeida disse o seguinte:

... Estréia singular a de ontem à noite, com dezenas de fotógrafos rodeando o palco, como se fosse o local de um crime a ser cometido. Devemos todo esse alvoroço publicitário, como se sabe, à censura, que nesses últimos tempos, com suas proibições de undécima hora, tem contribuído com noventa por cento para o *suspense* do nosso teatro (...). Voltando à censura não sabemos ainda, no momento de escrever essa nota, qual será o seu veredicto definitivo, basta dizer que até com o título brasileiro ela implicou, como se a expressão, que se repete por duas vezes no texto, fosse magoar os melindres norte-americanos. Será mesmo que a censura imagina que os Estados Unidos vão ficar sentidíssimos com a grosseria de tal expressão — a vida impressa em dólar? E que homenagem é essa a um país que se preza de liberal e onde precisamente não há censura teatral?[8]

O Oficina, através de seu diretor administrativo Paulo de Tarso, recorreu ao Diretor da Divisão de Diver-

---

8. DÉCIO DE ALMEIDA PRADO, A Vida Impressa em Dólar, *O Estado de São Paulo*, 17/08/1961.

sões Públicas da Secretaria de Segurança Pública do Estado de São Paulo. Quanto à proibição do título, o grupo defendia-se dizendo que os tradutores tomavam freqüentemente a liberdade de mudar o nome de uma obra para aproximá-la mais de nossa realidade e citava como exemplos: *Look Back in Anger* traduzida como *Geração em Revolta* e *Dectetive Story* como *Plantão 21*. Quanto ao título de *A Vida Impressa em Dólar*, refletiria o centro de preocupação do autor; mencionava ainda um trecho da crítica de Décio de Almeida Prado à guisa de reforçço à afirmação anterior. Quanto aos aspectos políticos, a justificativa era a de que a peça se referia a uma época de muita efervescência política — nazismo, comunismo e até a nossa Revolução de 30. Cortar as menções neste sentido seria trair o quadro do período. Além do mais a personagem comunista, no fundo, era negativa. Com respeito à situação amorosa, colocada como indevida pela censura, o grupo se defendia dizendo que Heine, fugindo de casa, se tornava personagem negativa. Finalmente, a propósito dos termos de baixo calão, estes se justificavam e eram normais — nos termos da defesa — pois a ação se passava num bairro popular, onde a proferição de tais palavrões era corriqueira[9].

A petição suscitou um despacho que não modificou em quase nada a situação, pois apenas o título em português foi liberado. Um outro problema, entretanto, apareceu nesse ínterim. Apesar do "Habite-se" dado pela Prefeitura, a censura quis interditar a casa, porque a platéia era construída sobre rampas, o que contrariaria uma lei de edificações de 1928. A questão era que outros teatros, em pleno funcionamento, violavam a mesma lei: Arena e Maria Della Costa, por exemplo.

No dia 20 de agosto, pela manhã, houve uma reunião de vários elementos da classe teatral, a fim de examinar o caso e combinar uma ação conjunta tendente a abolir de vez o arbítrio da censura. Em 22 de agosto, o jornal *O Estado de São Paulo* publicava um apelo da Comissão Nacional de Teatro, que se resumia no seguinte: sugerir a revisão da legislação de censura estadual, que precisava ser atualizada, a fim de evitar as numerosas dificuldades que estavam surgindo, com prejuízo da arte teatral em São Paulo. No caso específico do Teatro Oficina de São Paulo, expressar o interesse do Conselho Nacional de Cul-

---

9. Recurso do Teatro Oficina (cópia datilografada) arquivo de *O Estado de São Paulo*, s/d.

tura na resolução rápida dos problemas levantados pela censura, por se tratar da encenação de uma peça já integrada na literatura dramática mundial, representada inúmeras vezes no respectivo país de origem, sem quaisquer objeções. Apelava também, no que diz respeito à interdição da nova casa de espetáculos, uma vez que o fato devia ser tido como representativo de um esforço particular, em prol da política de desenvolvimento da arte cênica no país empreendida pelo governo da República. A Comissão Estadual de Teatro fez, no mesmo dia, um apelo semelhante[10].

No mesmo 22 de agosto o então Governador de São Paulo, Prof. Carvalho Pinto, levou ao conhecimento do Secretário de Segurança Pública o fato de que estava propenso a permitir a montagem da peça de Odets, com base nas informações que tinha sobre esta. Ainda no mesmo dia, à noite, a peça foi submetida novamente à censura e finalmente autorizada pelo próprio Secretário da Segurança Pública, Sr. Virgílio Lopes da Silva. Como já indicamos, tais incidentes vão constituir-se numa constante em toda a história do Oficina, e porque não dizer, de grande parte do nosso teatro. Um drama no palco e um drama burocrático nos bastidores.

A montagem de *A Vida Impressa em Dólar* marcou alguns pontos importantes no itinerário do grupo Oficina: evidentemente uma fuga do amadorismo em busca de um teatro melhor realizado, uma abertura para o espaço e tempo necessário ao início de uma pesquisa de linguagem teatral, um expressivo sucesso frente ao público, principalmente no tocante ao público estudantil; a revelação de um diretor teatral já bastante seguro em seu primeiro trabalho profissional — José Celso —, finalmente a aceitação pela crítica especializada, ou, pelo menos, por parte dela, exemplificada aqui nas opiniões de Décio de Almeida Prado:

... a peça (...) envelheceu aqui e ali, traindo certas ingenuidades que se iriam pronunciar com maior destaque na carreira subseqüente do autor, porém conserva ainda muito de seu primitivo vigor, especialmente na belíssima encenação que lhe deu o mais jovem grupo profissional de São Paulo (...). José Celso Martinez Correa estréia na direção como um mestre, suficientemente seguro de seus efeitos para não abusar de nenhum deles. Com esse espetáculo, o "Oficina" coloca-se ao lado de nossos melhores conjuntos, provando, mais uma vez, que o gênero que os

---

10. «Provável hoje a reabertura do Teatro Oficina», *O Estado de São Paulo*, 22/08/1961.

nossos atores melhor compreendem e melhor sabem fazer é esta espécie de realismo, semilírico, semicotidiano. Não há nenhum mau desempenho. Célia Helena, Eugênio Kusnet e Fauzi Arap, talvez se avantagem aos outros, com interpretações excepcionais, embora Etty Fraser, Renato Borghi, Jairo Arco e Flexa e Francisco Martins, também estejam muitíssimo bem (...). *A Vida Impressa em Dólar*, pela facilidade com que se comunica, terá provavelmente o público que merece[11].

Do lado oposto, temos a crítica arrasadora de Miroel Silveira, que deve ser considerada como exceção à média das opiniões sobre o espetáculo; Miroel começa por não gostar do edifício teatral construído pelo grupo:

O novo teatro sofre das contigências físicas da área minúscula e alongada em que foi construído, tentando ser agradável sem o conseguir inteiramente. O tablado fica ao centro entre duas platéias, infelizmente inclinadas em excesso e que, degrau a degrau, dão proporções muito diversas para cada espectador. Sem ser propriamente um Teatro de Arena, tem todas as desvantagens do gênero, sem possuir nenhuma de suas inegáveis compensações, como a proximidade e a comunicablidade.

Faz restrição severa ao programa do grupo:

Infelizmente, trata-se de mais uma vocação para o intelectualismo do que propriamente para o teatro, o que parece ser característica de parte dessa jovem geração. Gerações anteriores careciam precisamente do contrário, de preocupações intelectuais e sociais, atirando-se cegamente à ação. Essa geração, contudo, perde-se demasiado em divagações, tentando passá-las por observações da realidade. O resultado aí está: vazio o TBC, vazio o Arena, quase vazio o Oficina.

E termina por achar muito ruim a encenação e o desempenho:

... a encenação do Oficina é, sem dúvida, um trabalho honestamente, pacientemente realizado, mas isso não impede que o resultado seja o de um espetáculo inexpressivo, apagado, em ritmo evidentemente errôneo (...). Entre os intérpretes, James Colby, Fuad Jorge e Francisco Martins estão em nível amadorístico. Etty Fraser, extremamente eficaz nas partes mais vigorosas, perde nos aspectos menos antipáticos do seu papel. Célia Helena representa com excesso de meios-tons introspectivos. Eugênio Kusnet desperdiça trechos de seu extraordinário personagem por deficiências idiomáticas. Os melhores são: Jairo Arco e Flexa e Fauzi Arap (comovente como Sam)[12].

No mesmo ano, 1961, as pesquisas iniciadas e a tendência em direção à dramaturgia americana sofriam um pequeno hiato. Como já dissemos, houve uma separação entre o Oficina e o Arena, mas ainda subsistia certa concordância ideológica entre os dois conjuntos, um trabalho que poderíamos chamar de integrado e paralelo,

---
11. DECIO DE ALMEIDA PRADO, *ob. cit.*
12. MIROEL SILVEIRA, Estréia do Teatro Oficina, *Diário de Notícias*, São Paulo, 17/09/1961.

com pequenas divergências. Esse hiato vai, em última análise, realizar mais o espírito do Arena do que o do próprio Oficina. A peça escolhida foi *José do Parto à Sepultura*, de Augusto Boal.

Segundo a crítica especializada da época, o saldo do espetáculo, que estreou no dia 28.12.1961, após ligeiras reformas na casa de espetáculos (ar condicionado, poltronas mais confortáveis, etc.) foi negativo. A montagem não era nem o espírito do Arena, nem o espírito do Oficina, não passou de um deslize na história dos dois grupos.

O fato mais marcante da experiência de *José do Parto à Sepultura* talvez tenha sido a reação do Teatro Oficina. No trabalho seguinte o grupo iria romper publicamente com a linha do Teatro de Arena, ao mesmo tempo que ensaiaria um programa de ação e de pesquisa artística com características mais específicas. A próxima montagem seria *Um Bonde Chamado Desejo* (*A Street Car Named Desire*) de Tennessee Williams, o grande sonho de todos os componentes, na época. Tenessee Williams era um dos grandes dramaturgos do momento e, de certo modo, refletia as inquietações sociais e, principalmente, existenciais, da juventude intelectualizada de então. O prato era perfeito para o Oficina: um texto *up to-date* (para se ter uma idéia da badalação, basta dizer que a própria Vivien Leigh, intérprete de Blanche no cinema, veio assistir à estréia), com um conteúdo bastante próximo de seu universo de vivência e a necessidade de um aprofundamento dos estudos de Stanislavski. O processo de trabalho, nessa montagem, viria ainda reforçar e ampliar a ligação com os processos do Actors' Studio e do Group Theatre. O espetáculo inaugurou no Oficina um novo hábito: o de convidar grandes nomes do teatro brasileiro para contracenar com seus componentes. Maria Fernanda, no papel de Blanche Dubois, e Mauro Mendonça foram os atores convidados naquela oportunidade. Segundo Fernando Peixoto[13], *Um Bonde Chamado Desejo* seria a instituição, dentro do Oficina, do grande espetáculo, reminiscência do TBC. De fato, o empreendimento apresentou-se impregnado de profissionalismo exagerado e de grandiloqüência. Entretanto, e é necessário acrescentar, seria um TBC filtrado por um contato com o Arena. Augusto Boal foi convidado a atuar no conjunto como

13. FERNANDO PEIXOTO, *ob. cit.*

diretor e, por um momento, passou a aceitar as novas propostas do Oficina. O convívio com atores experientes e a continuação das pesquisas de interpretação amadurecem e deixam mais homogêneo o elenco.

Ainda no mesmo ano de 1962, uma nova montagem: *Todo Anjo é Terrível* de Ketti Frings, adaptada do romance de Thomas Wolfe. O processo de trabalho, desta feita, foi bastante semelhante ao de *Um Bonde Chamado Desejo,* mas a direção foi de José Celso. A mesma preocupação com a dramaturgia americana, o mesmo senso de profissionalismo, mais uma vez o contato com atores famosos — na oportunidade os convidados foram Sadi Cabral e Henriette Morineau. A verdade é que o Oficina tentou uma nova superprodução. A crítica recebeu bem o espetáculo, mas o público não apareceu. Parodiando o programa do grupo, escrito naquele mesmo ano, poderíamos dizer que a platéia não queria ver no fim do ano o que já havia visto no começo. A realidade profissional começava a pesar. Os elementos do Oficina eram forçados a deixar de brincar (no bom sentido) de teatro e tinham de encarar a nova realidade contábil-jurídica, etc. das companhias profissionais. A verdade é que uma companhia profissional não pode agüentar fracassos de bilheteria. Era preciso uma peça de sucesso imediato, para que o pessoal pudesse dar-se ao luxo de continuar suas pesquisas. Aqui se inicia uma prática que vai estabelecer-se no Oficina. Este procurava um êxito comercial só quando se defrontava com uma crise. Passado o momento crítico, retornava à pesquisa artística. Em outras ocasiões, recorreu às retrospectivas, como veremos.

Eugênio Kusnet, providencialmente, trouxe uma comédia russa de Valentin Kataiev, chamada *A Quadratura do Círculo,* que traduziu com o título de *Quatro num Quarto.* Para encená-la, chamaram Maurice Vaneau, que iria apresentar uma experiência nova ao grupo. O êxito financeiro foi o melhor possível. Um sistema de "popularização" do espetáculo junto à classe média permitiu que a peça, montada a 28 de dezembro de 1962, permanecesse nove meses em cartaz — o maior êxito de bilheteria do Oficina. Foi então estrondoso o resultado comercial de *Quatro num Quarto,* que a remontaram em 1963, 64, 65, 66; serviu, inclusive, para pagar a reconstrução do teatro da equipe, destruído pelo incêndio de maio de 1966. *Quatro num Quarto* foi também apresentada no Rio de Janeiro em 1967, com a direção de José Celso

Martinez Correa[14]. Seu tema pode ser resumido assim: a ação toda ocorre dentro de um quarto, na Moscou de 1928, quando, após a Revolução, dois casais passam a lua-de-mel no mesmo aposento, uma velha casa de aristocratas entregue a estudantes e operários. Daí os *Quatro num Quarto* e todas as confusões decorrentes deste pequeno problema[15].

No programa da montagem de 1967, o grupo, através de um artigo de Fernando Peixoto, explicava por que escolhera o texto de Kataiev:

> Kataiev toma o mecanismo (Feydeau) mas com certa disciplina — o dado real por trás de cada situação é bastante conhecido, apanha personagens que não podem encontrar-se, faz comicidade da Moscou de 1928 e os coloca em cena com espírito de brincadeira e de sátira. Não tem a violência política das sátiras de Maiakovski, mas assim mesmo tem certa eficiência. O sucesso imediato da peça deve-se principalmente à capacidade de pegar no cotidiano os problemas que põem em cena (...). As personagens de Kataiev são jovens. A ele importa a análise da juventude soviética, da primeira geração da Revolução, com seus problemas específicos, capazes de um rendimento cômico efetivo[16].

A partir da direção original de Maurice Vaneau, várias outras concepções foram feitas, até a de 1967, quando José Celso imprimiu ao espetáculo um estilo de chanchada, que se justificava da seguinte maneira:

> No espetáculo a nossa opção foi pela chanchada. O termo assusta muita gente. Há um preconceito contra a chanchada, que é fruto de uma visão de classe definida. Para muitos a comédia válida é a comédia por excelência, a comédia sofisticada, elegante, cheia de maneirismos, de uma comicidade contida, tudo regido e regulado pelo célebre e decantado "bom gosto". Este tipo de forma teatral não nos interessa. Se uma comédia tem interesse para o nosso trabalho, este interesse reside justamente na possibilidade de um mergulho. Mergulho num trabalho livre independente, desimpedido, isento de qualquer preconceito ou de qualquer respeito, mergulho na busca de uma comicidade popular, onde a comunicação com a platéia seja autêntica, sem barreiras, circense

---

14. FERNANDO PEIXOTO, *ob. cit.*
15. As fichas técnicas das várias montagens da peça de Kataiev foram as seguintes:
1962 — 28 de dezembro: Estréia em São Paulo.
Direção de Maurice Vaneau.
Elenco: Rosamaria Murtinho, Célia Helena, Renato Borghi, Ronaldo Daniel, Moema Brum, Líbero Rípoli Filho (depois substituídos por) Miriam Mehler, Ítala Nandi, Fernando Peixoto, Odvlas Petti, Eugênia Woldmann, Etty Fraser e Francisco Martins.
1966 — Remontagem para temporadas nos bairros de São Paulo.
Direção de Paulo Vilaça.
Elenco: Nilda Maria, Tereza de Almeida, Odvlas Petti, Ezequiel Neves, Abrão Farc e Moema Brum.
1967 — Estréia no Rio de Janeiro.
Direção de José Celso Martinez Correa, a partir da direção original de Maurice Vaneau.
16. FERNANDO PEIXOTO, «Feydeau Antipuritanismo & Chanchada», *Programa de «Quatro num Quarto»*, Teatro Oficina, 1967.

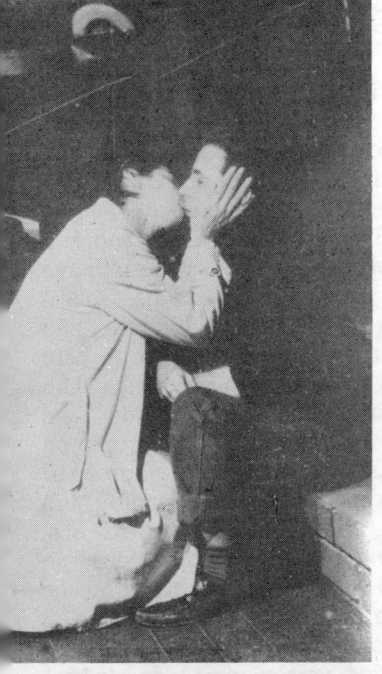

Célia Helena e Renato Borghi em Todo Anjo é Terrível. O primeiro fracasso de bilheteria após a profissionalização (1962) (Arq. Teatro Oficina)

Fernando Peixoto, Renato Borghi, Ítala Nandi e Dirce Migliaccio em Quatro num quarto de Valentin Kataiev, o sucesso comercial que possibilitou ao Teatro Oficina realizar a séria pesquisa que resultou na montagem de Pequenos Burgueses de Máximo Gorki (Obs.: No quadro, a foto de José Celso M. Correa) (Arq. Teatro Oficina)

Pequenos Burgueses de Máximo Gorki (1963). A assimilação perfeita de um estilo (Renato Borghi no papel de Piotr) (Arq. Teatro Oficina)

Etty Fraser, Célia Helena e Renato Borghi, quando comemoravam a centésima apresentação de Pequenos Burgueses (Arq. Teatro Oficina)

mesmo, não ilusória. Onde o *non-sense* tem seu lugar, seu sentido, ao lado de uma comicidade próxima à da televisão, tão atacada pelos puristas e pelos estetas, que não suportam a objetividade dos atores que se formam em contato com as camadas populares, inclusive a dos atores da chamada velha guarda, que possuem uma comunicação com o público efetiva, direta, clara, material (...) até que ponto uma linha de comédia popular foi sufocada pelo esteticismo eclético e importado de toda a geração purista que tomou conta de nosso teatro a serviço de uma ideologia imprecisa e alienada. E que introduziu entre mil coisas, o teatro burguês, arrumadinho, europeuzinho, acomodado, divertidinho, bonitinho, acertadinho, vazio[17].

No início de 1963 são interrompidos os ensaios de *A Torre em Concurso*, de Joaquim Manuel de Macedo, com direção de José Celso. Aparecera um texto que revelava atualidade surpreendente, a tal ponto que quase o transformava num texto nacional. Tratava-se de *Pequenos Burgueses* de Máximo Gorki, uma reflexão sobre o período que antecedia a Revolução Russa e se aproximava da discussão ideológica em curso aqui, no País, sobretudo no âmbito das famílias. O Teatro Oficina de São Paulo estava prestes a realizar seu grande sucesso. A bem dizer, um retumbante sucesso de público e de crítica. Um êxito que certamente afastaria quaisquer dúvidas em relação ao talento, seriedade e importância do grupo no cenário teatral de todo um país. Ninguém jamais contestou: *Pequenos Burgueses*, de Máximo Gorki, representou um dos momentos mais ricos e importantes do teatro brasileiro. O triunfo de *Quatro num Quarto* deu ao conjunto tranqüilidade suficiente para continuar seu trabalho de aprofundamento no realismo psicológico, bem como a José Celso e Fernando Peixoto, seus diretores, o tempo requerido para determinar uma versão mais adequada à nossa realidade. Essa versão continha vários cortes em relação ao original e mesmo assim o espetáculo estreou com três horas de duração. Passados os dez primeiros dias, entretanto, houve nova redução de quarenta minutos. O trabalho de adaptação visou, principalmente, a encontrar vias de maior aproximação entre a situação pintada no original russo de 1902 e o Brasil de 1963.

O Oficina estava muito consciente dessa atualidade do texto:

Sendo o resultado em termos de expressão artística, de todo um processo em marcha, sendo um apelo à necessidade de participação do homem na história, *Os Pequenos Burgueses*, como

17. FERNANDO PEIXOTO, «Feydeau Antipuritanismo & Chanchada», *Programa de «Quatro num Quarto»*, Teatro Oficina, 1967.

outras obras de Gorki, guarda ainda hoje, além de infinita gama de valores humanos e estéticos, a possibilidade de ser encenada em nossos dias sem perder a validade e a comunicação de sua mensagem. Principalmente quando encenada para uma sociedade que apresenta, em sua existência cotidiana, um clima e uma tensão semelhantes, uma série de problemas, mesmo na oposição pais e filhos, que permitem ao espectador de hoje se identificar com os personagens de Gorki. Em *Os Pequenos Burgueses* é inevitável a identificação com pais, parentes, amigos, dos mesmos. A peça pode ter hoje uma revitalização válida, um interesse espantoso, uma comunicação que não se limite à transmissão de valores estéticos ou culturais, mas ajude cada um a compreender sua responsabilidade para com os acontecimentos, por mínimos e mais domésticos que sejam, para conhecer melhor sua realidade dentro do mundo e do momento em que vive, sua necessidade de opção na marcha da história, marcha que envolve todos, mesmo os que se negam a ser envolvidos, mesmo os que se opõem à própria idéia de marcha[18].

A pesquisa sobre o gesto realista, baseado no Método Stanislavski, voltava a todo vapor e pôde ser aprofundada sobremaneira.

A moldagem da interpretação seguiu, *grosso modo,* as seguintes etapas: numa primeira fase o estudo das vontades de cada personagem, das intenções de cada pequeno momento do texto, depois a incandescência emotiva levada quase à loucura, na procura da emoção de cada cena e, finalmente, uma volta à apresentação realista. A juventude universitária, em busca de manifestações culturais mais consentâneas com os seus anseios sociais, elegeu a equipe do Oficina, ao lado do Arena, como um dos porta-vozes artísticos de seus movimentos inconformistas. Esse êxito, entretanto, não se limitou ao público estudantil. Basta ver que o espetáculo ficou em cartaz durante um ano. Esteve no Rio de Janeiro, depois em Brasília, Porto Alegre e, a seguir, em várias cidades do interior de São Paulo, chegando depois a obter um grande prêmio no Festival Latino-Americano de Teatro no Uruguai. A crítica uruguaia, por sinal, não poupou elogios ao elenco. E. R. Monegal, o conhecido crítico de literatura e teatro, hoje professor em Yale, escreveu:

> A qualidade do conjunto brasileiro, já posta em evidência na poderosa versão de *Andorra,* se viu confirmada completamente em sua segunda apresentação com *Pequenos Burgueses* (...). Poucas vezes se tem a oportunidade de ver um elenco da qualidade do teatro Oficina de São Paulo.

J.C.C. em *Acción* disse que o

Teatro Oficina ofereceu uma excelente versão de *Pequenos*

---

18. VAN JAFA, Gorki e os Pequenos Burgueses, *Correio da Manhã,* RJ, 06/05/1965.

*Burgueses,* orquestrando com minuciosa atenção até o menor detalhe da vida e tenção vigorosa de suas personagens (...). Gorki mostra-se, por obra desses comediantes um espetáculo memorável.

*El Debate* sublinhou:

> Se em *Andorra* nos maravilhamos com o equilíbrio e poderoso fervor expressivo com que foi dada sua dramática mensagem, em *Pequenos Burgueses* houve uma verdadeira audácia virtuosística na amplitude dos meios expressivos empregados[19].

A crítica brasileira também não podia deixar de louvar a grande encenação e seria enfadonho citarmos aqui todas as manifestações. Em geral, a totalidade da análise se aproximou muito da afirmação de Sábato Magaldi:

> *Pequenos Burgueses* foi o melhor espetáculo realista que o Teatro Brasileiro já encenou[20].

*Pequenos Burgueses* saiu de cartaz nos primieros dias de abril de 1964, após a derrubada do governo do Presidente João Goulart. Como saída econômica, o Oficina montou *Toda Donzela tem um Pai que é uma Fera* de Glaucio Gil, dirigida por Benedito Corsi. O espetáculo que estava em preparo era *Pena que ela seja uma p...* de John Ford, mas os ensaios foram interrompidos em março de 1964. Poucas semanas depois *Pequenos Burgueses* voltou ao Teatro Oficina e *Toda Donzela tem um Pai que é uma Fera* foi para o Teatro das Nações.

Depois de *Pequenos Burgueses,* encenação que revelou os principais atores e dirigentes do Teatro Oficina, era necessário um cuidado todo especial na escolha do texto para a próxima montagem. Era preciso algo novo, mas que não abandonasse totalmente a linha de atuação desenvolvida tão eficazmente até ali. Além do mais o país acabava de sofrer, em março daquele ano, uma violenta transformação política e o grupo, que havia conquistado grande parcela da pequena burguesia intelectual e praticamente todo o público estudantil universitário de São Paulo, sentia-se com o dever de ir ao encontro das exigências desse público. Era preciso uma análise, uma resposta cênica ao movimento político de março de 1964.

Após algumas discussões, a escolha recaiu sobre *Andorra* de Max Frisch, natural de Zurique, considerado

---

19. «Teatro Oficina» elogiado pela crítica uruguaia, *O Estado de São Paulo,* 17/12/1964.
20. SÁBATO MAGALDI & MARIA TEREZA VARGAS, *ob. cit.*

um dos mais expressivos dramaturgos modernos de língua alemã. O temário de Max Frisch esteve sempre às voltas com o problema da guerra, que é por ele enfocada sob uma grande variedade de ângulos. É um típico intelectual de após-guerra[21].

José Celso Martinez Correa via, como tema central do texto, a desmistificação do preconceito em geral. Seria a demonstração quase teoremática do anti-semitismo, suas origens, desenvolvimento e conseqüências, para alcançar um significado como saída de uma situação insustentável. O problema de se atribuírem às pessoas ou grupos sociais, políticos ou religiosos características que eles não possuem[22].

Além de ser uma perfeita metáfora dos conturbados dias de 1964, o texto de Frisch interessava, do ponto de vista estrutural, ao Oficina. A linguagem cênica proposta, um misto de realismo e teatro épico, permitiu que o grupo desse, sem violência, um passo em direção a novos caminhos de pesquisa. O fato da peça conter fortes elementos realistas fez com que o grupo, ainda no âmbito de suas preocupações stanislavskianas, penetrasse, graças aos elementos épicos do texto, nas vias de uma expressividade ainda inexplorada em espetáculos anteriores.

A estréia, que se verificou no dia 10 de outubro de 1964, sofreu um atraso de várias horas devido à lotação excessiva do teatrinho da Rua Barão de Jaceguai.

A crítica em geral julgou o espetáculo do Teatro Oficina primoroso em todos os seus elementos, a começar da direção. José Celso, até então considerado um diretor

---

21. Na visão de Décio de Almeida Prado: *Andorra*, ao tratar do anti-semitismo, inspira-se diretamente nas «reflexões sobre a questão judaica» de Sartre (...) segundo a qual contrariamente a uma opinião difundida não é o caráter judeu que provoca o anti-semitismo, mas, ao invés, é o anti-semita que engendra o judeu (...).

No campo psicológico, e por extensão no social, é o olho do observador que configura o observado, como se o homem nada fosse por si mesmo, só sendo definido por intermédio dos outros homens. É que na relação sujeito e objeto de conhecimento, em que a influência se faz nos dois sentidos quando se trata de homens, Sartre tende a salientar indevidamente a ação do sujeito sobre o objeto (...). Ser judeu consistiria apenas em ser visto por olhos não-judeus e anti-semitas.

O tema de *Andorra* não é portanto o judaísmo, mas exclusivamente o conjunto de mitos que formam o anti-semitismo. Cada um projeta sobre esse bode expiatório ideal que é o judeu, destinado historicamente, por sua condição de elemento rebelde à assimilação, a seu sacrifício nas horas de tormenta social, os próprios temores e insatisfações (DÉCIO DE ALMEIDA PRADO, *Andorra*, o texto, *O Estado de São Paulo*, 31/10/1964).

22. JOSÉ CELSO MARTINEZ CORREA, *O Estado de São Paulo*, 29/09/1964.

de amplo domínio artesanal, passava agora a ser comparado ao regente de uma orquestra que manipulava com admirável destreza todos os elementos sob sua batuta, e iniciava a tarefa que o levaria a elaborar uma linguagem teatral personalíssima. Mas nem por isso o jovem diretor negligenciou o trabalho do laboratório de interpretação. Embora se embrenhassem por um campo novo, a famosa homogeneidade do elenco se manteve, salientando-se no registro crítico da época as interpretações dos dois papéis centrais, convincentemente desempenhados por Renato Borghi e Míriam Mehler.

O importante naquele momento, para o Grupo Oficina, foi o fato de que, a não ser por alguns senões, todos concentrados na falta de ritmo do espetáculo em alguns momentos, reafirmava-se como uma *troupe* de primeira linha em nosso teatro, um conjunto que:

ascendeu em apenas três anos de um simples conjunto amador a uma das principais companhias brasileiras. Do amadorismo conservou o fervor, o espírito de equipe e o desejo de ceder o menos possível ao gosto do grande público. E no profissionalismo forjou um método de trabalho que se tem caracterizado pela exigência consigo mesmo[23].

Quando se exige do espectador um pouco mais de engajamento, um pouco mais do que o simples divertir-se pós-refeição. Para os que querem um bom teatro, teatro sério, do verdadeiro, recomendo *Andorra*[24].

A continuidade, a coerência, a seriedade do trabalho que o Teatro Oficina vem realizando há vários anos se acham, mais uma vez, expressivamente comprovadas por esse belo espetáculo. Num teatro que se caracteriza, cada vez mais, pela falta de coerência e de continuidade, a existência desse grupo paulista constitui um fenômeno excepcional e imensamente auspicioso[25].

Finalmente, junto com *Pequenos Burgueses*, *Andorra* foi uma das mais premiadas montagens do grupo, bem como, pela primeira vez, deu ao elenco destaque internacional, graças à apresentação no Festival de Atlanta no Uruguai. O público e a crítica uruguaios consideraram impecável a versão de *Andorra* do Oficina, conforme nota publicada no jornal *O Estado de São Paulo* em 13.12.1964. Foram os seguintes os prêmios recebidos por *Andorra*:

No Uruguai:

23. DÉCIO DE ALMEIDA PRADO, A Encenação de Andorra, *O Estado de São Paulo*, 03/11/1964.
24. MARTIM GONÇALVES, Andorra, *O Globo*, GB, 06/10/1966.
25. YAN MICHALSKI, Andorra, *Jornal do Brasil*, RJ, 05/10/1966.

— Oficina: Primeiro Prêmio no Festival Latino-Americano.
— Renato Borghi — primeira menção honrosa de melhor ator.

Em São Paulo:
— Prêmio Comissão Estadual de Teatro.
— Melhor realização artística de 1964.
— Prêmio "Saci" de *O Estado de São Paulo*.
— Melhor cenografia e figurinos: Flávio Império.
— Prêmio Associação Paulista de Críticos Teatrais.
— Prêmio Governador do Estado.
— Melhor direção: José Celso Martinez Correa.
— Melhor ator coadjuvante: Lineu Dias[26].

Com a ausência de José Celso, em viagens de estudos pela Europa, o Oficina no ano de 1965 levou os *Pequenos Burgueses* para o Rio de Janeiro, contratados pela Companhia Tônia Carrero. Em seguida viajou pelo Brasil com *Quatro num Quarto, Pequenos Burgueses* e *Andorra*.

José Celso entrementes realizava em especial um estágio no Berliner Ensemble, a conhecida companhia alemã que continuava as pesquisas de Bertolt Brecht. Esse acompanhamento do trabalho do Berliner vai de certa maneira marcar a próxima realização do grupo. A escolha recai novamente em Gorki, por dois motivos básicos: o primeiro (que parece depois ter sido contraditado) é que José Celso numa entrevista ao *Jornal da Tarde* dizia ter muito medo de regressar da Europa procurando inovar e citava (talvez com certa ironia) os casos de Antunes e Abujamra que, tendo voltado ao Brasil com a cabeça cheia de idéias inovadoras, fracassaram inteiramente nos seus primeiros espetáculos. Por isso, afirmava José Celso:

... prefiro pisar em terreno firme, o da já conhecida experincia realista...[27].

26. A Ficha Técnica de *Andorra* de Max Frisch foi a seguinte:
Direção — José Celso.
Ass. de Direção — Fernando Peixoto.
Tradução — Mario da Silva.
Cenografia e Figurinos — Flávio Império.
Música — Cláudio Petráglia.
Fotos e Projeções — Wesley Duke Lee.

A distribuição dos papéis foi a seguinte: Barblin — Míriam Mehler; Soldado — Oswaldo de Abreu; Padre — Lineu Dias; Alguém — Fernando Peixoto; Pai — Fauzi Arap; Taverneiro — Abrão Farc; Idiota — Franciso Martins; Aprendiz — Cláudio Marzo; Médico — Eugênio Kusnet; Mãe — Célia Helena; Senhora — Henriette Morineau; Andri — Renato Borghi; Marceneiro — Fuad Jorge.

27. JOSÉ CELSO MARTINEZ CORREA, *Jornal da Tarde*, SP, 21/01/1966.

O segundo motivo foi por um problema de produção. Joe Kantor resolveu empatar 30 milhões e 800 mil cruzeiros no espetáculo que deveria ficar pronto em um mês e meio. Nada melhor de que um autor já conhecido pelo elenco e, ainda mais, um autor que parecia retratar a realidade da época.

... Gorki seria o mais brasileiro dos russos, podendo Abílio Pereira de Almeida ter sido o autor do texto, se procurasse as mesmas situações dramáticas usadas por ele...[28]

Com Fernando Peixoto, agora já seu franco e direto colaborador, José Celso traduziu e adaptou a peça à nossa realidade. Havia no original, segundo o diretor do Oficina, um certo quê de "esquerda festiva", cuja eliminação deu à peça profundidade. Dos dois caminhos que o texto abria, a perspectiva do proletariado e da burguesia, José Celso preferiu o último, por ter mais ressonância no público teatral e porque o seu objetivo era apresentar uma crônica histórica, o comentário da revolução malograda de 1905.

No programa do espetáculo, um artigo denominado "Um Teatro de Análise" explicava a preocupação do grupo no sentido de

... realizar um teatro vivo, ligado diretamente à realidade social. Acreditamos na necessidade de um diálogo verdadeiro entre espetáculo e público... Sobre os problemas mais urgentes, mais contraditórios de nossa realidade quotidiana.

Seja através de um estilo realista, nos preocupa fundamentalmente a desmistificação da realidade, a análise o mais em profundidade possível, de nossas contradições psicológicas, morais, econômicas, sociais, políticas, etc...

Nossa meta é a de atingir condições para um teatro popular, livre, ligado às mais autênticas tradições culturais de nosso povo, de nossa cultura... Para nós, cada ensaio, cada espetáculo, cada platéia nova é não uma rotina profissional, mas sim a oportunidade de aperfeiçoamento.

Aperfeiçoamento que não podemos adquirir sozinhos, mas sim auxiliados pelo incentivo e compreensão do público[29].

José Celso partiu para uma concepção épica do texto realista de Gorki (o que parece contradizer o primeiro de seus motivos para a escolha do texto), talvez devido ao seu longo estágio no Berliner Ensemble.

Sobre o processo de elaboração de *Os Inimigos*, José Celso mencionou a dificuldade de criar uma interpretação épica, com que se depararam os atores que não haviam passado pelas mãos de Kusnet. Para que esses atores

28. JOSÉ CELSO MARTINEZ CORREA, *Jornal da Tarde*, SP, 21/01/1966.
29. «Um Teatro de Análise», Programa de *Os Inimigos*, 22/01/1966.

começassem a render cenicamente, necessitariam de um preparo de três meses, no mínimo[30].

Apesar desses óbices, *Os Inimigos* desenvolve no Oficina a nova via já iniciada com *Andorra*, que poderíamos chamar de "realismo crítico", isto é, a tentativa de apresentar a realidade e analisá-la através de elementos épicos.

A crítica não foi tão esfuziante quanto a que acolheu *Pequenos Burgueses* e *Andorra*:

> O espetáculo consola-se com um meio-termo entre o naturalismo e uma vaga acentuação de tipos. Essa dificuldade já foi sentida por Stanislavski quando montava uma peça de Gorki. Era preciso dar um novo tom, uma nova maneira de representar, um novo realismo, um romantismo especial, um patético que era ao mesmo tempo o patético teatral e o da pregação[31].

> Acreditamos que o talentoso diretor José Celso Martinez Correa está passando por uma benéfica crise de transição (...) entre uma forma de espetáculo direto, que ele já assimilou, conduzindo as experiências até os limites do espetáculo historicista, e uma forma indireta, ou melhor, mediata, crítica e épica, inspirada na grande lição de Bertolt Brecht. Fruto dessa crise é o atual espetáculo onde o respeito às velhas fórmulas do realismo psicológico se quebram constantemente sob a pressão de novos interesses que se manifestam em módulos épicos que contradizem a cada passo as estruturas preestabelecidas...[32]

> O principal senão do espetáculo é a incapacidade de transformar esse domínio em cumplicidade. Embora subjugado, o público não participa, intelectualmente ou emocionalmente. Nem Aristóteles nem Brecht[33].

> O grande mérito da encenação do elenco do Oficina, estreado sábado, foi esclarecer todos os conflitos, narrando-os com inteligência para o espectador. Ao adotar o "distanciamento" anti-realista, o diretor José Celso Martinez Correa afastou-se de Stanislavski para aproximar-se de Brecht. (...) O espetáculo, enriquecido de textos históricos e de painéis que jogam com o espaço interpretativo, atinge admirável poder de explicitação e de antiilusionismo. Com a brilhante colaboração de Flávio Império, José Celso realizou talvez a montagem mais lúcida e cuidada a que assistiremos nos nossos palcos[34].

30. A Ficha Técnica de *Os Inimigos*, de Máximo Gorki, foi a seguinte: Direção — José Celso Martinez Correa.
Ass. de Direção — Fernando Peixoto.
Ensaio de atores — Eugênio Kusnet (auxiliado por Heitor O'Dwger).
Cenários e figurinos — Flávio Império.
Música — Chico Buarque de Holanda.
Elenco: Beatriz Segall, Itala Nandi, Célia Helena, Eugênio Kusnet, Mauro Mendonça, Jairo Arco e Flexa, Lineu Dias, Líbero Rípoli Filho e outros.
31. MARTIM GONÇALVES, Os Inimigos, *O Globo*, RJ, 05/05/1966.
32. ALBERTO D'AVERSA, Os Inimigos, pretexto para um espetáculo, *Diário da Noite*, SP, s/d.
33. PAULO MENDONÇA, Os Inimigos, *Folha da Tarde*, SP, 31/01/1966.
34. SÁBATO MAGALDI, Os Inimigos voltaram ao Oficina, *Jornal da Tarde*, SP, 24/01/1966.

**Eugênio Kusnet, professor e ator em Andorra de Max Frisch (1964) (Arq. IDART)**

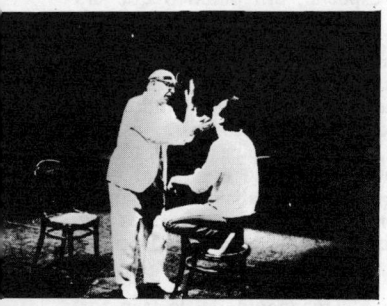

**Ítala Nandi, Célia Helena e Sylvio Rocha em Os Inimigos de Máximo Gorki — mistura de realismo com elementos épicos (1965) (Arq. IDART)**

**Cenografia de Flávio Império para um dos quadros de Andorra (1964) (Arq. IDART)**

**O Teatro Oficina depois do incêndio (1966)
(Arq. Teatro Oficina)**

**O que restou das platéias convergentes
(1966) (Arq. Teatro Oficina)**

Por essa época, assim como já fizera ao analisar *Andorra*, o crítico Yan Michalski, tentava configurar a importância do Teatro Oficina no cenário cênico do país:

Com o seu atual cartaz, *Os Inimigos* de Gorki, o Teatro Oficina confirma a indiscutível liderança que exerce atualmente, no panorama teatral brasileiro. Essa excepcional posição alcançada pelo jovem grupo paulista não decorre, apenas, do sucesso e do nível de seu último espetáculo, ou dos seus últimos espetáculos. A característica mais importante da hegemonia cultural exercida pelo Oficina residente no fato de que se trata de um grupo que não se contenta em montar, mais ou menos caoticamente e mais ou menos ao acaso, uma peça atrás de outra, mas sim de um grupo que possui uma autêntica e coerente linha de conduta, uma verdadeira política de ação cultural a longo prazo; em outras palavras: um grupo que sabe o que quer. Essa coerência e lucidez nos parecem únicas no cenário teatral brasileiro. Há, evidentemente, outras companhias que afirmam ou que tendem obedecer a uma certa linha de ação, mas, com possível exceção do Teatro de Arena de São Paulo, a prática desmente invariavelmente a teoria e as boas intenções[35].

No auge da fama, aconteceria ao grupo um golpe fatal que determinou uma mudança brusca em sua história.

No dia 1.º de junho de 1966 o jornal *O Estado de São Paulo* publicava o seguinte:

O Teatro Oficina foi consumido em menos de uma hora por um incêndio que irrompeu ontem, por volta das 10 horas, iniciado por um curto-circuito no forro do telhado, revestido com folhas de eucatex. [Hoje sabemos que foi por descuido de uma faxineira ao derreter cera.]

Os arrendatários do teatro, Renato Borghi e José Celso Martinez Correa, calculam em cem milhões de cruzeiros os prejuízos. A velha casa de espetáculos, situada na Rua Jaceguai, 520, não estava no seguro[36].

Durante toda a tarde do incêndio, os membros da companhia não saíram da calçada em frente ao prédio. Artistas, diretores, críticos, toda a classe teatral, apareceram para trazer sua solidariedade. À noite, os homens de teatro em São Paulo ocuparam os duzentos lugares do Arena e tomaram a decisão de envidar todos os esforços para reerguer o Oficina.

Na sala de espetáculos... sempre nervoso, Flávio Império lembrou que as montagens mais importantes do teatro paulista nos últimos quatro anos foram feitas no Teatro Oficina...

O Teatro Oficina precisa ser reconstruído. E para isso, além de muito dinheiro, será preciso um terreno grande e bem locali-

---

35. YAN MICHALSKI, A Liderança do Oficina, *Jornal do Brasil*, RJ, s/d.
36. Fogo destrói o Oficina, *O Estado de São Paulo*, 01/06/1966.

zado, onde se possa erguer um prédio bom, para a instalação de um prédio moderno.

Na prática decidiu-se que todas as segundas-feiras, até que o Oficina se recupere, os homens de teatro vão trabalhar. E segunda, geralmente, é o único dia de descanso das companhias[37].

Além da idéia proposta na reunião do Arena, outros expedientes foram concebidos com o fito de angariar recursos com o objetivo de erguer-se uma casa teatral no terreno que seria doado pela Prefeitura, à direita do túnel da Av. Nove de Julho. No prazo de vinte dias, o grupo iniciaria uma retrospectiva de seus melhores espetáculos: *A Vida Impressa em Dólar* de Clifford Odets, *Pequenos Burgueses* de Máximo Gorki e *Andorra* de Max Frisch, no Teatro Cacilda Becker.

O plano obedeceria aos seguintes itens:

a. *Show* promovido pelo Centro Acadêmico XI de Agosto.
b. Récita de *O Inspetor Geral* no Teatro de Arena, vendida a preços especiais.
c. *Shows* organizados por Ari Toledo e Jô Soares.
d. Leilão de quadros brasileiros, organizados por Míriam Muniz e Assunta Peres.
e. Um espetáculo no Municipal da "Jovem Guarda em estilo clássico", oferecido por Diogo Pacheco.
f. Concerto de música barroca e recital de música espanhola da Renascença.
g. Oferecimento de emissoras para promoverem campanhas financeiras.
h. Uma récita de "Ballet de Câmara", uma segunda-feira, no Teatro Ruth Escobar.
i. Um *show* de Elis Regina oferecido pela Agência Magaldi Maia, que também se compromete a fazer toda a promoção de campanha.
j. Primeira récita de *Morte e Vida Severina* a ser dada pelo TUCA na sua volta a São Paulo.
k. Oferta de toda a receita da Livraria Brasiliense do sábado, véspera do "Dia dos Namorados".

Em troca de qualquer ajuda, oficial ou não, o Oficina comprometer-se-ia a realizar algo que poderia ser considerado um sonho, tal a importância do programa:

1. Construir um teatro dentro dos mais modernos requisitos técnicos e das concepções estéticas mais avançadas e com um grande número de lugares, que permi-

---

37. «Fogo», *Jornal da Tarde*, SP, 01/06/1966.

tissem a realização de um teatro efetivamente popular e que estivesse ao nível do desenvolvimento da cidade de São Paulo.
2. Realizar em torno do teatro, com núcleo animador, um centro de cultura, que compreenderia: um centro de pesquisas teatrais, destinado a desenvolver o teatro brasileiro em todos os seus aspectos, desde estéticos a econômicos e técnicos, enfeixando Dramaturgia, Interpretação, Cenografia, Administração Teatral, Publicidade especializada, etc.
3. Escola de Teatro, dentro dos cânones da pedagogia e estéticas mais atualizadas, com cursos realizados dentro dos métodos da escola moderna.
4. Teatro Infantil.
5. Festivais Nacionais de Teatro.
6. Temporadas de companhias internacionais de "Teatro de Pesquisa" que viajem sem objetivos comerciais.
7. Biblioteca, discoteca e cantina e, no decorrer de seu crescimento, um cinema de arte, de bolso.
8. Uma "Feira de Cultura" aberta permanentemente ao público, incluindo constantes mostras de atualidade.
9. Realização permanente de temporadas populares.
10. Realização progressiva de um "Teatro de Repertório", isto é, do maior número de produções anuais apresentadas revesadamente.
11. Ter como inspiração o sentido estritamente de pesquisa, dentro das opções da cultura contemporânea, de fazer teatro para conquistar também o grande público popular, que dele se acha marginalizado.

(Evidentemente esse plano ficou apenas como um sonho. Essa espécie de ação cultural bem comportada — influência nítida da resposta do grupo à ajuda *incontinenti* que partiu de todos os lados — sofreria uma rápida, e até estranha, guinada para um aspecto extremamente político.)

Em dezembro de 1966, quando *Quatro num Quarto* estreava no Rio, José Celso dava uma entrevista ao *Jornal do Comércio*, falando dos planos do grupo para o próximo ano.

Assim, para 1967 o repertório estaria programado com:

— *Galileu Galilei*, de Bertolt Brecht, expondo um intelectual sob o "terror cultural".

— *Lorenzaccio,* de Alfred Musset, onde o homem busca a grandeza através da morte do tirano.
— *Comédia Atômica,* de Lauro Cesar Muniz.
— *Poemas e Canções de Brecht.*
— Espetáculos de Teatro Documento escritos pela equipe de dramaturgia do grupo, em colaboração com o Centro de Pesquisas da Faculdade de Filosofia da USP, entre eles um *planejamento* dramático, por Flávio Império, sobre o Barão de Mauá.
— Espetáculos sobre a América Latina, escritos por Renato Borghi, Fernando Peixoto e José Celso.

O grande sucesso de *Quatro num Quarto,* no Rio de Janeiro, deu ao grupo tempo livre para se dedicar ao seu desenvolvimento intelectual. Assim é que puderam assistir a um curso de "Filosofia e Pensamento" dado por Leandro Konder, bem como mergulhar em estudos sobre a realidade brasileira, da cultura brasileira, sobretudo a "Semana de Arte Moderna de 1922".

A pesquisa prática continuava a todo vapor. O grupo realizaria, agora, um curso sobre "Interpretação crítica" com Luís Carlos Maciel:

Cada indivíduo deve refletir, em seus movimentos e comportamentos psicológicos, a classe a que pertence, sua real função dentro de uma comunidade (...). As primeiras reuniões pareciam uma casa de loucos, havia muitas brigas, ninguém entendia nada. Etty Fraser, sentada numa cadeira, costurava um *abat-jour* de pele humana enquanto cantava "Lili Marlene". Ítala Nandi, de mini-saia e umas senhoras pernas, interpretava uma beata de sacristia cheia de tiques. A pesquisa, em si, já era um espetáculo à parte. Sem medo do ridículo e somente com a coragem o processo começou. Quem assistia, de vez em quando, ao laboratório, entendia menos ainda, mas o fato é que os atores foram se soltando e foi surgindo aqui e ali uma descoberta que englobava toda uma forma de expressão[38].

Nos laboratórios, o Oficina colocou em questão sua existência anterior. Os atores possuíam um denominador comum, independente da formação de cada um, motivado pela insatisfação e pela angústia de estarem repetindo os mesmos espetáculos, sem responder ao novo momento sócio-político nacional, que parecia exigir uma política nova e transformadora. Ninguém estava satisfeito com o que tinha sido feito. Todos partiam para procurar alguma coisa de novo, sem saber o quê[39].

Esses exercícios prepararam a futura montagem de *O Rei da Vela,* principalmente por dois motivos: primeiro,

---

38. GERMANA DE LAMARE, A Revolução começa pelo Rei, *Correio da Manhã,* RJ, 17/10/1967.
39. FERNANDO PEIXOTO, «Conferência sobre o Teatro Oficina», *ob. cit.*

porque iniciou-se, de fora para dentro, a abordagem da personagem, verdadeira cambalhota no Método Stanislavski, pesquisa do grupo durante sete anos; segundo, porque nos depoimentos individuais, todos tentaram discutir a realidade brasileira, o gesto brasileiro. Estudaram a cultura brasileira como nunca haviam feito. Faltava um estímulo, um texto para fazer, para dizer... Procurava-se, é verdade, mas tudo o que caía na mão parecia estagnado. Era preciso algo que invocasse novos termos à visão de uma época confusa. Luís Carlos Maciel emprestou o texto de *O Rei da Vela* a José Celso. Este já o conhecia de uma leitura anterior e não sentia-se atraído pela peça. No apartamento de Germana De Lamare, entretanto, José Celso, Fernando Peixoto, Etty Fraser, Ítala Nandi e Chico Martins leram o texto em voz alta, cada um fazendo uma das personagens. Foi uma descoberta. Havia ali uma nova maneira, formal e ideológica, de mostrar a realidade nacional. Uma agressividade que acachapava certos mitos brasileiros e que, por sua estrutura, dava ensejo a uma pesquisa teatral das mais interessantes. Oswald de Andrade passou então a servir de estímulo básico para o grupo lançar o seu espetáculo-manifesto, que iria provocar reações das mais contraditórias e polêmicas, bem como influenciar, diretamente, todo um movimento de artistas em outros gêneros, que recebeu o nome de "Tropicalismo"[40].

O espetáculo deveria ser um devorador, estético e ideológico, de todos os obstáculos encontrados. Seria o desvencilhamento das influências que marcaram o grupo: Stanislavski, Brecht, Brecht via Berliner Ensemble, todas enfim, na ordem, deveriam ser deglutidas. Deveria constituir-se em chute no teatro realista historicista, no teatro comercial, no *show* político musical de esquerda, tão comum naqueles tempos. Deveria ainda violentar a própria ideologia dos componentes do grupo. Esse rompimento total teria o sentido de uma descolonização rumo a alguma coisa que poderia ser chamada de "anticultura brasileira", de uma cultura que sempre esteve marginalizada dos padrões estéticos internacionais e do bom gosto ditado pela pequena burguesia intelectual do país. Seria também uma tentativa de romper com a submissão à opinião da crítica especializada.

---

40. Caetano Veloso, considerado o iniciador do movimento «Tropicalista», começou a compor tal estilo de música, após assistir aos ensaios de *O Rei da Vela* («Conferência» de Fernando Peixoto, *ob. cit.*).

No dia 29 de setembro de 1967, o Teatro Oficina já estava totalmente reconstruído e reformulado. Com a nova construção perdia as duas platéias convergentes, para transformar-se num palco italiano, frontal. A platéia ganhava em conforto e em número (mais 50 lugares) com poltronas estofadas. O palco também tornava-se maior, com 8,50 m de largura, 9,00 m de profundidade e 10,00 de altura. Um palco giratório, por sistema eletrônico, foi instalado e era controlado por resistências transistorizadas. Atrás do palco, na parte de baixo e nos fundos, localizar-se-iam o bar, a livraria, a discoteca, a sala de exposição e uma espécie de mural-recomendação. Era também o dia de estréia de O Rei da Vela, escrita no ano 383 da deglutinação do Bispo Sardinha. Na verdade o que ia ocorrer era um acontecimento nacional, pois a partir dessa montagem, o "Tropicalismo", originário daí, assaltaria quase todas as capas de revista. O Teatro Oficina ascendia ao momento mais alto do processo teatral brasileiro daquela fase. O anúncio do espetáculo dizia:

Pudicos, quadrados e festivos não venham! E estamos falando sério[41].

Ao lado de Roda Vida, o espetáculo veio a ser um dos maiores êxitos de bilheterias no Brasil[42].

Embora a temporada teatral paulista se apresentasse carregada de bons espetáculos[43], o impacto desta montagem,

41. Anúncio de O Rei da Vela, Folha de São Paulo, s/d.
42. A Ficha Técnica de O Rei da Vela, foi a seguinte:
Autor — Oswald de Andrade — 1933.
Direção — José Celso Martinez Correa.
Cenografia — Hélio Eichbauer.
Intérpretes e personagens: Abelardo I — Renato Borghi; o cliente — Francisco Martins; Abelardo II — Fernando Peixoto; a secretária — Liana Duval; Heloísa de Lesbos — Ítala Nandi; o intelectual Pinote — Edgar Gurgel Aranha; Dona Cesarina — Etty Fraser; Totó Fruta do Conde — Edgar Gurgel Aranha; Dona Polaca — Dirce Migliácio; João dos Divãs — Liana Duval; Coronel Belarmino — Francisco Martins; o americano — Abraão Farc; Perdigoto — Otávio Augusto; o índio — Renato Dobal; a baiana — Etty Fraser; o ponto — Adolfo Santana; o apresentador — Otávio Augusto.
43. Para se ter uma idéia da efervescência teatral no ano de 1967, eis apenas os espetáculos significativos:
— Arena conta Tiradentes, Coringa em dois tempos e cinco episódios, de Augusto Boal e Gianfrancesco Guarnieri. Direção de Augusto Boal.
— La Moschetta de Angelo Beloco. Tradução de Mário da Silva. Direção de Augusto Boal.
— Quando as Máquinas Param de Plínio Marcos. Direção do autor.
— Teatro Futurista Sintético, coletânea de textos futuristas, organizada por Eduardo Bizzarri. Direção de Olga Navarro.
— Isso Devia ser Proibido de Bráulio Pedroso e Walmor Chagas. Direção de Gianni Ratto.
— Marat-Sade de Peter Weiss. Direção de Ademar Guerra.
— O Homem do Princípio ao Fim, coletânea de vários autores, teatralizada por Millôr Fernandes. Direção de Fernando Torres.
— Black-Out de Frederic Knot. Direção de Antunes Filho.
— A Cantora Careca, de Eugène Ionesco. Direção de Líbero Ripoli.
— O Santo Inquérito de Dias Gomes. Direção de Emílio Fontana.
— Édipo Rei de Sófocles. Direção de Flávio Rangel.
— Homens de Papel de Plínio Marcos. Direção de Clóvis Bueno.

sem dúvida, foi ímpar. Sua agressividade, seu caráter inusitado, a polêmica levantada provocaram as reações mais diversas por parte da crítica especializada, do público em geral e, até mesmo, por parte das autoridades constituídas. A crítica, em sua quase totalidade, procurou discutir as proposições estéticas do espetáculo. Percebia-se, em meio a uma certa perplexidade, uma atitude sutilmente dividida. Vejamos alguns exemplos de colocações:

Mas apesar de tudo a peça cansa. É por demais explicativa, demasiadamente "manifesto", tem considerações exaustivamente longas para ser uma boa peça de teatro. Uma boa peça tem que prender o espectador e não cansá-lo (...). E depois, há em tudo um mau gosto generalizado, que para José Celso Martinez Correa, o diretor, é considerado fator positivo (...)[44].

A atualização de Oswaldo de Andrade, tentada pelo Teatro Oficina com a encenação de O Rei da Vela, precisa ser analisada de dois ângulos diferentes: o ideológico, se assim me posso exprimir, e o estritamente teatral. Quanto ao primeiro, desconfio que o próprio autor, se aqui estivesse, seria levado a sorrir...[45]

(...) Aquilo que diz e que, em 1937, para os padrões brasileiros de então, eram bofetadas, hoje são clichês ou simplificações[46].

(...) É com ironia que evidenciamos (e por que não dizer com tristeza) a extrema atualidade de um texto como O Rei da Vela. Pois que a realidade que ele, o autor, procurou retratar, continua hoje sendo a mesma. A mesma história dos grandes "conchavos"[47].

Acabado o espetáculo — e nem se pode dizer que a cortina desce, porque o que realmente baixa é uma advertência do autor da peça: "Chamai os bombeiros..." — terminado O Rei da Vela, a gente sai do teatro carregando nas costas essa tragicomédia lítero-musical, pantomima, ópera, murro-na-boca-do-estômago, teatro e vida (...)[48].

Poucos foram os espetáculos de teatro no Brasil que atingiram a qualidade deste. Desde os cenários à concepção, à direção dos atores, o espetáculo de José Celso Matrinez é, se não superior, pelo menos equivalente ao que de melhor já se fez no teatro brasileiro (...)[49].

— *O Versátil Mr. Sloane* de Joe Orton. Direção de Antônio Ghigonetto.
— *Dois Perdidos numa Noite Suja* de Plínio Marcos. Direção de Benjamin Catam.
— *Zoo Story* de Edward Albee. Direção de Emílio Fontana.
— *Navalha na Carne* de Plínio Marcos. Direção de Jairo Arco e Flexa.
— A «Comédie Française» nos visitava encenando: *Caprichos de Marianne* de Alfred Musset; *Cântico dos Cânticos* de Jean Giraudoux e *El Cid* de Pierre Corneille.
— O «Die Deutschen Kammerspiele» também nos visitava apresentando: *A Comédia dos Erros* de Shakespeare; *Depois da Queda* de Arthur Miller e *Ascensão e Queda da Cidade de Mahagonny* de Brecht (Teatro Paulista, 1967, SP, CET, 1968).
44. REGINA HELENA, *A Gazeta*, SP, 03/10/1967.
45. PAULO MENDONÇA, O Rei da Vela — II, *Folha de São Paulo*, 05/10/1967.
46. PAULO MENDONÇA, O Rei da Vela — I, *Folha de São Paulo*, 03/10/1967.
47. MARTIM GONÇALVES, O Rei da Vela, *O Globo*, RJ, 06/10/1967.
48. LOURENÇO C. DIAFÉRIA, *Folha de São Paulo*, 30/09/1967.
49. «Descoberta de Oswald», *Visão Moderna*, 12/10/1967.

O diretor, José Celso Martinez Correa, construiu um espetáculo ativo e intensivo, à altura do texto de Oswald de Andrade, deixando margem para o dramaturgo ser visto e ouvido[50].

... O ideal de José Celso Martinez Correa é ir, sempre um pouco, além do texto, ser mais Oswald de Andrade do que o próprio Oswald de Andrade...[51]

Em relação ao respeito ao texto, ou texto como pretexto, o diretor José Celso optou pelas duas soluções simultaneamente (ou seja, por nenhuma). O resultado é uma confusão que prejudica, não somente a exata compreensão do espetáculo, como também do texto de Oswald de Andrade[52].

O diretor, José Celso Martinez Correa, manipulou a admirável peça de Oswald de Andrade com uma volúpia criadora irresistível e devolveu à platéia, como num espelho, "chacriníssima imagem do país"[53].

O público, menos sutil, mais subjetivo no que diz respeito ao gosto e menos dado a considerações estéticas, foi mais emotivo em suas reações:

"É a grande ópera do subdesenvolvimento." "Absurdo. Canalha. Deprimente. Verdadeiro." "Excelente, me lembra minha tia." "Bom, real, expressivo, novo, diferente, crítico, sádico, viscoso. Continua nessa linha que tá bom o negócio." "Não gostei! Obscena, de mau gosto, apresentando um triste aspecto do nosso Brasil." "Um incômodo e arrepiante espetáculo de deseducação." "De que adianta?" "Um tiro certo." "Faccioso." "Nunca vi tamanha asneira em um só programa." "Gozado pra burro."[54]

Se a crítica e o público estiveram, mais ou menos divididos, o mesmo não se pode dizer das autoridades constituídas. Em geral manifestaram um repúdio generalizado, quer em relação ao texto de Oswald de Andrade, quer em relação ao espetáculo do Teatro Oficina. Em sua tese sobre a obra de Oswald de Andrade, Sábato Magaldi mostra todas as alterações feitas no texto pela censura federal e que, por sinal, não foram poucas. Para relatar o incidente, Magaldi foi obrigado a usar, nada mais nada menos, do que 7 páginas datilografadas de sua tese. Informa também o crítico, no mesmo trabalho, que o espetáculo foi totalmente interditado após o Ato Institucional n.º 5[55]. Tem-se informação, aliás, de que, logo no início das apresentações, o grupo foi obrigado a alterar várias marcações, como o caso do enorme boneco com

---

50. VAN JAFA, O Rei da Vela, *Correio da Manhã*, RJ, 26/11/1967.
51. DÉCIO DE ALMEIDA PRADO, A encenação de *O Rei da Vela*, *O Estado de São Paulo*, 20/10/1967.
52. ALBERTO D'AVERSA, *O Rei da Vela*: do texto ao espetáculo, *Diário de São Paulo*, 30/09/1967.
53. SÁBATO MAGALDI, O Rei da Vela, *Jornal da Tarde*, SP, s/d.
54. O Rei desde no Rio, *Jornal do Brasil*, RJ, s/d.
55. SÁBATO MAGALDI, *Oswald de Andrade* (Tese de Doutoramento apresentada à Fac. de Filosofia, Ciências e Letras da USP.). Cópia mimeografada, SP, Biblioteca da ECA-USP, pp. 105-109, s/d.

seu símbolo fálico à mostra, ou o sorvete, também fálico, chupado por Etty Fraser. Quando o Oficina solicitou a ajuda do Ministério das Relações Exteriores, para apresentar-se no Festival de Nancy (França), recebeu do Sr. Donatello Griecco, funcionário do Itamaraty, a seguinte resposta:

> O espetáculo é indigno de representar nosso país, pela pornografia e exagero em pintar a realidade brasileira[56].

A verdade é que, mesmo, sem qualquer auxílio oficial, o elenco julgou o espetáculo digno de ser visto no estrangeiro e resolveu ir à Europa, para participar de dois festivais, o de Nancy e de Florença, com meios próprios. Como estes não fossem suficientes, efetuou-se, no Rio de Janeiro, um espetáculo musical, sob o título "Show Oficina", dirigido por Fernando Peixoto, com a participação de Caetano Veloso, Gilberto Gil, Maria Bethânia, Chico Buarque de Holanda, Nara Leão, MPB4, etc. O Oficina conseguiu, assim, parte dos recursos necessários. O restante foi obtido por meio de um empréstimo que demorou anos para ser pago.

As reações do público italiano e francês foram opostas. Segundo Fernando Peixoto:

> Em Florença o festival era aristocrático, mas aristocrático mesmo. Um festival para condes, duques, etc. O espetáculo foi uma loucura total. De certa maneira nós nos perdemos, nós engrossamos demais. No segundo ato tinha uma parte toda improvisada e nós, como não sentíamos a reação do público, engrossamos mais. Alguns atores que conheciam o italiano resolveram aumentar, um pouco, o texto. Houve debates com a crítica. Um crítico disse: "Pela primeira vez se ouviu um palavrão num teatro oficial da Itália, depois de Dante." Em nome do grupo eu agradeci ao serviço prestado pelo Teatro Oficina ao Teatro Italiano[57].

Em Nancy, ao contrário, o sucesso foi extraordinário; tão grande que diversos críticos tomaram a si a tarefa de levar *O Rei da Vela* a Paris. Dentre eles figuravam Bernard Dort, então dirigente da revista *Théâtre*; Nicole Zand, do *Le Monde*; Françoise Koulrisky, do *Le Nouvel Observateur*; Jean-Jacques Hocquard, diretor da revista *Jeune Théâtre*. Outro auxílio muito importante foi o de Gabriel Garrin, diretor do Teatro Parisiense, que o cedeu gratuitamente ao elenco e a renda foi dividida entre os atores, para que pudessem manter-se durante a semana[58].

56. *O Rei da Vela* provoca reações, *Folha de São Paulo*, 04/10/1967.
57. FERNANDO PEIXOTO, «Conferência sobre o Teatro Oficina», *ob. cit.*
58. Oficina: Itália gosta, França não, *O Estado de São Paulo*, s/d.

**Renato Borghi e Francisco Martins em uma cena do primeiro ato de O Rei da Vela (1967) (Arq. IDART)**

**Abraão Farc, Renato Borghi e Francisco Martins — segundo ato de O Rei da Vela (1967) (Arq. IDART)**

**Fernando Peixoto, Ítala Nandi e Renato Borghi na cena final de O Rei da Vela (1967) (Arq. IDART)**

*O Rei da Vela* estreou em Paris a 10 de maio de 1968. Quando os atores voltavam ao hotel, mal puderam atravessar o "Quartier Latin" que já estava em pé de guerra, com suas noventa barricadas. Estourava a revolta estudantil de maio, que iria propagar-se por toda a Europa. *O Rei da Vela* esteve em cartaz durante todo aquele agitado período da vida em Paris, e sempre com casa lotada. José Celso, Ítala Nandi e Renato Borghi foram vítimas de uma bomba que estourou no saguão do hotel. Na rua, embaixo, houve um tumulto quando Jean-Luc Godard filmava, e se dispôs a ser preso. Populares reagiram contra a polícia e uma bomba foi lançada contra o primeiro pavimento do hotel.

Ainda em 1968, *O Rei da Vela* voltou ao Brasil e continuou sendo apresentado juntamente com *Roda Viva*. O espetáculo só saiu de cena quando, no mesmo ano, a censura o proibiu.

José Celso fora convidado para dirigir *Roda Viva*, já em dezembro de 1967, quando da temporada de *O Rei da Vela* no Rio de Janeiro. Era a primeira peça de Chico Buarque de Holanda, conhecido, até então, como compositor de música popular. Seu contato com o teatro fora apenas esporádico, como foi o caso de *Os Inimigos*, de Gorki, totalmente musicada por ele e, também, o de *Morte e Vida Severina*, de João Cabral de Mello Neto, encenada pelo Teatro da Universidade Católica, que venceu o "Festival Internacional de Teatro" de Nancy.

Em vinte e cinco dias ininterruptos, Chico escreveu cinqüenta laudas, centradas na estória de um cantor Benedito Silva e sua mulher Juliana. O 1.º ato conta a trajetória do êxito deste Benedito, que passa a chamar-se Ben Silver, ídolo máximo da juventude e ótimo cantor, embora não tenha voz. Um dia, Ben é apanhado bêbado e os jornais movem-lhe uma campanha, em vista da qual os empresários o forçam a mudar de nome e personalidade. Passa a ser Benedito Lampeão, cantor de protesto e folclore. Quando sua popularidade está chegando ao fim, os empresários procuram convencê-lo a suicidar-se, para dar cartaz à mulher, Juliana, que o públisco acredita ser sua irmã, pois o cantor de sucesso não pode ser casado. Ele acaba se suicidando mesmo e surge o novo ídolo, Juliana, que já é chamada de Juju, a "Viúva do Rei". E a *Roda Viva* volta a girar. Chico Buarque definiu o texto de *Roda Viva* como um "embrião passível ainda de muitas transformações". Aliás, sua sugestão era de que a peça servisse apenas de roteiro para uma criação teatral. Chico Buarque via o seu original nos seguintes termos:

> Minha peça tem como tema a desmistificação dos ídolos populares (...), são dois atos e uma estória, nem trágica nem cômica; é mais um *happening* passado num auditório de televisão em que câmaras, luzes e macacas de auditório se fundem num coro, como nas tragédias gregas. No meio de tudo isso, um rapaz é agarrado pelas circunstâncias, transformado em ídolo popular e obrigado a sujeitar-se a um esquema kafkiano, que o leva ao suicídio final, guiando seu carro e cantando uma ópera (...). Apesar de minha música *Roda Viva*, a peça é um desabafo que não chega a ser autobiográfico (...). Toda a peça é uma farsa, não tem nada de realista. Tomei cuidado para apresentar apenas os problemas, evitando recomendar soluções, para não cair no moralismo barato (...). É um texto em embrião, ainda passível de muitas transformações. Deve servir apenas de roteiro, a verdadeira criação virá aos poucos, à medida que os ensaios se forem sucedendo. Não quero que meu texto fique estático[59].

A peça embrionária, que durava apenas uma hora, foi, nos primeiros ensaios, com a colaboração de José Celso Martinez Correa, reescrita em alguns de seus momentos, ampliada em outros, até transformar-se num espetáculo de duas horas e meia. O prato era perfeito para José Celso, que já iniciara um fértil processo de criação cênica em *O Rei da Vela*. O encenador via a história um tanto simplória sendo encenada dentro de um estúdio de televisão, com auditório e tudo. Eram utilizados uma longa série de recursos audiovisuais com o fito de obrigar a participação absoluta do espectador dentro do mundo proposto por *Roda Viva*. Criava-se também um coro de treze pessoas que deveria ter funções múltiplas: representar as "macacas de auditório", os estudantes cantando canções de protesto, etc. Várias outras músicas eram encaixadas, além das que deveriam ainda ser compostas por Chico Buarque. Na parte do suicídio final, incluída no roteiro original, haveria um segundo clímax no segundo ato, quando o ídolo popular seria consagrado como se fosse um santo e levado em seguida para uma crucificação, ao som de uma mescla de ritmos, destinada a criar um ambiente de alucinação para esse efeito; seriam compostas partes de música sacra, ritmos primitivos e contemporâneos. A crítica a ser desenvolvida por *Roda Viva* não ficaria apenas restrita aos ídolos populares, aos cantores de ié-ié-ié, mas se estenderia também à "esquerda festiva", que tentava mudar a ordem social cantando músicas de protesto.

---

59. Chico Buarque fala de estréia teatral, *O Estado de São Paulo*, 17/12/1967.

Em resumo, a montagem tentaria impor ao público novos tipos de comportamento, através da profanação dos ídolos populares, mostrando, pelo ridículo trágico a que se expunham ídolo e adoradores, os perigos de uma sociedade estagnada, que para sobreviver se via obrigada a criar artificialmente seus mitos. A profanação e agressão seriam amplamente acentuadas pelo cenário de Flávio Império, que tentaria colocar o público situado no espaço do auditório, dentro da Roda Viva.

O público tentava separar essa obra teatral da figura de seu autor, na ânsia de preservar a imagem tranqüila e doce do menino bem comportado de olhos verdes; entretanto, a própria música Roda Viva também já nascia do cansaço de Chico Buarque de Holanda... Ele queria dizer que estava cansado da engrenagem da televisão, que cria ídolos a gosto da massa, reveste-os de forma e de prestígio, usando-os como bonecos, para depois trucidá-los, substituindo-os por novos ídolos, destinados a sofrer o mesmo processo. Mas o público não entendia a mensagem e apenas o aplaudia. Ele queria dizer que todos eram carentes de heróis reais, que viviam da ilusão da propaganda que os transformava em consumidores de toda a produção capitalista — sabão-em-pó, sorvete, automóveis, *nylon*, ideologias, máquinas, gente. E o público mais uma vez fazia chover aplausos sobre ele. Então trancou-se num quarto, buscou uma outra forma de linguagem. Estava decidido a levar o público a escutá-lo. Essa foi a história de Roda Viva. A história de um momento intenso de revolta[60].

O espetáculo estreou no Rio de Janeiro e veio depois para São Paulo. Aqui, a encenação se tornou ainda mais violenta, mais consoante com suas proposições originais. No Rio de Janeiro Roda Viva foi feita num palco convencional, à italiana, que prejudicava sensivelmente o rompimento do espaço de ficção e a conseqüente invasão do espaço de platéia. É preciso ponderar, entretanto, que poucos integrantes do Grupo Oficina participavam do espetáculo, pois, durante os ensaios de Roda Viva, o elenco estava representando O Rei da Vela.

José Celso convidou, para o coro de Roda Viva, doze atores recém-saídos do Conservatório do Rio de Janeiro. Esses jovens, segundo o diretor, não possuíam qualquer ranço teatral e iriam trazer para a cena uma vitalidade nova e uma verdade mais recente. A falta de técnica desses atores seria recompensada pela inteligência e garra.

É um coro ultrabrasileiro, na base da violência de expressão, do anticharme cafona da Broadway... são geniais e porra-loucas[61].

60. Roda Viva entra em ensaios no Rio, *O Estado de São Paulo*, 10/12/1967.
61. «Perguntas e respostas», *Arte em Revista*, SP, Ed. Kairós, 1979, p. 65.

Essa é a origem de um grupo dentro do Oficina que posteriormente iria ser chamado de "ralé".

A verdade é que *Roda Viva* estourou em termos de bilheteria[62]; todos queriam ver a loucura do teatro brasileiro. O público mais conservador, depois de assistir à peça, começou a ter medo de entrar em espetáculos que seguissem proposições estéticas semelhantes. A crítica, com raras exceções, achou a linha muito perigosa e por vezes chegou a irritar-se profundamente. Para se ter uma idéia da polêmica levantada por José Celso e do risco que muitos atribuíram ao espetáculo, transcrevemos um trecho da carta do crítico da *Folha de São Paulo*, Paulo Mendonça, endereçada a Ruth Escobar:

> Minha particular amiga Ruth Escobar e o empresário Joe Kantor tiveram afinal a amabilidade de convidar-me para ver *Roda Viva*. Agradeço mas não vou não. Por duas razões...

O crítico fala de sua primeira razão, o atraso do convite, mas o que nos interessa é a segunda razão:

> A segunda razão diz respeito à natureza do texto e da encenação. É de domínio público que os atores, no decorrer da *Roda Viva*, insultam pesadamente a platéia, chegando a atacá-la fisicamente. Fui avisado de que deveria sentar-me longe do palco e dos corredores de passagem, para evitar que me sujassem a roupa ou que submetessem as pessoas que fossem comigo, sobretudo senhoras, a vexames desagradáveis. Respeito totalmente a liberdade de assim proceder do elenco, do diretor, do autor, de quem quer que seja. Espero que eles respeitem a minha liberdade de não querer ser xingado ou agredido...

E para que ninguém se intrometa na liberdade de ninguém, o jeito é manter as distâncias: *Roda Viva* lá, eu aqui. Muito obrigado, assim mesmo, ao convite da Ruth e do Joe. Fica para uma outra vez[63].

No dia 18 de julho de 1968, após o espetáculo, aconteceu finalmente o revide; revide esse que já era, de certa maneira, esperado pelo elenco de *O Rei da Vela*, em São

---

62. A Ficha Técnica de *Roda Viva* foi a seguinte:
Autor do texto e das músicas: Chico Buarque de Holanda.
Direção: José Celso Martinez Correa.
Cenários: Flávio Império.
Elenco: Marieta Severo (depois substituída por Marília Pera), no papel de Juliana; Rodrigo Santiago, no papel do cantor; Antônio Pedro, além de ser o assistente de direção, faz o papel de Anjo da Guarda; Flávio Santiago, o capeta; Paulo César Pereio, que improvisa alguns trechos.
O coro de 12 elementos era formado por: Angela Vasconcelos, André Valli, Antônio Vasconcelos, Eudósia Acuna, Érico Vidal, Fábio Camargo, Jura Otero, Maria Alice Faria, Maria José Mota, Margot Baird, Pedro Paulo Rangel, Samuel Costa.
A música era executada pelo quinteto *Roda Viva*: Luis Duarte — órgão; Brechov — bateria; Tião — baixo e violão; Guaxinin — pistão; Zelão — guitarra, violão e viola.
63. PAULO MENDONÇA, Roda Viva, *Folha de São Paulo*, 26/08/1968.

Paulo. O jornal *A Folha da Tarde,* descreveu assim o acontecido em sua edição do dia 19 de julho de 1968:

Os artistas da peça *Roda Viva* foram duramente espancados, ontem à noite, por um grupo de 20 homens que, armados de cassetetes e jogando bombas de gás lacrimogênio, invadiram o Teatro Ruth Escobar no fim do espetáculo. Os invasores quebraram tudo o que puderam, bateram em todos os artistas, principalmente no contra-regra José Luiz Araújo e na atriz Marília Pera, que, depois de várias vezes mordida, foi obrigada a andar nua pela rua. O contra-regra José Luiz apanhou tanto que teve de ser internado no Pronto Socorro Iguatemi.

Socos, pontapés e golpes de cassetetes não faltaram para os demais atores: Walquíria Mamberti, Jura Otero, Samuel Costa, Fábio Camargo, Hélio Pereira, Rodrigo Santiago e Vicente Dualde. Depois de despi-la totalmente, dois terroristas torceram os seios da atriz Margot Baird. Policiais que estavam na porta no teatro, em duas viaturas, nada fizeram para impedir a depredação e o espancamento. Os atores, poucos, contra vinte agressores nada puderam fazer para defender-se. Mesmo assim, prenderam dois terroristas... A agressão começou às 23:30 h. Os policiais da RP 19 e 20 disseram que não tinham ordens para agir e nada fariam sem reforços. Depois chegou a RP 11, mas tudo já havia terminado...

Os agressores previram tudo muito bem. Identificaram-se como elementos do CCC (Comando Caça aos Comunistas) para caracterizar o ato de terrorismo contra uma peça considerada "imoral" ou "subversiva".

Eis alguns depoimentos de atores que estavam presentes no momento da agressão:

Marília Pera:

Eles eram quase cincoenta. Canheciam a peça muito bem, sabiam onde ficava a caixa de luz e a cena final. É importante que se saiba que eles estavam organizados, sabiam onde ir. Encurralaram os homens no camarim e deram nas mulheres. Foi um horror. Todo mundo está abalado, num estado de nervos incrível. Eu estava no camarim, me trocando, quando eles entraram forçando a porta, me tiraram a roupa e me botaram lá fora. Não apanhei muito porque minha camareira me protegeu. Meu maior desespero foi quando vi que o anel de meu pai não estava comigo. Era a única lembrança que eu tinha dele. Atualmente eu sou a mais visada, porque fui a única a reconhecer o agressor que pegamos. Eram dois que nós entregamos à polícia, mas como um deles era oficial da Aeronáutica, acabaram deixando-o ir embora. Na hora do reconhecimento não me enganarei. Nunca mais vou esquecer o rosto do homem que tirou a minha roupa.

Rodrigo Santiago (mostrando o pé enfaixado):

Estava no camarim com dois amigos que vieram me cumprimentar, quando entrou a Maria José, aquela morena do coro, perguntando o que estava acontecendo. Então ouvimos o barulho do pessoal forçando a porta do camarim, que era o único que estava fechado. Como não conseguiram entrar, pegaram um ex-

64. Eis que chega a *Roda Viva, A Tribuna,* Santos, 24/07/1968.

Em vinte e cinco dias ininterruptos Chico Buarque de Holanda escreveu cinqüenta laudas — texto embrião de Roda Viva (1968) (Arq. Teatro Oficina)

Marília Pera, uma das vítimas da agressão ao elenco de Roda Viva: "Eu estava no camarim, me trocando, quando eles entraram forçando a porta. Não apanhei muito porque minha camareira me protegeu..." (Arq. Teatro Oficina)

Ítala Nandi e Antonio Pitanga. Ensaio de O Poder Negro de Leroy Jones (1968) (Arq. Teatro Oficina)

Rodrigo Santiago: "Como não conseguiram entrar no meu camarim, pegaram um extintor de incêndio e nos encheram de espuma. Saí correndo em meio às bordoadas, quando caí e torci o pé..." (Arq. Teatro Oficina)

tintor de incêndio e nos encheram de espuma. Saí correndo em meio às bordoadas, quando caí e torci o pé[64].

A agressão ampliou a repercussão de *Roda Viva*, que chegou mesmo a alcançar a massa em todos os veículos de comunicação. Nas Assembléias Legislativas e até mesmo nas Câmaras Federais, era discutida a nova loucura debochada e violenta do teatro brasileiro. Quando *Roda Viva* foi à cidade de Santos provocou tal celeuma que a Secretaria de Cultura ameaçou retirar o apoio financeiro; a "Arena" saiu do plenário para não discutir o assunto e, finalmente, o Prefeito da cidade recebeu inúmeros telefonemas de protestos e ameaças[65].

Em outro momento, quando *Roda Viva* excursionava pelo Sul do país, e mais precisamente em Porto Alegre, a agressão se repetiu. Aconteceu então o previsto. A censura federal proibiu *Roda Viva*, por motivos de Segurança Nacional. O espetáculo provocava tumultos. Juntamente com *Roda Viva* foram interditados também *O Rei da Vela* e a *1.ª Feira Paulista de Opinião*, espetáculo do Teatro de Arena, dirigido por Augusto Boal e escrito a partir da resposta de nossos principais dramaturgos à pergunta: "O que você pensa sobre o Brasil de hoje?" *Roda Viva* não foi um espetáculo ligado oficialmente ao Teatro Oficina, mas julgamos que deveríamos incluí-lo em nosso trabalho, visto que seria o momento de radicalização do diretor do conjunto e o nascimento de um novo núcleo dentro do elenco.

Quase que concomitantemente ao estardalhaço de *Roda Viva*, Fernando Peixoto estreava como diretor em São Paulo, encenando *O Poder Negro* de Leroy Jones (junho de 1968) no Teatro Oficina. A peça cujo título original era *The Dutchman* (expressão norte-americana equivalente a "o não integrado") se passa dentro de um metrô da cidade de New York. Dentro dele, Lula, a mulher loira, oferece maças a Clay, o negro traidor, preto-branco que não se assume, tem vergonha da sua cor. Lula é a "prostituta militarizada", que se oferece sexualmente para matar ideologicamente o negro, porque não admite a integração. Clay é o homem reduzido a animal, pois entre os dois não é possível a integração, nem mesmo através do sexo. Surge daí a humilhação. Clay se revolta, radicaliza-se, recusa a integração, mas recua da violência

---

65. Eis que chega a *Roda Viva*, *A Tribuna*, Santos, 24/07/1968.

que assumira e é morto a facadas pela prostituta fria e calculista.

No elenco estavam Ítala Nandi, que acabava de chegar da Europa e Antônio Pitanga que, por sinal, tinha se recusado a trabalhar no filme *O Santo Guerreiro contra o Dragão da Maldade*, de Glauber Rocha, em virtude do convite feito pelo Oficina. Segundo o ator:

> "Clay é um personagem de luta e eu condeno os negros que não se assumem." (...) "O personagem que interpreto nessa peça é para mim mais importante como homem do que como ator"[66].

Leroy Jones, líder do movimento "não-integracionista americano", via nessa peça, com bastante pessimismo, a possibilidade do negro integrar-se na sociedade branca por outros meios que não o da violência. E nessa luta ele utilizou como inimigos "o branco liberal" e "o negro aburguesado", que seriam exatamente os dois únicos elementos capazes de efetuar uma aproximação na atual sociedade norte-americana.

Fernando Peixoto via a oportunidade e atualidade do texto nos seguintes termos:

> Gostaria de ter montado uma peça brasileira, em torno do racismo, porque em nosso país também existe o preconceito. Mas a peça simplesmente não existe. O fato entretanto de eu ter buscado um autor estrangeiro, especialmente norte-americano, não diminuiu em nada a montagem, segundo uma perspectiva brasileira. Além de haver racismo no Brasil, os problemas levantados pela peça pertencem também ao Terceiro Mundo, do qual o Brasil faz parte.
>
> (...) Por isso, ao invés de compararmos a situação dos negros de lá e de cá, é preferível fazermos a seguinte relação: a situação do negro norte-americano está para a sociedade branca assim como os países do Terceiro Mundo estão para os países capitalistas. Traçado esse paralelo, é possível ver por que a peça nos diz respeito bem de perto[67].

A cenografia coube a Marcos Flaksman, que montou no palco do Oficina um carro de metrô sobre trilhos, tendo ao fundo uma enorme "boca de negro" sugerindo um túnel. Os espectadores ouviram o som autêntico do metrô de New York.

Resolvida mais uma intervenção da censura federal, que após sua centralização, tornava-se mais repressiva, estreou *O Poder Negro*, espetáculo ao qual a crítica fez sérias restrições:

---

66. *Última Hora*, SP, 04/08/1968.
67. FERNANDO PEIXOTO, *Jornal da Tarde*, SP, junho de 1968.

Cenas dos ensaios de Galileu Galilei de Bertolt Brecht (1969) (Arq. IDART)

Cláudio Correa e Castro e Ítala Nandi em Galileu Galilei (Arq. IDART)

O "Coro" na cena do "Carnaval em Florença". O choque de dois estilos teatrais num mesmo espetáculo (Arq. IDART)

(...) É estranho que numa explosão que deveria ser direta e sem dar margem a dúvidas se enovele em *O Poder Negro* numa prolixidade literária pouco efetiva, descambando para o discurso e a plataforma ideológica. O espectador acaba não acreditando na provocação sensual da prostituta branca ao jovem negro bem posto, que só ao fim do diálogo assume a sua negritude. A dramaturgia norte-americana, que normalmente se inscreve no território do realismo, não se dá bem com esse extravasamento algo expressionista, e fica a impressão do ensaio irrealizado. (...)[68]

(...) Fernando Peixoto começou por estabelecer o espaço teatral com o erro de uma única zona ótica, onde as linhas de marcação nunca sintonizam com o movimento verbal das personagens. Isto independentemente da cenografia de Marcos Flaksman, de um realismo puramente convencional, no pior sentido[69].

"E você vai ter a maior emoção teatral de sua vida nessa luta em que as armas do sexo e do ódio só encontrarão solução na morte", afirma a publicidade dessa peça de Leroy Jones, atualmente em cartaz no Teatro Oficina.

Nos rostos dos espectadores que saem do teatro pode-se notar que a peça não mantém o que a publicidade promete. Pelo contrário[70].

(...) O que deveria sustentar o espetáculo do Teatro Oficina seria o interesse propriamente dramático da peça de Leroy Jones. Este, porém, é deficiente. *O Poder Negro* é entremeado de alusões, dissertações doutrinárias, de explosões interiores das personagens, cuja comunicação, aqui, não atinge a violência correspondente ao tom que foi dado à encenação. (...) Optando por essa linha de força exterior, emotiva, adequada a uma montgem de choque nos Estados Unidos, para um público negro receptivo, o diretor Fernando Peixoto complicou a passagem do texto (...)[71].

Interditadas pela censura federal as duas montagens violentas do Oficina *O Rei da Vela* e *Roda Viva*, o grupo começou a procurar algo que dissesse alguma coisa para seu público nos conturbados anos de 1968/69. A idéia partiu de Renato Borghi e Fernando Peixoto. Existia um texto, que já estivera em cogitação durante quatro anos e que poderia espelhar perfeitamente a situação vivida pelo país. Tratava-se de *A Vida de Galileu*, de Bertolt Brecht. José Celso relutou, pois a linha de racionalismo científico exigida pelo texto estava fora de sua área de interesse naquele momento, visto que vinha de experiências diferentes, a partir de *O Rei da Vela*. A verdade é que José Celso resolveu adotar o conselho de seus colegas e, segundo ele mesmo, essa adesão se deu no dia do ataque à *Roda Viva* e da prisão da atriz Norma Benguel, em seu apartamento. *A Vida de Galileu*, que justamente tratava da repressão ao intelectual, ao pensamento científico, iniciava

---

68. SÁBATO MAGALDI, *Jornal da Tarde*, SP, 16/08/1968.
69. JOÃO APOLINÁRIO, *Última Hora*, SP, 25/08/1968.
70. ALBERTO D'AVERSA, *Diário de São Paulo*, 24/08/1968.
71. PAULO MENDONÇA, ob. cit.

um diálogo com a melhor parte da platéia fiel ao grupo. Num momento como aquele, José Celso também entendia que seria necessária uma encenação de profunda reflexão social.

O elenco de *A Vida de Galileu* foi formado com a mescla de dois tipos de intérpretes: a alguns, como Cláudio Correa e Castro, Ítala Nandi, Othon Bastos, Fernando Peixoto, Antônio Pedro, Renato Borghi, Flávio Santiago, atores experientes e com certa técnica de interpretação — eram os "represntativos" — juntaram-se outros jovens inexperientes, recrutados no coro de *Roda Viva*, a "ralé". Essa mistura deu início a uma crise no interior do grupo, que analisaremos em detalhes na segunda parte desse trabalho.

Em um mês, com um trabalho diário de doze horas, *A Vida de Galileu* foi preparada. O total era de vinte e dois atores, a maioria dos quais interpretava três personagens (a peça exigia sessenta e quatro papéis). A estréia verificou-se no mês de dezembro de 1968 e os convidados puderam assistir às quatorze cenas que duravam, nada mais, nada menos, do que três horas e meia. Antes dessa estréia, aliás, efetuou-se com o *Galileu* uma experiência de certo modo inédita. Consistia em uma semana de ensaios gerais para uma platéia formada, exclusivamente, de universitários. O ingresso para esses ensaios custava Cr$ 2,50, quando o preço normal de um bilhete de teatro, naquele tempo, era de Cr$ 10,00.

O resultado de todo esse trabalho foi, mais uma vez, um grande sucesso de público, em São Paulo, no Rio de Janeiro e em todas as cidades do País pelas quais o elenco excursionou. Para se ter uma idéia da medida desse êxito, basta relatar o fato de que, durante quinze apresentações no Rio de Janeiro, no Teatro João Caetano, mais de vinte mil pessoas assistiram a *Galileu Galilei*. Depois, durante dois meses, no Teatro Maison de France, a montagem foi vista por mais de quarenta mil espectadores. Se esse sucesso de platéia acontecesse na época de "vacas gordas" para o teatro nacional, seria perfeitamente compreensível; mas a verdade era que a maioria dos teatros estava então às moscas[72].

---

72. É sugestiva uma carta enviada ao *Jornal da Tarde*, por Fernando Peixoto:
«Sr. Seríamos os últimos a negar a existência de uma séria crise no teatro paulista e no teatro brasileiro em geral (...). As companhias subsistem por um milagre difícil de explicar. Crise que também é de valores, de pensamento,

Quanto à crítica, ela de certa maneira esteve um pouco dividida pelo fato de que a concepção de José Celso não deixou, nem nessa montagem, de ser polêmica. Segundo o diretor paulista, teria montado a obra de Brecht para "mostrar que uma revolução cultural sozinha não resolve absolutamente nada"[73].

Em alguns momentos do espetáculo e, principalmente na cena do "Carnaval", pedida pelo texto, continuava em parte sua pesquisa iniciada em *O Rei da Vela*. A crítica mais tradicional viu-se então incomodada por esse abuso. Veja-se, por exemplo, o que disse a respeito do espetáculo, Cristóvão Paes, num editorial do *Jornal da Tarde:*

(...) Ainda outro dia, insistiram comigo: Vamos ao Teatro, Cristóvão?! — o que é que vocês vão ver? Perguntei. Iam ver *Galileu Galilei*. Pensei um pouco e respondi: "Faça-lhes bom proveito. (...) Mas nesse espetáculo não vou. Minha intuição e minha experiência me dizem que não vá, mesmo porque não tenho a menor vontade de me enfiar em qualquer *Roda Vida*". Não fui. Meus amigos foram.

Respeito o Sr. Brecht (...) por reconhecer toda a sua importância no teatro moderno. (...) Encontro-os no dia seguinte: — Uma palhaçada, disse o mais comedido. Você já imaginou Galileu cantando musiquinha de Cely Campelo ou coisa que o valha?

Pois é, canta. Certamente o diretor do espetáculo, certo de que é um gênio ou de que a platéia é imbecil, tinha lá suas "sutis" intenções.

de significados. Não podemos, entretanto, deixar de manifestar nosso protesto, diante da reportagem publicada segunda-feira última pelo *Jornal da Tarde*, quando foi feito um levantamento da situação do teatro paulista atual, com dados e declarações, e onde é omitida qualquer referência às atividades do Teatro Oficina de São Paulo. Ficamos surpreendidos pela omissão, justamente no momento em que mantemos em cartaz com casas lotadas, utilizando inclusive cadeiras extras diariamente, o maior sucesso de bilheteria da temporada, *Galileu Galilei*.

Esclarecendo ainda que a veracidade desta informação pode ser comprovada nos documentos oficiais da Sociedade Brasileira de Autores Teatrais (...) Nos colocamos sempre a disposição desse jornal.» *

Ao que o editor respondeu:
1. O objetivo de nossa reportagem eram teatros vazios. Se: *Galileu Galilei* está com casa cheia é uma exceção — fugindo portanto ao espírito da reportagem.
2. Lamentamos, com o senhor, que o funcionário da SBAT tenha omitido o Teatro Oficina da lista de sucessos da temporada.
3. Parabéns pelo êxito de *Galileu Galilei:* é merecido.» * (São Paulo Pergunta, *Jornal da Tarde*, SP, 07/05/1969).

A montagem teve a seguinte ficha técnica: *A Vida de Galilei*, de Bertold Brecht.
Tradução: Roberto Schwarz.
Direção: José Celso Martinez Correa.
Cenários e Figurinos: Joel de Carvalho.
Música: Hans Eisler.
Direção Musical e arranjos: Júlio Medaglia.
Elenco: Cláudio Correa e Castro, Itala Nandi, Othon Bastos, Fernando Peixoto, Antônio Pedro, Renato Borghi, Renato Machado, Flávio Santiago, Margot Baird, Renato Dobal.

73. TEREZA CRISTINA RODRIGUES, *Galileu* este velho subversivo, *Folha da Tarde*, SP, 04/10/1968.

Depois de fazer reparos críticos à falta de cultura, de respeito humano etc., do pessoal do Oficina, concluiu o seu artigo...

(...) Mas estes jovens do *Galileu* me fazem lembrar de uma notícia que *O Estado* publicou há poucos dias. O telegrama que transcrevo no íntegra, dizia: "Não me deixam fumar maconha, não me deixam viajar sem passaporte, gritavam os atores norte-americanos do "Living Theatre", enquanto corriam na platéia no teatro londrino onde apresentavam sua estréia, tirando as roupas — até ficarem completamente nus. Mas o público resolveu reagir à agressão e foi assim que a estréia em Londres da peça *Paraíso, Agora*, de protesto contra a sociedade burguesa, terminou numa enorme briga entre o público, de um lado, e atores, de outro."

(...) Por essas e mais outras, meu caro leitor, eu costumo responder negativamente quando me convidam para ir ao teatro. Quando vejo a página de anúncios teatrais encimada pelo cabeçalho "Vamos ao Teatro", com patrocínio oficial e tudo, respondo com meus botões: não vamos, não. Principalmente se gostarmos efetivamente de teatro. Porque ir ao teatro para ver o "antiteatro", a "anticultura", etc., me parece uma besteira. Se você, meu eventual leitor, não concorda comigo, então vá. Tome um banho de lua, fique branco como a neve, faça enfim o que você quiser. Se os atores e o diretor da peça deixarem, naturalmente[74].

Para outra parte da crítica, entretanto, a encenação ou as experiências de José Celso não deveriam ser analisadas de maneira tão simplista como no exemplo acima. Não sentiram o tão proclamado "show de besteiras", que dizia estar de permeio no espetáculo do Oficina. Veja-se, deste outro lado, a análise de Sábato Magaldi:

Encenação soberba, a de *Galileu Galilei*, atual cartaz do Teatro Oficina. José Celso Martinez Correa havia proclamado sua descrença na eficácia do teatro racionalista e nos dá um espetáculo prodigiosamente racional que é uma das mais nítidas provas do valor da razão.

(...) Confesso que temia ver transformado *Galileu* num festival tropicalista. Nada tenho contra esses festivais: somente, ficaria deslocada neles a obra-prima de Brecht. José Celso assimilou a experiência de *O Rei da Vela* e *Roda Viva*, para encarar o monstro sagrado brechtiano com uma audácia e uma liberdade inventiva que dizem bem, tanto no encenador, como do texto. Talvez, se José Celso não tivesse ousado antes, se colocaria em face de *Galileu*, com reverência e timidez prejudiciais. A teatralidade pura e desinibida que veio conquistando, garantiu à nova encenação, uma grandeza e uma linguagem cênica admiráveis.

Um Brecht sem a cartilha brechtiana, sem os efeitos de afastamento catalogados nos manuais.

Uma maravilha: Nunca um Brecht se fez, entre nós, tão isento dos modismos brechtianos, e nunca a palavra de Brecht me pareceu mais límpida e comunicativa. Um didatismo preciso, inteli-

---

74. CRISTÓVÃO PAES, «Vamos ao teatro?», *Jornal da Tarde*, SP, 08/07/1969.

gente, másculo e poderoso. O espetáculo é um lenitivo para quem duvide da força da razão[75].

Poderia ter-se a impressão de que a montagem de *Galileu*, de Bertolt Brecht, além de ter satisfeito um velho sonho do elenco, significou um "parar para pensar", "colocar pés no chão", depois da rebeldia virulenta e anárquica de *Roda Viva*, especialmente. Sentia-se entretanto, que o grupo e principalmente José Celso iniciavam um momento de crise, um momento alucinado em relação a eles mesmos. *Galileu* falava ainda ao público, mas não falava mais ao grupo. A grande verdade de *Galileu* já era do conhecimento do grupo. Uma verdade, mas uma verdade velha. A opressão sofrida por Galileu era a opressão que o grupo, de certa maneira, vinha sentindo desde a sua primeira montagem profissional. *Galileu*, isto é, o espetáculo, foi enterrado com caixão e tudo no Teatro Oficina, o que aliás foi considerado um grande sacrilégio pela totalidade dos conhecedores do fato. Começaram, então, no teatrinho da Rua Jaceguai, os ensaios de *Na Selva das Cidades*, talvez a mais problemática, alegórica e complicada obra de Bertolt Brecht.

A montagem foi fortemente embasada na crise existente dentro do próprio grupo, e que atingia todos os seus componentes. Se as demais encenações desse período foram ensaiadas em apenas um mês, esta demorou mais de três, desenvolvendo-se os trabalhos durante as apresentações de *Galileu*, no Rio de Janeiro e Norte do país.

Chegava ao Brasil, por aqueles tempos, notícias de um trabalho muito importante realizado na Polônia por Grotowski. Ciente de tudo quanto era novidade no mundo teatral (já se disse que o Oficina foi sempre um sismógrafo de nossos palcos), José Celso viu nas experiências de Grotowski algo que tinha afinidade com suas inquietações. Com efeito, a técnica de Grotowski, baseada no fato de que a personagem deve ser uma espécie de bisturi para o ator se autopenetrar, se conhecer como homem, oferecia um instrumental de grande interesse para as buscas do Oficina àquela altura. Assim é que o grupo traduziu do italiano uma apostila escrita sobre o mestre polonês, pelo crítico Eugenio Barba, chamada "Em Busca de um Teatro Perdido" e partiu para a nova empreitada. Encetou-se, então, um labor que lembrava quase o de uma

---

75. SÁBATO MAGALDI, *Galileu* um estáculo ótimo, *Jornal da Tarde*, SP, 18/12/1968.

ordem em um monastério. Os ensaios começavam às nove horas da manhã, com aulas de lutas, caratê, capoeira e psicofísica em geral. Após o almoço, por volta de treze e trinta, principiavam os ensaios da peça propriamente dita, ensaios esses que iam até às dezenove e trinta, quando eram interrompidos para permitir as récitas de *Galileu,* um espetáculo de três horas e meia de duração. No dia seguinte, pontualmente às nove horas da manhã, tudo recomeçava na mesma seqüência. Todos os atores submeteram-se ao processo duro, sofrido e rigoroso, preconizado por Grotowski. Uma entrega total, um desnudamento corajoso, na procura de uma nova forma de relacionamento com a platéia. Alguns atores abandonaram o grupo logo após *O Rei da Vela.* É o caso de Etty Fraser e Chico Martins, por exemplo. Outros ameaçavam desligar-se após as últimas discussões[76].

Se José Celso Martinez Correa relutara em montar *Galileu* o mesmo não se pode dizer em relação a *Na Selva das Cidades.* Para o diretor paulista:

O Brecht de *Na Selva das Cidades* seria contemporâneo dos autores jovens do teatro brasileiro. A década de vinte, quando foi escrita a peça, seria parecida com o mundo de então só que barrada pelo nazismo e stalinismo. Era uma época libertária, de explosão do homem do século XX[77].

Os atores do Oficina, mais uma vez, através do texto, tentavam de certa maneira, contar sua própria história. A crise que existia entre racionalismo e irracionalismo entre os "representativos" e a "ralé" era no fundo a crise em que se encontrava o próprio "jovem Brecht" de *Na Selva das Cidades,* num momento em que ele estava em dúvida entre a razão e a não-razão, quando tendia a um anarquismo intenso ao mesmo tempo que procurava se disciplinar, no momento em que privilegiava a expressão poética e no momento em que Brecht ainda não entendia, segundo ele mesmo, a luta de classes.

---

76. O espetáculo estreou no dia 1.º de agosto de 1969, tinha cinco (5) horas de duração e apresentava a seguinte ficha técnica:

Direção: José Celso Martinez Correa.

Cenografia de Lina Bo Bardi (as platéias voltaram a ser convergentes).

Distribuição dos papéis: George Garga — Renato Borghi; Slink — Othon Bastos; Maria Garga — Ítala Nandi; Skinny — Fernando Peixoto; Gorilão — Samuel Costa; Verme — Flávio Santiago; Missionário — Renato Dobal; Jane Larry — Margot Baird; Manky — Carlos Gregório; Mãe — Liana Duval; Ken Sy — Paulo Lambisgouya; Pai — Otávio Augusto; Maynes — João Marcos Fuentes; e ainda — Tessy Callado e Walquíria Mamberti.

77. Um Brecht jovem estréia no Oficina, *O Estado de São Paulo,* 31/07/1968.

Mais uma vez, depois de *O Rei da Vela,* uma perfeita sintonia entre o autor e diretor, a despeito da diferença em tempo e espaço. Entretanto, se a temática e a indisciplina dramática, com acentuados laivos de genialidade, de *Na Selva das Cidades,* forneceram material para o elenco; a montagem, temos certeza, não teria sido feita, não fosse a descoberta das pesquisas do polonês Jerzy Grotowski. De nada adiantaria tal talento literário, se não houvesse a correspondente técnica cênica capaz de realizar, no espaço do palco, a imagem cênica.

O arrojo estético de *Na Selva das Cidades* foi, segundo a crítica, não o mais importante, mas sem dúvida o mais fascinante espetáculo encenado por José Celso. A título de exemplo, veja-se o que o crítico Sábato Magaldi disse:

> É uma das montagens mais criativas que já se fez em São Paulo por um diretor brasileiro...
> 
> Sem um elenco apaixonado, viajando no mesmo barco do encenador, seria impossível obter o rendimento interpretativo de *Na Selva das Cidades.* (...) Todo o desempenho é coeso, inteligente, lambusado de verdade e de interiorização. Os atores não temem o ridículo de chegar às elementares articulações animais, jogando-se de corpo inteiro em cada cena. Não há uma incompreensão da papel, uma linha discutível, e se alguns intérpretes apresentam um resultado melhor é que têm mais talento ou se identificaram mais à personagem...
> 
> O espectador não compreenderá com facilidade a encenação, mas se sentirá penetrado por um áspero e selvagem fascínio poético[78].

Os próprios atores sentiram a grandiosidade do espetáculo. Um exemplo é Fernando Peixoto que, apesar de todo o seu racionalismo e resistência à idéia dos laboratórios e à concepção de *Na Selva das Cidades,* ofereceu o seguinte depoimento:

> *Na Selva das Cidades* é, no meu entender, o melhor espetáculo do Teatro Oficina. Jamais o Oficina produziu um documento vivo, tão extraordinário de toda uma época, de todo um pensamento, de toda uma sociedade, de toda uma crise, como foi essa montagem[79].

Durante as últimas apresentações de *Na Selva das Cidades,* a crise interna do grupo se aguçou. Iniciava-se, já na *Selva,* um processo que no fundo era a destruição da própria idéia do teatro. Tratava-se de uma concepção ainda em embrião, que iria configurar-se em *Gracias Señor.* As

---

78. SÁBATO MAGALDI, Na Selva das Cidades, *Jornal da Tarde,* SP, 17/09/1969.
79. FERNANDO PEIXOTO, «Conferência sobre o Teatro Oficina», *ob. cit.*

divergências foram tão grandes que, em Belo Horizonte, os espetáculos foram suspensos apesar do grande êxito de bilheteria. Esse foi um momento crítico no Oficina, um momento que paradoxalmente era o mais criativo e o mais desesperado de todos os que já haviam acontecido.

Tudo começou quando o elenco teve que embalar a peça numa versão comercial, com duração de duas ou três horas, quando começaram a receber subvenção para pagar os atores. Nesse momento, começaram a perceber que existia uma estrutura caríssima, uma verdadeira estrutura de empresa. O conjunto denunciava o mundo empresarial, mas estava dentro dele, de uma empresa que era considerada a maior companhia de teatro do Brasil.

Naquele instante, toda a harmonia que existia dentro do grupo acabou, o todo se dividiu. Nada mais rendia artisticamente. José Celso, Renato Borghi e Ítala Nandi, os líderes, ficaram vacilantes. Por outro lado, alguns atores mais profissionais acharam normal o que estava acontecendo, assumiram e aceitaram.

Na verdade, entretanto, foi interrompida uma carreira enorme de perspectivas para a peça. Cumpriram o contrato com os atores, que era de quatro meses e se separaram. O grupo já não era mais uma unidade exprimindo uma idéia artística. As partes em conflito já eram três. Não havia mais confiança coletiva, não havia mais quase nada.

Foi então que surgiu, marcando uma nova fase, na vida do conjunto a experiência de criação comum com o Living Theatre. O contato com o Living, portanto, não aconteceu em condições normais do Oficina, isto é, como proposta estudada de uma nova pesquisa, mas sim de um processo que o próprio José Celso chamou de "morte".

Fernando Peixoto relata o que foi este momento de pausa, quando o Oficina parou de fazer teatro:

> Toda crítica nos colocava essa pergunta: — "O que eles vão fazer agora?" Era o que nós também nos perguntávamos, nós não sabíamos. Nós já tínhamos destruído todas as idéias possíveis e estávamos numa crise (entre nós) muito grande. Nós não queríamos também nos institucionalizar. Virar a companhia profissional mais importante do país.
>
> (...) Paramos por três ou quatro meses, e marcamos uma data para o reencontro. (...) Etty já havia saído, logo após o *Rei da Vela*.
>
> Ítala foi para a Bahia filmar com Ruy Guerra *Os Deuses e os Mortos*. José Celso e Renato, que tinham guardado os Prêmios

Molière, foram para a Europa (...), eu fui com o Teatro de Arena viajar pelos Estados Unidos e América Latina, fazendo duas peças: *Arena conta Zumbi* e *Arena conta Bolívar* (peça ainda inédita no Brasil, de Augusto Boal). Quando voltamos, nos encontramos na casa do Othon (Bastos) e da Marta (Overbach) (...) Começamos tentar descobrir o que estava acontecendo com a gente. Naquele instante eu senti que as coisas estavam já muito estranhas (...). Estávamos já em posições bastante diferentes (...). Resolveu-se, então, produzir um filme em Santa Catarina, chamado *Prata Palomares*, dirigido por André Farias. Esse filme levou praticamente toda a equipe. Eu não quis fazer parte do trabalho e fiquei sozinho tocando o teatro. Foi daí que resolvi fazer *Dom Juan*, de Molière[80].

A peça já estava nas cogitações de Fernando Peixoto há muito tempo, mas a idéia básica ainda permanecia distante, abstrata. Segundo o diretor foi a voz de Mick Jagger, cantor do conjunto The Rolling Stones, que lhe permitiu ver no texto uma nova verdade. *Dom Juan* agora lhe interessava como símbolo de protesto, do desafio apaixonado e vigoroso, da contestação, forças poderosas da juventude de todo o mundo[81].

Não me interessa montar um espetáculo cultural, no sentido vago e francês da palavra. Não me interessa a forma de Molière, mas seu espírito combativo, participante, denunciador. Estimulados por este espírito, eu e Guarnieri alteramos a estrutura da peça, presa a uma forma do século XVII e incompatível com um ritmo moderno que procurei imprimir ao espetáculo...

O espetáculo depende diretamente do som do *rock*. Foi uma conseqüência direta da nossa compreensão do personagem em termos de hoje. A estrutura do espetáculo é constituída pelas cenas de Molière, contando a vida, paixões e morte de um rebelde, o calvário terrível de um personagem complexo, mistura de James Dean/Hippie/Rolling Stone/Easy Rider, e pela música livre e espontânea, pelo som explosivo que vem das baterias e das guitarras elétricas dos Brasões...[82]

Na verdade, a montagem de *Dom Juan* foi uma tentativa feita por Fernando Peixoto de articular, de novo, algo de conseqüente dentro do Oficina. Daí o convite a Gianfrancesco Guarnieri para fazer o papel-título. Com o espírito de liderança e de experiência de longos anos no Teatro de Arena, esse dramaturgo e ator poderia, de certa maneira, ajudar a resolver a crise existente dentro do grupo e, talvez, junto com Fernando Peixoto, formar

---

80. FERNANDO PEIXOTO, «Conferência sobre o Teatro Oficina», *ob. cit.*
81. Convém ressaltar o fato de que Fernando estava em Paris, junto com o Oficina, quando estourou na Europa o «Movimento Revolucionário Jovem, de Maio de 1968».
82. FERNANDO PEIXOTO, *Jornal da Tarde*, SP, julho/1970.

Na Selva das Cidades **do jovem Brecht (1969) — Um dos mais belos espetáculos do Teatro Oficina (Arq. IDART)**

Flávio São Tiago, Samuel Costa e Othon Bastos (Arq. IDART)

**Ítala Nandi, Flávio São Tiago e Fernando Peixoto**
**Othon Bastos — "Schlink"**
**Renato Borghi — "Jorge Garga"**
**Ítala Nandi — "Maria Garga"**
**...os atores do Oficina tiveram que se expor, com toda a coragem, para exprimir a metáfora pessimista de Brecht (Arq. IDART)**

**Gianfrancesco Guarnieri e Flávio São Tiago em uma cena de** Dom Juan **de Molière — direção de Fernando Peixoto (1969/70) (Arq. Teatro Oficina)**

um núcleo forte dentro do Teatro Oficina. O que aconteceu, entretanto, não foi bem o planejado. A forma do espetáculo era quase que Oficina/Zé Celso.

Durante a temporada de *Dom Juan,* o Living Theatre (com Beck, Malina e todo o elenco) chegava a São Paulo e se instalava junto com o Teatro Oficina. Por então o Living já era, sem dúvida, um fato de ressonância internacional. Não havia um único centro de maior relevo na atividade teatral e nas diversas partes do mundo que desconhecesse, ou deixasse de discutir suas proposições. O grupo americano, naquele momento, possuía vários núcleos atuando em vários continentes, mas aqui chegava o seu principal esteio. O fato se constituiu numa surpresa para os integrantes do Oficina. José Celso e Renato Borghi haviam feito, em Paris, um convite informal, que, a bem dizer, jamais esperavam que fosse aceito. Diante do fato concreto, entretanto, que era a presença do Living, não recuaram. Iniciou-se a experiência conjunta e, para tanto, José Celso e Flávio Império reuniram não só atores profissionais, mas pessoas com interesses afins, mas diversos, como psicólogos, etc. O pessoal do Living também chegava em crise. Em última análise, vinham procurar na realidade latino-americana uma saída para seus impasses. Contudo, o trabalho conjunto nunca foi concretizado por motivos que veremos adiante. Efetuou-se apenas um espetáculo em Ouro Preto, chamado *O Legado de Caim,* com a participação de alguns elementos brasileiros, e uma criação coletiva no Embu.

O contato com o Living Theatre revelou momentos interessantes, cômicos e até dramáticos. Devemos deixar José Celso, com seu estilo peculiar, relatar esse acontecimento:

> Eles não sabiam quem éramos nós e nós sabíamos quem eram eles: aquela imagem do consumo internacional. Eles têm assim um troço de uma fraternidade inicial enorme, mas então ficavam naquela confrontação (...); eles estavam passando por um processo semelhante ao nosso, mas não queriam abrir esse processo, nem nós (...). Então surgiu um troço assim, de repente o Living esperando do Teatro Oficina sendo que o Oficina era um troço que (...) para eles nem podia existir. Eles vinham de qualquer maneira com uma consciência assim puritana de salvar a América do Sul, que eles têm isso muito forte, ligado ao próprio judaísmo mesmo, ligado à cultura norte-americana (...). Então surgiu uma legítima defesa e (...) primeiro tinha sido uma maravilha, aquela paixão, que era a lua-de-mel (...). Depois aquelas primeiras discussões, assim de caráter muito sério, muito formal, discussões diárias... pelo seguinte: ou a gente entrava na deles ou nada era possível (...).

"Saldo para o Salto" — Ensaio da remontagem de "Pequenos Burgueses" de Máximo Gorki — Isa Kopelman, Renato Borghi e Eugênio Kusnet (1970) (Arq. IDART)

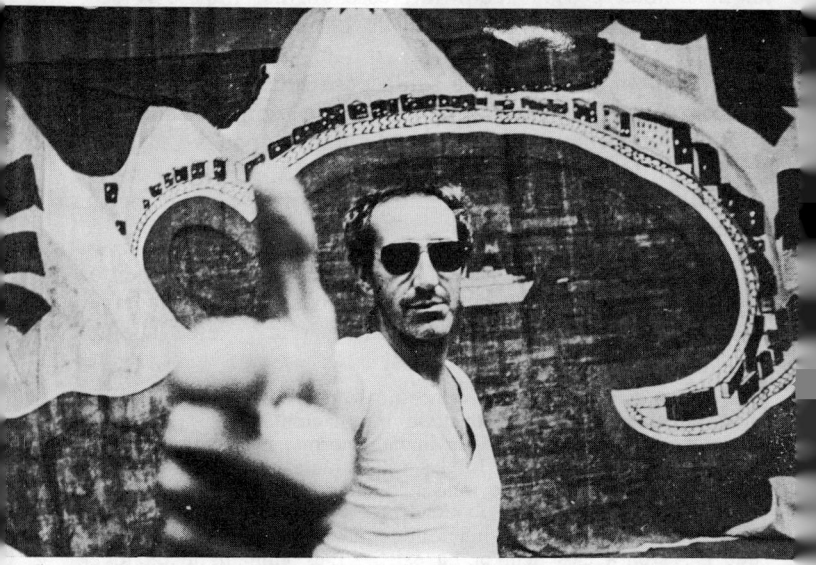

O Galileu de Renato Borghi (1971) e o Galileu de Cláudio Correa e Castro (1969) (Arq. Teatro Oficina)

José Celso brinca com o fotógrafo. Em segundo plano detalhe do cenário de O Rei da Vela. Remontagem no Teatro João Caetano, Rio de Janeiro - 1971 (Arq. IDART)

Interessava pra gente isso tudo, entende? Mas eles não assumiam isso (...) porque, quer a gente queira ou não, de qualquer maneira eles são americanos (...). Sabe o que aconteceu? Eles não são da "Nova Esquerda", mas da "Velha Esquerda", saíram dos EUA com uma formação inicial. Há 25 anos que eles vivem juntos (...) um mundo realmente muito fechado. Ou você entra nele ou não é possível nada. Agora, eles não estavam inteiros (...). Estavam, depois da crise de 68 na Europa, num processo de autocontestação. Porque pra eles é muito mais difícil assumir esse processo do que pra nós, que a gente é muito mais recente, tem muito menos estrutura. Aquele troço de eu vim morrer aqui (...). São anarquistas, também. E são profundamente idealistas e puritanos (...), vêem a coisa muito do prisma messiânico (...). Sei lá, essa atitude muda muita coisa, mas não conseguem perceber o outro pela frente, porque vêem o outro como coisa a ser catequisada, como alguma coisa a ser modificada. Então era no máximo a seita deles admitindo pessoas do nosso grupo, e convertidas à seita deles para se entender no processo (...).

Então vinha aquela confrontação. Você estava perante o cacique puritano que era o Julian, e perante nós que éramos aquele caos, aquela contradição, aquela neurose, perante aquela coisa quase que monolítica, um computador (...). Então eu vi uns caras vestidos de preto, com aquela pinta de... pra frente, e a gente com aquele jeito (...) e só pra provocar botei um terno "Bonnie-Clyde" que comprei em 68 em Londres, um terno incrível, que eu fico com pinta de burguês: Fui na reunião com esse terno só para curtir, né? E aí foi um escândalo, eles ficaram chocados. Mas meu Deus do céu, eu sou um índio! Eu não quero ser convertido ao catolicismo de jeito nenhum, muito menos em exército da salvação, nunca, meu Deus do céu! Quase que um pavor me sentir índio mesmo (...).

Nós não temos nada! Porque tem um troço terrível, né? Um troço de admitir sua existência de uma certa maneira, porque eles se relacionam com todo o pessoal que chamam de 3.º mundo. Aliás eu não gosto de falar no 3.º mundo, porque eu não sou o 3.º mundo, porque 3.º mundo é uma expressão muito deles... do europeu, do americano consumir o ciclo do hemisfério sul aqui (...). Se você não compreende aquela imagem, há uma impossibilidade total de te ver, há uma relação de opressão, opressão de cuca mesmo. Inclusive estava nessa época muito fundido economicamente. E tava gastando uma fortuna com eles[83].

Em suma, a tentativa começou a evoluir da pior maneira. Por fim, o grupo americano passa a ver José Celso como um empresário desejoso de ganhar dinheiro à custa deles por algum tempo. José Celso torna-se então o bode expiatório da conjuntura. Narra também que, apesar de serem puritanos, antidinheiro, etc., quando se discutiu o projeto de um filme que iriam fazer juntos, Judith Malina entrou na conversa como se fosse uma figura perfeitamente enfronhada nos meandros contábeis da Metro Goldwin Mayer.

---

83. JOSÉ CELSO, «Entrevista sobre *Gracias Señor*», *ob. cit.*

Em seu derradeiro momento, a discussão desembocou no seguinte, como conta o próprio diretor brasileiro:

Foi muito difícil para eles, mas aí houve um esforço em todos os níveis, até a gente quebrar um pau de lavadeira mesmo, xingando, todos xingando, em todas as línguas, aquela assembléia da ONU (...), uma zona total, mas com um amor total, com uma vontade incrível da gente acertar. Aí, como não dava, então começou a baixar um silêncio (...), uma reunião silenciosa (...). Se pensou, aí começou uma transa mágica incrível, né, até uma tentativa de comunicação pelas energias todas (...). Aí desencadeou uma vontade incrível de comunicação, a gente sabia que se ia chegar, que se devia chegar, mas tinha todas barreiras, enquanto se discutisse em nível político, psicológico, etc., a coisa se amarrava ainda mais (...), era uma contradição, era um grupo que queria chegar a uma posição muito marginal, muito de contracultura, que negava fazer teatro e uma série de coisas, e no entanto era um grupo caríssimo! Aí no final, quando baixou aquele astral, se começou a compreender mais a coisa (...). Aqui dentro do Brasil mesmo eles fizeram um trabalho importante, e poderão fazer um trabalho muito importante aqui; mas eu tou falando da dificuldade de se trabalhar juntos! Aí a compreensão bateu em cada um, eles foram pro Rio e nós ficamos em São Paulo. Foi terrível pra nós, o rompimento repentino. Inclusive ficaram pessoas no grupo, marcadas por eles, enfeitiçadas por eles, no bom sentido. E elas me viam como um obstáculo, queriam a integração com o Living (...). Começaram a criar certo antagonismo comigo e começaram a querer destruir. E começou um processo incrível das pessoas todas quererem de certa maneira quebrar aquela resistência da minha cuca, quebrar minha última resistência. Talvez fosse, ao mesmo tempo, o meu último traço de poder dos anos 68, de diretor, de líder (...) dessa coisa toda (...), talvez isso tivesse que ser quebrado. Aí começou a tentativa de querer se quebrar isso deliberadamente.

(...) as pessoas tinham aquela coisa de olhar para a cara dos outros e ficar viajando horas e dizendo tudo por viagem... As pessoas se vestiam de determinadas cores maravilhosas, combinando determinadas coisas e chegavam assim e começavam a fazer aquela guerra, guerra de energia, aí chegava o Renato (...)[84].

Renato Borghi chegou de Florianópolis como oposição a toda posição do grupo. E discutia-se, horas e horas a fio, em busca de uma saída. O filme que estava sendo rodado em Florianópolis deixou o grupo endividado. Mais uma vez teria de lançar mão da retrospectiva para angariar fundos de subsistência. Essa retrospectiva chamou-se "Saldo para o Salto" e foi composta com remontagens de *Pequenos Burgueses, O Rei da Vela* e *Galileu Galilei*. O sucesso nacional do elenco, agora com o nome de "Oficina Brasil", motivou uma excursão, com os mencionados espetáculos, por todo o Brasil. Em dezembro de 1970 empacotaram as três produções e, da Capital paulista levaram-nas para o Rio de Janeiro, no Teatro João Caetano.

84. *Idem.*

Do Rio de Janeiro, após uma estrondosa temporada de três meses, com um público de mil pessoas por noite, dirigiram-se para Belo Horizonte. Da capital mineira para Brasília, depois para Goiânia. A seguir cruzaram o País em direção ao litoral. Salvador, Recife, bem como Fazenda Nova, no sertão pernambucano. Uma semana em Natal, no Rio Grande do Norte. De Natal a Fortaleza, Ceará. Em agosto de 1971, estavam em Belém do Pará e, por fim, chegaram à Amazônia, onde pretendiam entrar em contato com os índios, através da FUNAI.

Através dessa viagem, o conjunto paulista procurava efetuar um balanço de seus erros e acertos. Tratava-se de resolver, em primeiro lugar, a contradição entre profissionalismo e ação teatral de pesquisa. Para tanto foram abolidas as relações empresário e assalariados. Ninguém recebia mais salários no grupo. O dinheiro das montagens era repartido igualitariamente para a subsistência e tranqüilidade de pesquisa. Formou-se, então, uma espécie de comunidade teatral do tipo Living Theatre, ao mesmo tempo que procuravam se afastar, na medida do possível, do edifício teatral convencional, buscando locais menos estruturados como: praças, quadras, campos de futebol, ruas, etc. Em resumo: das duas opções que se lhe apresentaram, ou seja, a de tornar-se ou não a maior companhia profissional do país, aceita pelo público burguês no teatro profissional e a grande maioria dos críticos, o elenco escolheu a que fatalmente iria destruir sua imagem anterior. Essa imagem, aliás, era tão difundida naquela época, e eram tantas as polêmicas em torno da irreverência do grupo, que bastava a companhia chegar a determinada capital ou cidade para que os ingressos se esgotassem imediatamente. Como exemplo transcrevemos aqui em trecho de um artigo publicado por um jornal de João Pessoa:

> Se o governador Ernani Sátyro não se decidir a trazer a João Pessoa o Teatro Oficina, está a perder a maior oportunidade em todo o seu governo de fazer algo realmente válido para a cultura paraibana (...). Aí está a oportunidade: ter em João Pessoa, durante três dias, o maior grupo de teatro do País. E para isso está faltando somente um pouco de interesse. A Paraíba não pode (nem deve) perder essa[85].

Em Salvador, as autoridades não permitiram que fosse feita uma temporada gratuita de *O Rei da Vela,* alegando que o povo não era culto o suficiente para enten-

---
85. JURANDYR MOURA, Oportunidade única, *O Norte,* João Pessoa, 18/07/1971.
86. MARIA LUIZA ROLIM, De graça o Oficina quer o povo no teatro, *Jornal do Comércio,* Recife, 03/07/1971.

der a peça e que não era educado a ponto de saber se comportar dentro do edifício teatral[86].

Em São Luís foram expulsos pela polícia por fazerem debates públicos de *Galileu*. Em Belém do Pará, depois da passagem do Oficina, foi feita uma regulamentação especial para o uso do Teatro da Paz

(...) No seu discurso de posse, o Dr. Augusto Meira enfatizou os objetivos da fundação: "preservar a cultura e evitar que o Teatro da Paz voltasse a ser profanado por certas companhias e certos artistas"[87].

As remontagens, entretanto, diferiam bastante das versões originais. De outro lado, não havia, de parte do elenco, interesse por esses espetáculos. Todas as expectativas estavam voltadas para algo que começou a denominar-se "Trabalho Novo". Tornara-se comum, no grupo, a expressão ganhar, ou melhor, comprar o tempo, que significava representar para se dispor de um espaço de tempo tranqüilo a ser dedicado ao "Trabalho Novo".

Em maio de 1971, na cidade de Salvador o Oficina declarava:

Nosso trabalho não tem nada a ver com o teatro convencional. Pode acontecer em qualquer lugar, como está acontecendo nessa entrevista[88].

Em primeiro lugar o que a gente coloca mesmo é a discussão da relação palco-platéia. Nós não vamos mais nos apresentar nesses teatros de 250 e 300 lugares, com cortinas, com aquele tipo de relação separada, pessoas sentadas e atores no palco, com uma participação quase bovina do público. Nosso tipo de atuação deve ser outra e do público também. É um outro teatro, onde as relações são outras, os textos outros, os cenários outros e não tem nada a ver com o teatro convencional (...)

E o "Trabalho Novo" já começa você nos encontrando aqui

---

87. Teatro da Paz terá uso regulamentado, *Folha do Norte*, Belém (PA), 01/09/1971.
88. Oficina um compromisso com a realidade, *Jornal da Bahia*, 31/05/1971. É interessante relatar como o Oficina realizou um *happening*. Entrevista para o *Jornal da Bahia*, conforme depoimento de Renato Borghi para a *Revista Bondinho, Jornalivro* n.º 4:

«Fomos fazer um trabalho no *Jornal do Brasil*, por exemplo, porque os caras tavam a fim de fazer uma matéria e tal, e pediram para a gente fazer uma coisa diferente. Nós não avisamos e fomos.

Entramos e nos confrontamos numa parede, 17 pessoas concentradas, encostadas numa parede...

As pessoas olharam e tiveram um medo incrível. Quem estava escrevendo atolou a cara na máquina, escreveu, escreveu, descaradamente; quem tava no telefone, telefonou; (...) A gente entrou no meio, escreveu uma mensagem num dos papéis, saímos e aquelas pessoas continuaram a escrever, como se não tivesse aquela mensagem lá no meio; aí nós morremos em cima das mesas ... e quem tava na mesa escrevendo, continuou escrevendo, não olhava. Depois tinha gente conversando, a gente segurava a folha de jornal entre a cara deles, e quando tirava eles continuavam falando. A polícia veio e nos prendeu e eles deixando a polícia nos levar. «Não. É uma entrevista. Se trata do Oficina». Nada disso, só o silêncio absoluto. Quem teve que dizer fui eu, né, porque eles todos nos deixariam ser presos. É uma fase que ninguém quer tomar posição nenhuma, a respeito de nada».

(num casarão antigo no Rio Vermelho). Se fosse em 68 ou 69, provavelmente estaríamos no Hotel da Bahia. Foi uma mudança não só em termos de uma concepção de teatro, mas de comportamento e relacionamento também (...). Eu te digo, é muito difícil viver junto, muito difícil mesmo (...). Eu acho que para o teatro nos termos em que tem sido feito não é importante viver juntos.

Mas para o trabalho que vamos fazer é. Para a coisa que eu não chamo mais, inclusive, de teatro, é outra coisa. (...) Seria a integração do público-platéia. Não existiria palco mas uma proposta nossa em que a platéia iria sendo integrada até que no fim, nós e eles seríamos uma coisa só (...). É preciso vivermos uma coisa só (comunidade) pra transmitirmos uma coisa só também[89].

O experimento começou a ganhar força desde Belo Horizonte. Grande parte dos contratados para possibilitar as remontagens foi dispensada e ficaram muitos que nem sabiam fazer teatro, nunca haviam tido qualquer experiência de representação. Foi o caso de Herbert, por exemplo, cinegrafista que resolveu aderir ao grupo. O próprio José Celso subiu ao palco. Alguns dos resultados do "Trabalho Novo" já foram incorporados às remontagens. No final de *O Rei da Vela*, por exemplo, Renato, Ítala e Flávio Santiago viajavam até não poder mais, numa viagem jamais vista no teatro, conforme expressão de José Celso.

O grupo, naquele momento, já todo ele definido em torno do trabalho, continuava sua peregrinação e tentava, nas cidades pelas quais passava, efetuar *happenings*, como forma de uma pesquisa capaz de levar ao "Trabalho Novo". De todos os "acontecimentos" três se destacaram como os mais importantes: em Brasília, Santa Cruz e Mandassaia. Na Capital Federal, o fato desenvolveu-se perante dois mil universitários; em Santa Cruz prenderam Renato Borghi com os olhos vendados na praça da igreja e disseram ao povo que ele só sairia se todos fossem às suas casas, trouxessem retalhos e amarrassem uns nos outros dando a volta na cidade. O povo participou e pediu para o grupo pensar na possibilidade de empregá-los numa produção.

Finalmente, em Mandassaia, cidade separada por um rio, o grupo conseguiu a adesão dos habitantes; em conjunto, construíram uma ponte simbólica sobre o rio[90].

---

89. Entrevista a Maria Adenil Vieira, *Jornal da Bahia*, 31/05/1971.
90. Na experiência-modelo em Mandassaia (sertão de Pernambuco), cidade de 600 habitantes, foi num domingo à tarde, sem a população estar avisada de nada.
O Grupo Oficina Brasil, descalço, atravessa o rio que margeia o lugarejo, todos como um bando de peregrinos em silêncio, seguindo o que trazia o bastão (como os místicos da região usam seu cajado).
Caminham em silêncio por toda a cidade, marcando em alguns lugares as sete cruzes onde se passarão as sete ações do espetáculo. Depois param na

A soma dessas tentativas foi que resultou no espetáculo *Gracias Señor*. Pode-se dizer mesmo que a verdadeira experiência de *Gracias Señor* deu-se, enquanto era formulada, em Brasília, onde existiam todas as condições para um *happening* na forma que o grupo pretendia. Com base em depoimentos de integrantes do grupo, tentaremos esboçar uma descrição do que ocorreu em Brasília.

O trabalho teve início logo à chegada do conjunto. Seus membros freqüentavam os restaurantes universitários, andavam sempre em grupo e combinavam um certo relacionamento com os estudantes. Um dia, por exemplo, na hora do jantar, o conjunto se dividiu entre as várias mesas do restaurante e os componentes combinaram propor a mesma pergunta: "O que é que você vai fazer sábado à noite?" Ora, uma pergunta idêntica feita em lugares diferentes, por um grupo de pessoas que andavam juntas, em silêncio, começou a deixar os estudantes intrigados e alguns pensaram que se tratava de uma forma de propaganda do espetáculo. Mal sabiam eles que o espetáculo já havia começado. Assim as coisas, esses pequenos *happenings*, foram se sucedendo até o dia do grande *happening*.

Só o depoimento de um dos participantes do fato, no caso o de Zé Celso, poderia reviver, com tal gama de detalhes, aquele momento:

Na reunião definitiva, nesse dia a gente acordou com uma inspiração fora do comum, nós todos tínhamos a mão pintada, o símbolo de Brasília, a planta de Brasília que o Lúcio Costa fez para a cidade... Foi uma coisa que passou a significar muito para nós.

Praça Central, em frente à igreja e confrontam por muito tempo a população, em silêncio total.
 Logo após demonstram os sete usos do bastão e seu significado principal — arma para destruir o inimigo. Saem em procissão, dirigindo-se ao primeiro dos sete assinalados: o cemitério. O Bastão torna-se algo sagrado. As pessoas «tocam» no Bastão e o seguem. Para representar a Ressurreição ficam deitados em cima dos túmulos. A população os cerca. Mortos, usam o Bastão para se levantar.
 Ressurreiçãço, o grupo fica, como cego, a tocar todas as pessoas. A cegueira é uma doença física (glaucoma) muito comum na região, devido às condições sub-humanas em que vivem. Mais uma vez o toque do Bastão. Logo encaminham-se «cegos» para o centro da praça, onde o grupo se reúne. Juntos, há o «toque» do Bastão, alcançam a União e a União é Visão. Todos enxergam. Então avisam que se aproxima uma grande guerra, e o Bastão é usado para dividir a cidade. O Bastão vai ajudar a entrar em contato com outras cidades, através da construção de uma ponte. Começam a fazer a ponte de pedras. Poucas pessoas aderem no começo. Mas aos poucos alguns, como peregrinos, começam a surgir com pedras enormes, numa região onde quase não há pedras.
 Repentinamente o Bastão aparece como defesa. Constroem uma trincheira. E repentinamente o Bastão aparece como arma. Acordam parte da população que já dormia: sobem no campanário da igreja. Os sinos tocam. O inimigo é executado pelo Bastão. Seguem em procissão no meio dos camponeses, que ficam à margem do rio e da ponte. Atravessam para o outro lado, cantando uma canção que promete a volta, para juntos levar o Bastão a Juazeiro, cidade dos sertões (O Teatro está na rua, *Última Hora*, RJ, 18/01/1972).

Experiência na cidade de Santa Cruz, a comunidade dos retalhos (Arq. Teatro Oficina)

A propaganda dos espetáculos (no caso de Galileu) origem do "Te-ato" (Arq. Teatro Oficina)

Galileu sendo apresentado para trabalhadores (Arq. Teatro Oficina)

(...) O espaço, a gente dividiu em três áreas. A área térrea, onde se passava justamente a parte mais didática; os subterrâneos, que é um túnel de quase 900 metros, onde ia se passar a Divina Comédia, a parte exatamente da descida aos infernos, como nós a chamamos, que era o mergulho exatamente no ano 70; e depois a parte de cima, que era a parte do sonho, que é a parte do "Navio" em *Gracias Señor*, e o *campus* todo como área de representação (...). Apareceram mais ou menos duas mil pessoas (...). A gente começou concentrado na clareira que nós íamos sempre (...). A gente sempre se reunia em círculo, fumava e depois espontaneamente começamos a fazer um jogo utilizando a terra, aí percebemos que estávamos todos maquilados com a terra, uma maquilagem, que apareceu espontaneamente no espetáculo (...).

Na hora deu uma insegurança incrível (...). A gente se abraçou, a gente procura muito apoio físico (...). Os caras gritavam, nós todos com medo daqueles gritos (...). Duas mil pessoas gritando com uma histeria incrível (...), de repente, com a nossa chegada, os gritos pararam, fez-se um silêncio absurdo, total (...). Bateu um sentido de predestinação, de força brutal (...); ficamos em silêncio, no paredão, aquele silêncio que era uma coisa tão forte que a gente não conseguia segurar o braço na parede (...). Então, de repente, você tava num transe, numa viagem, criava a força fora do comum (...), uma coisa africana mesmo (...). Estava uma África ali, perante o público (...). Vinte minutos de silêncio, um silêncio de confrontação (...). Então tinha uma caminhada de 900 metros em que as duas mil pessoas nos seguiram pelo subterrâneo (...). Andando e apanhando, um subterrâneo escuro, enorme. Todo mundo gritando, berrando, repetindo *slogans*.

Aqueles que a gente repete em *Gracias Señor* em tabuletas: "inteligência é burrice", "criar é obedecer"... O público ainda estava todo no túnel, nós fomos para a boca do túnel e lá fizemos o ritual da lavagem do cérebro, com saliva, esmagamos, destruímos os cérebros e botamos num fascículo...

A gente se espalhou por aquela área enorme, e cada qual morria num pequeno estacionamento...

Depois de algum tempo os mortos, as pessoas nos cercavam em círculos. Começávamos a nos comunicar entre nós, comprovando a ressurreição, mas era decupada: um dizia "re", outro "su", até fazer "ressurreição". Quando todos gritávamos "ressurreição", as pessoas que estavam em volta gritavam também... fomos correndo até pegar uma espécie de telhado onde as pessoas nunca pisam, e começamos a dançar ali... aquilo virou um *playground* enorme, todo mundo solto, brincando. (...) Acho que a parte mais original do nosso trabalho é essa... Porque a gente faz primeiro as viagens todas, aí depois a gente se reconfronta, assume todas as viagens assim no sonho, aí volta aos piques, volta à terra e reconfronta. Dessa reconfrontação é que nasce o novo alfabeto, que são aqueles gestos e que são os sete usos: há muitos objetos num só objeto, etc...

Depois de destruído o inimigo, passamos para a última parte que a gente chama de "Te-ato"... Voltamos com eles aos subterrâneos... Então lá foi o primeiro momento de total confraternização e liberação entre nós e eles...

Todo mundo soltou um som maravilhoso, um cântico maravilhoso... Quando foi chegando na boca do túnel já era noite...

Passamos os bastões para eles, aquela multidão fez um silêncio absoluto, total. Foi um passeio silencioso de duas mil pessoas, o bastão na mão deles. Aí fomos ao lado da reitoria e começamos a semear.

...Então as pessoas todas começaram a cavar com as mãos, e com saliva e suor, foram cavando pra colocar as sementes, e depois se tratou de fincar o bastão. Até que quando a coisa estava pela metade a gente se picou. Até hoje tem lá aquele bastão, aquele marco...[91]

O caminho, depois de *Na Selva das Cidades*, era sem retorno. O Oficina descobria o itinerário do teatro não institucionalizado, da contracultura, uma espécie de marginalidade em relação ao profissionalismo. Durante a viagem, essa via foi trilhada sem maiores problemas. Afinal de contas, durante qualquer excursão de qualquer companhia teatral, a vida é sempre, de uma certa maneira, comunitária. Além do mais, toda viagem gera por si mesma experiência e relacionamento inusitados. O fascínio da aventura, o sair do cotidiano, o rompimento do dia-a-dia. A prova ficava para o momento que voltassem à casa, aos "filhos prediletos", aos críticos incentivadores, ao ambiente carregado de profissionalismo, ao "teatro morto" com um público acostumado a vê-lo, ao lugar de origem, São Paulo e Rio de Janeiro. O retorno geográfico não podia ser acompanhado de um retorno da viagem rumo ao "Te-ato", sobretudo porque deixara de existir o elenco do Oficina nos termos antigos, do Oficina anterior a esta viagem. A resolução da crise inclinava o prato da balança para o lado da "ralé". Os "representativos", que talvez continuem no impasse até hoje, já não estavam mais no barco do Oficina Brasil. A volta trouxe o primeiro problema: a comunidade se desfez. Cada um procurou o caminho de sua casa.

Os tripulantes do grande e famoso barco (pelo menos era assim que sempre se olhou o Oficina) eram apenas o Capitão José Celso, seu braço direito, Renato Borghi e um ou outro marinheiro. Eles deveriam atracar no Rio de Janeiro e oferecer uma sessão de "Te-ato" para os "filhos prediletos" que, ansiosos, esperavam novidades. A oferenda de "Te-ato", no Rio e em São Paulo, chamou-se *Gracias Señor* e estreou no Rio de Janeiro em princípios de 1972[92].

---

91. JOSÉ CELSO, Entrevista sobre *Gracias Señor*, ob. cit.
92. A Ficha Técnica de *Gracias Señor*, no Teatro Ruth Escobar, em São Paulo, foi a seguinte:
Criação coletiva dos atuadores: José Celso Martinez Correa — Renato Borghi; Henrique Maia Nurmberg — Ester Goes; Maria Alice Vergueiro —

No final do ano de 1971, somente José Celso e Renato Borghi, do Oficina de O Rei da Vela, permaneciam no conjunto (Arq. IDART)

Comunidade "Oficina Brasil" em Salvador. Em processo os estudos sobre o "Trabalho Novo" (Arq. IDART)

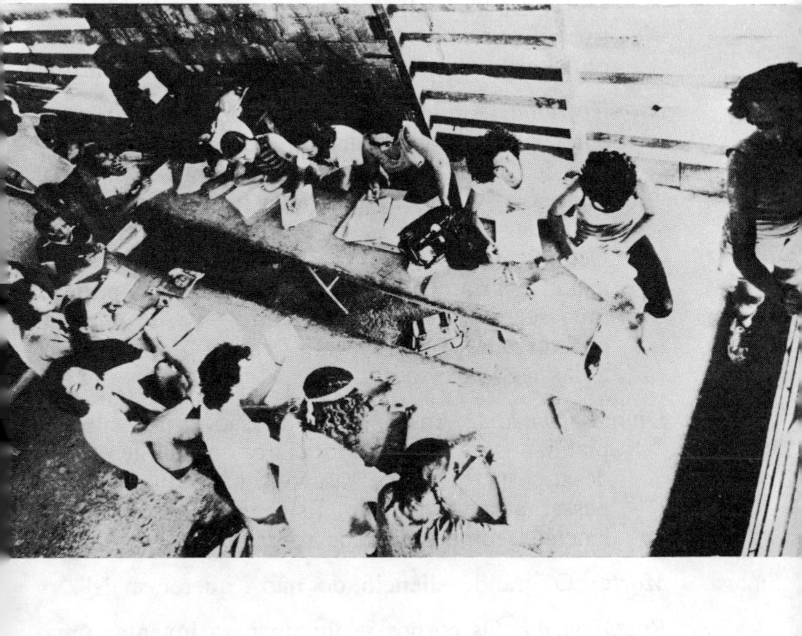

Tratava-se de um roteiro realizado coletivamente com poemas e trechos extraídos de fontes diversas. O nome exato desta criação seria "Grupo Oficina Brasil em Re-Volição". *Gracias Señor* seria uma obra em "Vi-agem", numa referência à própria história recente do Oficina que desembocou no momento de "querer de novo", do conjunto e de toda população de que o Teatro Oficina foi um espelho — o setor mais informado da classe média jovem. Segundo o grupo, seriam cem mil pessoas, mais ou menos, que formariam uma parcela um pouco marginal e insatisfeita.

Constavam da estrutura do roteiro as seguintes partes:

*Confrontação:* Discutia-se o tipo de comunicação a ser estabelecido. Os atores se recusavam a representar tradicionalmente, recusavam a divisão entre palco e platéia, recusavam a máscara, a maquilagem, a fantasia, todo o fascínio da mentira.

*Esquizofrenia:* Ainda divididos em palco e platéia e, em virtude dessa separação, adotava-se o esquema de "Aula". Os atores — professores e o público — alunos. Nessa aula tentava-se mostrar a origem e as causas da esquizofrenia (divisão). Devido a uma forte pressão externa, um organismo ficaria doente, cindir-se-ia em duas partes: uma secreta, perigosa, violenta — a da energia encarcerada; outra legal, "careta", disposta a todas as concessões.

*Divina Comédia:* Ausência de divisão entre palco e platéia. Era um desafio claro ao público. Um desafio na base "carrasco-vítima", que deveria passar através da pele, fisicamente, toda a violência de uma sociedade repressora.

*Morte:* O grande silêncio do não "querer mais".

*Ressurreição:* Os corpos se uniam para inventar uma nova humanidade.

*Novo Alfabeto*: Um bastão, o de Antônio Conselheiro, ilustrava a lição:

Maria Stamini de Arruda; Maria Aparecida Milan — Tony — Analu; Maurício (baixo) — Gustavo (bateria); Hugo Bandeira B. P. F. (ritmo piano elétrico); Luiz Antônio Martinez Correa — Márcio; Ana *(fly now)* — Lina Bo Bardi (espaço cênico); Teresa Bastos (transas) — Reginona *(pay now)*; Cid (rachaduras) — Rock (curto-circuito); Goes Borghi *(baby)* — filme de Mandassaia, do Herbert. Filhos Prediletos de São Paulo.

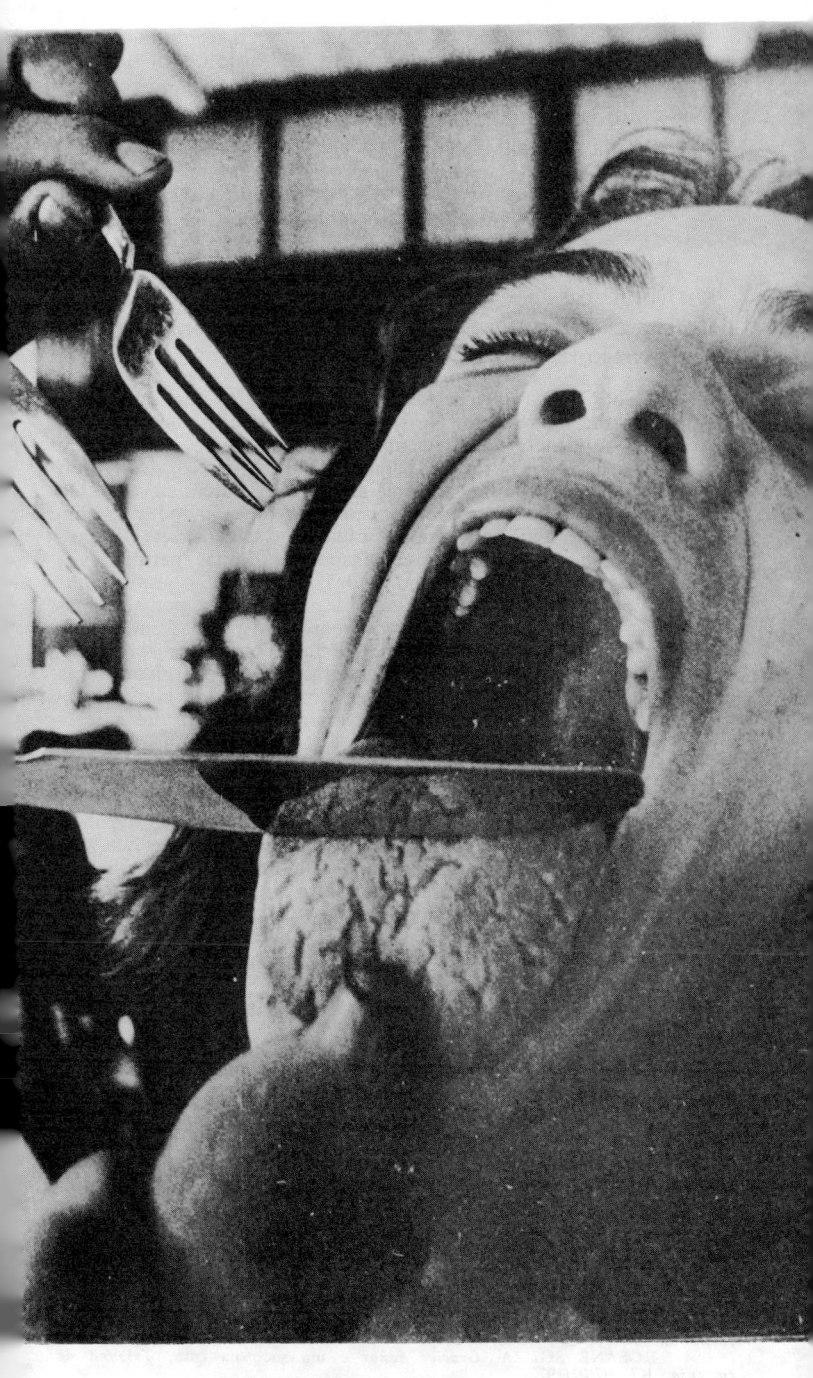

Em processo o "Trabalho Novo". Laboratório com Henrique Maia (Arq. IDART)

"Há muitos objetos num só objeto (o bastão). Mas um só objetivo: destruir o inimigo. Se esse objetivo não for atingido, não há nenhum objeto num objeto."

*Te-ato:* O bastão era entregue ao público. Aí nada mais era previsto, tudo ficaria ao acaso do dia e do momento do espetáculo.

Do teatro, chegariam então ao "Te-ato", novo tipo de relacionamento (ação conjunta de atuadores). Essa nova comunicação terá acontecido? Vejamos a reação da crítica:

(...) o Oficina queria fazer "Te-ato" e fez teatro, só que freqüentemente mau teatro. No momento em que o elenco se submeteu à contingência de atuar num teatro e dividir o espetáculo em duas partes, com horário e pagamento de ingressos, desfigurou sua proposta e castrou-lhe a eficácia. Para ser autêntica, a sessão do "Te-ato" deveria chegar ao *happening* total, com todas as conseqüências. (...) Pairam o tempo inteiro na sala os vetos impostos pela Censura e o receio de transpor os limites permissíveis, o que obriga a um hermetismo não franqueado ao espectador. Fica, então, uma caricatura da verdade, preenchida por todas as baboseiras da moda no teatro de vanguarda, inspiradas em grande parte do arsenal das teorias irracionalistas: contato sensorial, desafio pelo fluido do olhar, suposta captação de energias e uma comunhão estancada pelas exigências dos chamados bons costumes (qualquer Baile de Carnaval é mais autêntico do que a festa improvisada no palco). O "Te-ato" se transforma em repressão ao Teatro"[93].

Uma peça forte e muito bonita. Uma não-peça. Por onde eles andaram, sacaram bem a Bíblia e o lado secreto desse livro, às vezes tão desrespeitado em sua essência. E citam trechos dos Evangelhos, "não vos preocupeis com o que haveis de falar quando te levarem preso em meu nome, na hora lhes será dado o que falar". A destruição da Babilônia. O apocalipse, a salvação dos escolhidos, depois que caírem as estrelas do céu. Eles não param um instante de atiçar o pessoal. O seu pessoal velho conhecido: os estudantes[94].

(...) *Gracias Señor* não gratifica o espectador, nem pretende fazê-lo.

O espetáculo é, isto sim, uma divulgação das idéias do grupo, que analisa seriamente o problema da esquizofrenia coletiva. O tom inicialmente antiteatral, dando impressão de uma conferência ilustrada de sociologia evolui, pouco a pouco, até alguns momentos bastantes intensos, muito bonitos, por sinal, cuja envolvência chega até a entrar em choque com a proposta básica do grupo de "não fazer teatro".

(...) O espetáculo termina, sem que eles voltem para agradecer. Alguns estudantes gritavam: "Voltem, voltem". Um mos-

---

93. SÁBATO MAGALDI, A volta do Oficina, ou a imagem destruída, *Jornal da Tarde*, SP, 02/05/1972.
94. ROSANE SOUZA, *Gracias Señor* é um soco na cara, *Tribuna da Imrensa*, RJ, 07/02/1972.

trou muito humor repetindo com garra uma das falas que Zé Celso mais acariciou durante a peça: "Para onde vai tanta energia?"[95]

Não há dúvida que a proposição básica é válida: uma integração do público que é chamado a participar da própria criação do teatro, num ritual em que todos são autores, atores, diretores e cenógrafos.

Essa integração é obtida em vários momentos que chegam a atingir um plano de grande beleza, como na "viagem" da 2.ª parte. O jogo criativo do bastão, em que pese a proposição racionalista, é outro momento de união em torno duma tarefa criadora. Entretanto, o Oficina precisa considerar algumas questões que se colocam sobre os resultados alcançados. Não vamos tratar de algumas contradições, pois quando se coloca em foco o homem, todos sabemos que a natureza é contraditória, ou esquizofrênica, como propõe o espetáculo, ou decaída, como há seis mil anos já esclareciam os textos bíblicos. Mas alguns pontos merecem exame: a maior participação é obtida nos momentos lúdicos (o que o Carnaval já havia evidenciado) ou quando se apela para a agressividade, o que também é muito fácil. Por outro lado, quando se procura romper as defesas do consciente, e se aborda o inconsciente, é preciso que se esteja em condições de controle, que só um especialista pode atender. Não se joga impunemente com 400 pessoas, a grande maioria jovem. Afinal o homem é o fim para o qual as coisas foram feitas e o respeito ao ser humano, seja quem for, mesmo que esteja na posição contrária à nossa, tem que ser a regra para quem queira merecer a condição de homem. Ainda é preciso considerar que para um grande número de espectadores, como pudemos observar pessoalmente, o processo funciona em outro sentido, como "catarsis" e assim, depois de um grande círculo, voltamos ao velho Aristóteles, longe da proposta inicial. Finalmente, há que considerar o hermetismo das proposições, escondidas atrás dos apelos emocionais, e que passam somente para os que já conhecem o contexto. Afinal, a grande maioria não fez a viagem do grupo, que, aliás, como elemento detonador é inteiramente artificial[96].

Juntam-se aos depoimentos dos críticos algumas observações do público, que são a medida exata do impacto discutível do espetáculo:

Para quem tiver curiosidade de ver *Gracias Señor*, mas estiver com medo de se cansar, conto a experiência de minha terceira noite no Tereza Raquel. Um amigo aconselhou: "Vá e participe! É o maior barato!" Não resisti nem me arrependi. Participar do espetáculo é uma experiência muito saudável, inclusive pelo esforço físico que temos que despender. Entrei na barca, dancei, pulei, andei até numa corda bamba improvisada do balcão até a platéia. Foi tão divertido que compreendi por que o grupo não quer reduzir o tempo do espetáculo.

Aconselho sem medo: "Vão e participem, que o Tereza Raquel é um *playground* dos mais divertidos. Mas usem uma roupinha velha, porque eles nos esfregam repolho, pasta de dentes,

---

95. GILBERTO TUMISCITZ, *Gracias Señor* ou Re-volição, *O Globo*, RJ,
96. CLÓVIS GARCIA, Uma proposta parcialmente bem-sucedida, *O Estado de São Paulo*, maio de 1972.

yogurt, um monte de coisas e, tomem cuidado com o que tiverem nos bolsos. Eu, por exemplo, perdi o isqueiro[97].

Uma estudante universitária disse:

Não entendi, não sei se gostei, mas acho importante[98].

Sábato Magaldi, em seu artigo do dia 02.05.76, relata algumas reações do público:

Quando se falou em viver juntos a experiência, um espectador atalhou, com bom senso: "mas vocês estão ensaiados". Outro gritou: "festival do óbvio". Um terceiro observou: "Isto é contestação de pequena burguesia." Alguém ainda brincou: "É um luuxo!..." Na segunda noite, um espectador comentou: *"Paradise Now* (Paraíso agora)", título de um espetáculo do Living Theatre! E se falou também em "Julian Beck subdesenvolvido", "vocês são uns desesperados", "por que não vão para Woodstock?", "o tiro saiu pela culatra"[99].

Após as contradições de *Gracias Señor* — um teatro não institucionalizado dentro de instituições e após a mutilação causada pela censura, a casa número 520 da Rua Jaceguai transformou-se na "Casa das Transas" e José Celso Martinez Correa passou a ser produtor e exibidor cinematográfico, bem como produtor de *shows* musicais. Segundo José Celso, a "Casa das Transas" aconteceu em virtude da descompartimentação das artes. No fim da década de 60, tudo o que obedecia às divisões funcionais, baseada na divisão da produção do século XIX, já teria morrido. Em resumo significava, segundo o ex-diretor, não usar mais o braço direito, apenas. Usar, sim, todo o corpo. Eram servidos lanches na "Casa das Transas": comidas que procuravam combinar com os *shows* que se apresentavam. Assim é que, para ouvir Os Mutantes, comia-se ricota com passas, o Heavy Band combinaria com arroz-doce, Cely Campelo com *milk shake*.

Para a parte da exibição cinematográfica estavam programados filmes de terror para a meia-noite e musicais americanos para as tardes de domingo. Além disso, o grupo planejava fazer seus próprios filmes. Quanto à parte teatral, existiam projetos para se montar um clássico, Shakespeare provavelmente.

No fim do ano, precisamente em dezembro de 1972, estreava no Oficina *As Três Irmãs* de Tchecov. José Celso

---

97. GILBERTO TUMISCITZ, *Gracias Señor;* Salto ou pulinhos?, *O Globo*, RJ, 23/12/1972.
98. CLÓVIS GARCIA, *ob. cit.*
99. SÁBATO MAGALDI, *ob. cit.*

Concepção de encenação e cenografia para As Três Irmãs de Tchekhov (1972) (Arq. Teatro Oficina)

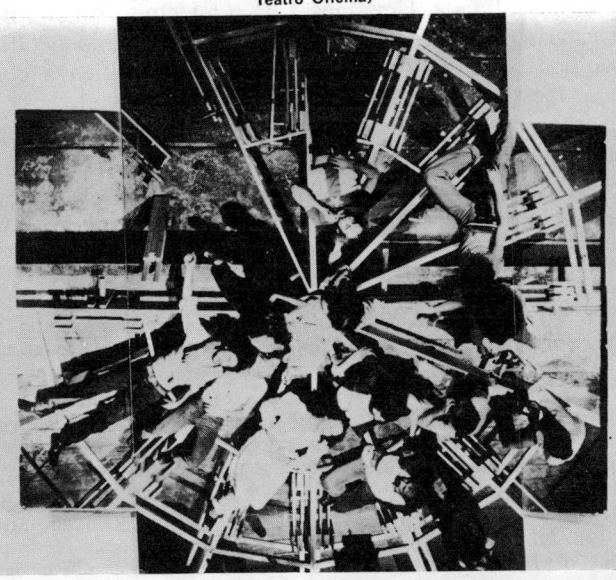

O bastão de Antonio Conselheiro em Brasília (Te-ato) (Arq. IDART)

"Te-ato" — Gracias Señor pela "Comunidade Oficina Brasil". São Paulo, 1972 (Arq. Teatro Oficina)

queria encenar um musical, mas dificuldades financeiras levaram-no a desistir temporariamente do projeto. *As Três Irmãs* falava, segundo ele, muito de perto sobre as coisas que estavam acontecendo com o pessoal do Oficina.

A Rússia do começo do século XX teria a sua classe de intelectuais deslumbrados. No auge do autocratismo do poder do czar, esses intelectuais eram pessoas muito bem informadas, mas que não tinham onde usar essa informação. Eram homens supérfluos e inúteis, sem meios de ação na realidade. Uma classe de intelectuais que no Brasil só estaria nascendo naquele momento. Quando o Oficina escolheu *As Três Irmãs*, o elenco se identificava com a peça. Nessa época, depois de *Gracias Señor*, eles estavam desorganizados. A desorganização teria sido uma opção para o Oficina, uma escolha, uma quebra.

Abandonaram a forma do teatro velho, saíram da organização empresarial (...). A ordem antiga não lhes interessava mais. Foi dentro disso que surgiu *Gracias Señor*: divisão, esquizofrenia, morte.

(...) *As Três Irmãs* é algo assim como a procura da vida (...). Mas essa peça exige uma organização perfeita como a de um relógio. Necessita inclusive do esquema do teatro tradicional, organizado.

(...) Colocamos *As Três Irmãs*, também, como uma autocrítica dos nossos últimos quatro anos. Isso não significa voltar atrás. Para organizar outra vez nossa posição, nada melhor do que uma viagem em profundidade sobre o que foram esses quatro anos.

O primeiro ato da peça, o nascimento, equivale ao Oficina de 1967-68. Em *As Três Irmãs*, o primeiro ato é o aniversário de Irina, o princípio do século. Para nós, esses anos também significaram um nascimento: o período de euforia, do tropicalismo, com *Roda Viva* de Chico Buarque e *O Rei da Vela*, de Oswald de Andrade.

O segundo ato é a espera. Para nós, historicamente, é 1969: a época da escuridão, o ano do silêncio.

O Oficina montou duas peças de Brecht: *Galileu Galilei* e *Na Selva das Cidades*.

No terceiro ato, a quebra. Da mesma forma, o período 1970-71 representou para a Oficina a quebra com o teatro tradicional.

Nos voltamos para a experimentação.

Trabalhamos em conjunto com o Living Theatre dos Estados Unidos, e o Grupo Lobo da Argentina. Viajamos pelo Brasil. Nosso filme, *Prata Palomares* foi interditado pela Censura.

Enfim, a morte, no quarto ato.

Com *Gracias Señor*, a criação coletiva do Oficina no início de 1972: a morte do teatro e de tudo. *Gracias Señor* foi, na verdade, a última parte, o fim do ciclo iniciado em 1968.

Depois, nós ficamos desorientados. Era necessária a ressurreição no sonho.

*As Três Irmãs* marca, então, o início de uma tentativa de unificação. Será um trabalho de preparação, superando o próprio teatro: o teatro não teatro[100].

*As Três Irmãs* estreou em São Paulo. O público e a crítica receberam friamente o novo espetáculo daquele grupo que jamais deixara de alcançar sucesso. Segundo grande parte da crítica, o que faltava à montagem era justamente aquilo que o Oficina havia já dominado em 1964, com *Pequenos Burgueses* — o domínio artesanal do teatro tradicional. Os novos atores, em sua maioria, não haviam feito o curso com Eugênio Kusnet.

José Celso não queria ser mais o maestro que, segundo os críticos, compunha tão bem a sinfonia cênica do grupo Oficina. Agora "eu não consigo mais dirigir sozinho"[101], dizia o ex-maestro. Os critérios para julgamento já eram novamente os tradicionais: falta de ritmo, monotonia, acréscimo de movimentos inúteis, composições efetuadas pela metade, falta de organização profissional, baixa emissão vocal, iluminação deficiente, etc. O grupo já desacreditado comercialmente, antes desse espetáculo... (todos tinham medo dos demônios que o grupo poderia soltar), agora encenava a ópera fúnebre de seu desaparecimento.

Renato Borghi, além de José Celso, o único dirigente e ator dos primórdios que permanecia no grupo, o abandona exatamente no dia 31 de dezembro de 1972[102].

Um dia, no Rio de Janeiro, o grupo apareceu para fazer *As Três Irmãs* no teatro Gláucio Gil e encontrou tudo na rua. Tudo: cenário, figurinos, etc.

A temporada do Oficina tinha sido paralisada. Jamais o grupo Oficina faria qualquer espetáculo no Brasil. A partir de então, não se pode mais falar da história de um grupo teatral, mas apenas de uma pessoa: José Celso Martinez Correa[103].

No espetáculo de *As Três Irmãs* havia uma música que acompanhava a encenação. Quando terminava o último ato, a música continuava e continuava, uma música que simbolizava a ânsia e a possibilidade de força. Uma resistência à morte que, segundo José Celso, ainda ecoava por este país[104].

No dia 1.º de junho de 1974 publicava-se a seguinte nota:

100. As Três Irmãos, *Jornal da Tarde*, SP, 26/12/1972.
101. As Três Irmãs, *Jornal da Tarde*, SP, 26/12/1972
102. FERNANDO PEIXOTO, «Conferência sobre o Teatro Oficina», *ob. cit.*
103. *Idem.*
104. As Três Irmãs, *Jornal da Tarde*, 26/12/1972.

Informou-se ontem que José Celso Martinez Correa, diretor do Teatro Oficina desaparecido há dez dias, se encontrava preso no DOPS, à disposição do delegado Edsel Magnotti. Ele havia sido detido no apartamento da irmã quando se preparava para buscar no Rio o material da filmagem de *O Rei da Vela*, que se completaria em São Paulo. Os meios teatrais se tranqüilizaram, de qualquer forma, com a notícia porque, antes dela, era desconhecido o paradeiro de José Celso. A "Voz do Brasil" chegou a divulgar a prisão depois que o Deputado Freitas Nobre (MDB, São Paulo) fez na Câmara um elogio artístico ao encenador. José Celso é considerado unanimemente pela crítica um dos mais brilhantes diretores brasileiros[105].

Na prisão, antes de se exilar do país, José Celso escreveu um depoimento dos mais apaixonados e desesperados, contundentes e poéticos, que o nosso meio artístico conheceu. O documento chama-se "S.O.S.", evidentemente com o sentido duplo de solidão e socorro. Daí em diante...

> Distinto público, a ciência neste final
> Deixa às carreiras o solo nacional
> E nós que dela precisamos mais,
> Eu, tu, ele, nós ficamos para trás
> Meu vizinho, a ciência agora está contigo
> Cuida dela, cuida bem, mas como amigo (...)
> (*Galileu* — Cena XV)

(1977)[106]

---

105. Zé Celso: preso, *Jornal da Tarde*, 01/06/1974.
106. O nosso estudo termina aqui. No momento, entretanto, em que estou escrevendo essa nota, 04/12/80, existe um novo «Oficina», que provavelmente mudará de nome (chamar-se-á «USINA») e continua sendo liderado por José Celso M. Correa. Por estes tempos o grupo que se encontra ali no teatro da Rua Jaceguai n.º 520 está tentando desesperadamente preservar aquele espaço, visto que um grupo econômico está disposto a comprá-lo para transformá-lo em um ambiente comercial. Por tudo que escrevemos, isso não deve, nem pode acontecer:

Segunda Parte: ANÁLISE CRÍTICA

*Veja hoje, porque amanhã vai ser diferente. E quem não puder hoje, talvez não possa ver jamais. Para o crítico, o fascínio e a grande dificuldade.*

**Em dezembro de 1972, Renato Borghi abandona o Grupo Oficina (Arq. Teatro Oficina)**

**Tempos depois, José Celso escreveria o texto depoimento chamado S.O.S. (1974) (Arq. IDART)**

## 1. A FASE AMADORA

Pratiquei o *meu ato*, Electra, e esse *ato* era bom. Levá-lo-ei nos ombros; como um barqueiro leva os viajantes, fá-lo-ei passar para outra margem e prestarei contas dele. E quanto mais difícil for de levar, mais contente ficarei, pois é ele a minha liberdade. Ainda ontem eu andava ao acaso sobre a terra, com milhares de caminhos a fugirem-me sob os passos por pertencerem a outros. Todos eles palmilhei (...), nenhum porém me pertencia. Mas hoje não há senão um, que é o *meu* caminho.

(ORESTES, *As Moscas*, Jean-Paul Sartre.)

Mais uma vez as "Arcadas" da Faculdade de Direito do Largo São Francisco serviram de berço para um movimento cultural e artístico com ressonâncias indubitáveis em todo o País. Nesse sentido, surgido num centro que, desde a sua fundação, constituiu-se em foco histórico de importantes irradiações culturais, políticas e artísticas, o Grupo Oficina nascia, aparentemente com o escudo de tradição.

Essa origem, pelo menos em seu aspecto universitário, iria marcar fundamentalmente o elenco: um teatro com inevitáveis características intelectualizantes, uma grande facilidade de assimilação dos principais estudos humanísticos e, em especial, artísticos, que permitiram ao grupo estar sempre *up-to-date*, funcionando mesmo como um sismógrafo brasileiro de tudo quanto se fazia de importante no exterior. O fato, portanto, desse grupo ter feito até o fim um teatro essencialmente para estudantes, estava, de certo modo, na lógica de sua origem.

Assim, a trajetória do Teatro Oficina foi, até essa altura, a mesma de muitos grupos universitários. O nascimento de um núcleo teatral numa faculdade é, de alguma maneira, um fato corriqueiro. São raras as escolas superiores que jamais possuíram um, e até mais, conjuntos dedicados à atividade cênica. É sempre um trabalho para ampliação de horizontes intelectuais, um complemento artístico diletante dentro da vida acadêmica. São elencos que, geralmente, apresentam trabalhos de boa qualidade, mas que, por outro lado, são bastante efêmeros, visto que o teatro não constitui a primeira opção de vida e carreira de seus componentes. Os exemplos, nesse sentido, se sucedem. Muitos grupos surgiram, principalmente na década de sessenta, com grande força e logo desapareceram do cenário artístico paulista. Quem não se lembra do Teatro XI de Agosto, do TEMA (Teatro Mackenzie) que fez uma superprodução de *A Capital Federal,* de Arthur de Azevedo, do TUSP (Teatro da Universidade de São Paulo) que encenou *A Exceção e a Regra,* de Bertolt Brecht, com direção de Paulo José, e um espetáculo inesquecível de *Os Fuzis da Sra. Carrar,* com direção de Flávio Império, do TUCA (Teatro da Universidade Católica), talvez o mais importante deles que, com *Morte e Vida Severina,* de João Cabral de Melo Neto, chegou a representar o Brasil no Festival de Teatro em Nancy e conquistar lá prêmio maior; do TESE (Teatros Sedes Sapientiae), que encenou *As Troianas,* de Sartre.

O Grupo do Oficina, ao contrário desses outros, não teve a mesma existência curta. Desde logo passou a encarar a atividade teatral como uma opção básica, não no sentido profissional, mas como principal trabalho intelectual e artístico num processo onde o curso de Direito tornou-se cada vez menos relevante para seus membros. Dentro do elenco havia uma afinidade que poderíamos chamar de orgânica e pessoal, no sentido de que provinham quase todos da mesma cidade, gostavam de teatro e falavam de seus próprios conflitos. A tônica das duas peças inicialmente encenadas caía sempre em problemas como: conflito de gerações, choque entre a vida do interior e da Capital, liberdade individual do jovem filho e assim por diante. Eram esboços, com fortíssimo teor autobiográfico. O amor ao teatro não significava um plano de pesquisa ou de estudos cênicos. Nesse momento era uma atividade ainda mais lúdica e diletante do que a dos outros grupos universitários por nós mencionados. Os prêmios obtidos em festivais de televisão serviram, é evidente, para confirmar a existência neles de dotes específicos e nada mais. Talvez tenha sido a necessidade de organização econômica o primeiro passo, o primeiro sinal captado pelos componentes do conjunto, de que poderiam um dia tornar-se um elenco permanente. Para um grupo de amadores, a realização de uma produção bem cuidada num festival de teatro amador é sempre um forte motivo de aglutinação, assim como o início da descoberta de suas deficiências técnicas. As perspectivas são sempre as mesmas: sair do anonimato e alcançar a fase do prestígio artístico que, indubitavelmente, é conseguida através dos prêmios[1].

Decididamente foi o prêmio de melhor espetáculo no "Festival de Santos" que mudou a trilha do Teatro Oficina, não pelo simples fato da constatação das possibilidades teatrais de seus integrantes, mas sim porque deu-lhe ensejo de estabelecer um contato com o Teatro de Arena de São Paulo. Cabe aqui algumas considerações a respeito do Teatro de Arena.

Numa época onde o T.B.C. (Teatro Brasileiro de Comédia) formava em São Paulo o grande centro estético teatral do País (...), uma turma de formandos da Escola de Arte Dramática, liderados pelo jovem diretor José Renato, fundava o Teatro de Arena. Aconteceu no ano de 1955, com a adaptação de uma pequena garagem na Rua Teodoro Baima. De imediato aquele conjunto conquistava a simpatia e o interesse da classe teatral, intelectuais e de um considerável número de espectadores.

A influência do Tatro de Arena sobre o Oficina não é difícil de ser explicada e se pode até dizer que ela

---

1. Dizemos isso em virtude do nosso estreito contato com festivais de teatro amador. Hoje, quase trinta anos após, são raros os grupos que não possuem a mesma perspectiva.

foi um fato lógico em virtude do grau de evolução que alcançava o grupo da Teodoro Baima. Em 1959, época do encontro entre os dois grupos, o Arena já havia passado pelas seguintes etapas: em 1956, quando iniciava sua "fase realista", dizia um "não" ao teatro feito na época, o Teatro Brasileiro de Comédia. Guarnieri analisa o fato da seguinte maneira:

(...) O Teatro Brasileiro de Comédia dominava o panorama teatral brasileiro. Os diretores estrangeiros que aqui vieram mudaram totalmente a concepção do espetáculo. O T.B.C. apresentava um trabalho de equipe, organizado, não mais baseado na presença tão-somente de um astro ou estrela; novas técnicas foram introduzidas. No entanto era um teatro de importação. Fazia aqui o que se fazia na Europa. O objetivo era atingir a perfeição dos mais famosos grupos estrangeiros. O Arena voltava-se então para a pesquisa de novas formas de interpretação, dirigidas inteiramente para o nosso povo e para os problemas nacionais[2].

Para que o grupo pudesse resolver os problemas de uma encenação e interpretação brasileiras, fundava também em 1956, sob direção de Augusto Boal, recém-chegado de um curso no Actors' Studio, um Laboratório de Interpretação.

Stanislavski foi estudado em cada palavra e praticado desde às nove da manhã até a hora de entrar em cena (...). O realismo tinha, entre outras vantagens, a de ser mais fácil de realizar. Se antes usava-se como padrão de excelência a imitação quase perfeita de Guielgud, passávamos a usar a imitação da realidade visível e próxima. A interpretação seria tão melhor, na medida em que os atores fossem eles mesmos e não atores[3].

Em 1958 o Arena apresentava *Eles não usam Blacktie*, de Gianfrancesco Guarnieri, fruto generoso de um "Laboratório de Dramaturgia", fundado tempos atrás. Depois, durante quatro anos, até 1962, prosseguiu com esse "Laboratório", revelando autores como: Oduvaldo Vianna Filho, Roberto Freire, Edy Lima, Augusto Boal, Flávio Migliaccio, Francisco de Assis e Benedito Rui Barbosa.

Pode-se então compreender, através desse relato sucinto sobre as atividades do Teatro de Arena, o lógico e até mesmo óbvio impacto de um elenco mais amadurecido e experiente, sobre um grupo novo, constituído ainda de talentos em estado bruto. A influência de um grupo

---

2. GIANFRANCESCO GUARNIERI, «Conferência: 'Teatro Arena' formação, importância e objetivos», SP, Teatro Aliança Francesa, junho/1977.
3. AUGUSTO BOAL, «Elogio fúnebre visto da perspectiva do Arena» in *Teatro e Realidade Brasileira, Cadernos da Civilização Brasileira*, SP, junho/1968.

que já se afirmara no cenário teatral paulista, de um conjunto que contava com dois elementos básicos para seu desenvolvimento (um programa de pesquisa sobre elementos teatrais e um sentido de ação social bem definido), sobre outro que acabava de encenar seu primeiro êxito, ainda na faixa amadora.

Para aquele grupo, que até então poderia ser tido como alheio às funções sociais que o teatro possa ter, o Arena transmitiu sua experiência, seu posicionamento sempre engajado, voltado para os problemas reais do País, jamais desvinculando o trabalho artístico da realidade histórica. Se é indubitável que a partir desse momento o Oficina começou a se preocupar com a questão da eficácia social de seus espetáculos, é também certo que não aceitou totalmente as propostas do Teatro de Arena. Mesmo assim, pode-se afirmar que o elemento de preocupação social, os dirigentes do Oficina o devem àquele grupo que jamais se contentou em apenas fazer teatro, mas que se propunha a uma missão social e de fato contribuiu para conscientizar toda uma geração de artistas e intelectuais deste país[4].

Desse modo, todo aquele mundo do Teatro Oficina que estava nos limites do pessoal começou a comprometer-se com algo mais geral, algo de interesse coletivo, engajado, como era a clara proposição do Arena. Pode-se imaginar qual não foi o choque de um grupo de jovens que estreavam anos atrás, num dia de greve em todo o País, preocupados apenas com o número de espectadores e com o crítico Décio de Almeida Prado na platéia, frente aos novos compromissos que lhe eram assim sugeridos? Talvez seja uma decorrência desse fato o interesse que o grupo demonstrou (e principalmente José Celso), no ano de 1959, pela obra de Jean-Paul Sartre. Esse interesse pelo filósofo francês ajudou, de certa maneira, o grupo a orientar-se nos seus desencontros. Desligados de qualquer instituição, longe de qualquer envolvimento com ideologias, ainda às voltas com os graves problemas das opções pessoais na escolha de caminhos, estando ainda praticamente para decidir-se em relação ao próprio teatro, o elenco encontrou no pensamento de Sartre algumas respostas para suas indagações fundamentais.

4. Após o *Arena conta Zumbi*, de G. Guarnieri e Augusto Boal (1964) foram formados inúmeros grupos de teatro universitário que, de uma maneira ou de outra, seguiram as orientações ideológicas e estéticas do Teatro de Arena.

Foi justamente através do teatro que o filósofo francês descobriu um meio ideal para ilustrar seu pensamento. Durante a guerra, observava:

> O verdadeiro teatro é um apelo a um público ao qual se está ligado por uma comunidade de situação.

Para ilustrar sua filosofia, proclamava um teatro da liberdade em situação:

> Se é verdade que o homem é livre em uma situação dada e que escolhe livre nesta e por esta situação, então é preciso mostrar no teatro situações simples e humanas e liberdades que se escolhem nestas e por estas situações[5].

Assim é que com a montagem de *As Moscas,* de Sartre, o Oficina pode levar ao palco os primeiros germes do que seria seu futuro desenvolvimento. A proposta dramatúrgica e teatral de Sartre mostrava um caminho a ser seguido. Desviando o grupo do plano individual em que até aquele momento ele se colocava, levava-o a encarar o problema do engajamento e a entrar numa discussão de caráter mais amplo e de implicações sociais mais gerais.

A peça trata justamente das vias do comprometimento. A trajetória de Orestes ilustra esse caminho, essa alteração de rumo. Ao iniciar-se a ação, a personagem tem uma postura distanciada, alienada em relação ao sofrimento que aflige toda uma cidade, a de Argos. Aos poucos, entretanto, ela vai se engajando numa situação de envolvimento social e assumindo a responsabilidade de mudar o estado triste da comunidade. Vai da alienação total, para a participação completa. Mata o Rei Egisto, o responsável pela situação. Essa morte alteraria a conjuntura política de Argos e devolveria a dignidade de cada cidadão.

Dentro da "liberdade em situação", do seu processo, o Teatro Oficina fez, naquela época, duas opções fundamentais. A primeira, quando resolveu não se fundir com o Arena, a segunda quando resolveu manter uma vinculação ideológica com o programa daquele grupo mais antigo. Ambas as opções, a meu ver, foram importantíssimas para o teatro brasileiro. Se o Oficina houvesse se mesclado ao Arena, todo um processo, extremamente rico, desencadeado pelo jovem elenco, simplesmente deixaria de ter existido. Sem a preocupação com a função

---

5. JEAN-PAUL SARTRE, «Introdução», à *Entre Quatro Paredes*, SP, Ed. Abril, 1977.

As Moscas de J.-P. Sartre. O grupo encontrava nesse texto algumas respostas para suas indagações fundamentais (Arq. Teatro Oficina)

Cena de A Incubadeira de José Celso M. Correa, direção de Hamir Hadad. O prêmio obtido por esse espetáculo no Festival de Teatro Amador de Santos deu ensejo ao grupo de estabelecer um contato estreito com o Teatro de Arena, fato que marcou profundamente o desenvolvimento do Teatro Oficina (Arq. Teatro Oficina)

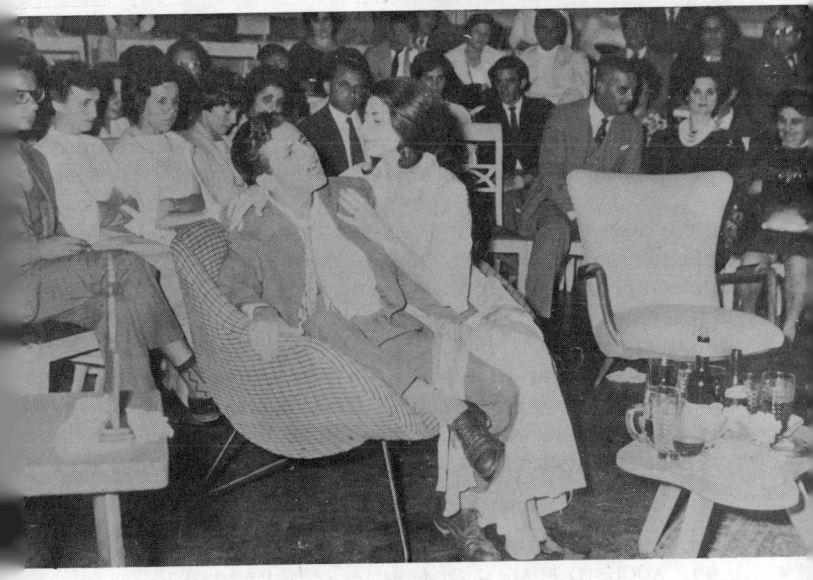

social do teatro, que deve sempre refletir a realidade de uma comunidade, não chegaria a existir para a grande massa de público que depois se formou a sua volta.

A montagem seguinte, *A Engrenagem*, pode ser entendida através da evolução do próprio Jean-Paul Sartre que, nos fins da década de cinqüenta, quando escreveu esse roteiro cinematográfico, disse:

> A partir do momento em que percebi que o compromisso não era suficiente, mudei de comportamento e hoje estou muito mais próximo às massas e com elas fisicamente confundido[6].

A localização de *A Engrenagem* sugere, nitidamente, um país latino-americano. O Brasil atravessava um período de profundo empenho em uma afirmação nacionalista. A palestra de Sartre em São Paulo movimentou, em virtude de seu comprometimento com as causas do Terceiro Mundo, toda uma juventude interessada em denunciar a opressão dos países latino-americanos. Na conferência para a classe teatral, mais do que um esclarecimento sobre a peça (*A Engrenagem*), o dramaturgo fez uma advertência à nossa gente de teatro (...):

> Somos os responsáveis pelo afastamento, que ainda se observa no Brasil, entre o teatro e a vida social. Por maiores que sejam nossas crises nacionais, o teatro tem se mantido limpo de qualquer manifestação mais direta. É necessário sujá-lo. As nossas mãos estão limpas, mas vazias[7].

Outra característica marcante no grupo Oficina, que de certa maneira se inauguraria com a encenação de *A Engrenagem*, seria, sem dúvida, a atração polêmica que se traduziria na constante escolha de temas controvertidos e de grande atualidade. Era justamente uma época onde se procurava discutir e entender o problema da relação entre países pobres e imperialistas. Por causa disto, pode-se imaginar os debates provocados pelo espetáculo no meio intelectual daquela época. *A Engrenagem* também não se apresentava como um alistamento fácil em um teatro objetivamente partidário. O roteiro cinematográfico de Sartre, ao contrário, colocava justamente em uma de suas teses, ou melhor, na principal delas, o problema de liberdade individual. A desconexão entre os princípios e as práticas revolucionárias, entre as nossas virtualidades e os nossos atos.

---

6. JEAN-PAUL SARTRE, *ob. cit.*
7. AUGUSTO BOAL, *O Estado de São Paulo*, 16/09/1960.

Vê-se que não fora posta de lado, nesse espetáculo, a incessante preocupação existencial dos componentes do grupo Oficina. Eles, enquanto indivíduos independentes, procuravam falar agora sobre seu povo, um país latino-americano (a lição do Teatro Arena), mas não deixavam de questionar o problema do intelectual de classe média (afinal, o que os levara ao teatro).

O amadorismo no teatro brasileiro sempre desemboca no diletantismo. Em geral outras atividades necessárias à sobrevivência das pessoas vão se tornando mais urgente e aquilo que podia ser uma qualidade acaba sendo uma espécie de "profissionalismo mal feito". O teatro termina invariavelmente por se tornar um *hobby*, como outro qualquer. É preciso aqui fazer uma distinção entre o teatro profissional e o teatro comercial.

O teatro comercial seria uma empresa artística que visasse exclusivamente a atender a faixa de consumidores em potencial, sem nenhum programa de pesquisa ou de ação ideológica. Encaixam-se nessa faixa grande parte de nossas companhias teatrais. Teatro profissional significaria sobretudo opção por uma atividade dominante, mas incluindo, evidentemente, o fato de que dali também sairia o sustento econômico do elenco. Nesse sentido é que o Oficina se profissionalizou. É evidente, também, que a questão não é tão simples. Existe sempre a necessidade de boa renda para cobrir os salários e a próxima produção. É uma contradição da qual o teatro não pode fugir. O grupo que ora estamos estudando tampouco escapará a tal paradoxo, como veremos.

## 2. ASSIMILAÇÃO DA TÉCNICA E DA CULTURA CONTESTATÓRIA NORTE-AMERICANA

> *Que cada um diga o que fez, a que veio e por que ficou. E que cada um tenha a coragem de, não sabendo por que permanece, retirar-se.*
>
> AUGUSTO BOAL

Com a perspectiva de formação de um elenco profissional, o problema da integração ao Teatro Arena ficava cada vez mais improvável. O elo com o grupo da Teodoro Baima prendia-se agora, quase que exclusivamente, à pessoa de Augusto Boal. Não é preciso, hoje, encarecer a bem conhecida contribuição desse diretor e dramaturgo brasileiro, ao teatro brasileiro moderno. Não é preciso muita perspicácia para ver que, efetivamente, partiria dele grande parte da renovação da linguagem teatral nacional, após o período de preponderância do Teatro Brasileiro de Comédia. Foi ele quem, em 1956, deu o primeiro curso de interpretação para os atores do recém-formado Teatro de Arena e seria ele quem iniciaria nas técnicas de interpretação os atores do Oficina, dois anos mais tarde. Extremamente hábil no trato com os atores e com uma versão própria e nítida sobre as várias teorias estéticas, Boal passaria aos dois elencos toda a técnica e todo o espírito que assimilara em seu curso no Actors' Studio de New York, ao mesmo tempo em que, aqui, tentava adaptar essa técnica ao espírito brasileiro.

Agora, com mais tempo (a profissionalização permitia dedicação integral ao teatro) e com um espaço próprio (teatro recém-construído), os atores do Oficina podiam iniciar as primeiras pesquisas sistemáticas com o fito de adquirir o domínio artesanal da arte na qual já haviam mostrado, em termos empíricos talento sensível.

É preciso deixar bem claro que não foram transmitidos princípios de uma escola qualquer ao grupo Oficina, mas os de uma das maiores e mais importantes, que promoveu verdadeira revolução no teatro norte-americano em fins da década de quarenta e toda a década de cinqüenta, tendo revelado numerosos diretores, dramaturgos e atores cujo papel nas artes cênicas e cinematográficas realça, além dos dotes individuais a natureza do adestramento recebido nesse centro de pesquisas[1].

1. O Actors' Studio foi fundado por Elia Kazan, Cherryl Crawford e Robert Lewis em outubro de 1947. Cinqüenta jovens atores profissionais cuidadosamente selecionados por seus talentos foram convidados. Durante a primeira temporada, Lewis dirigia reuniões, para os mais avançados, enquanto que Kazan dirigia as dos principiantes (...) No outono de 1949 foi convidado Strasberg, que pouco tempo depois se converteu em professor exclusivo dos atores do Studio, e em 1951 foi nomeado Diretor Artístico.
Desde o seu começo o Actors' Studio tem sido uma corporação educativa, não comercial, mantida pelo Estado de New York (...)
Os primeiros membros do Studio estavam compreendidos entre os atores, que foram sempre o principal interesse da organização.
Entretanto, uma grande quantidade de dramaturgos e diretores foram ali descobertos. Durante a temporada de 1957-1958, o Studio criou o D partamento de Atores Teatrais. Anteriormente Robert Anderson e Clifford Odets haviam trabalhado nesse campo (...)
Em princípio de 1960, criou-se o posto de Diretor sob os auspícios de Lee Strasberg. Finalmente em fins de 1962, o Studio instituiu um departamento dedicado totalmente à produção The Actors' Studio Theatre (HETHMON, Robert. El método del «Actors' Studio», Madrid, Ed. Fundamentos, 1972, p. 16).
Veja-se o que Peter Brook disse do Actors' Studio: «Anos atrás o Actors' Studio começou a existir para dar fé e continuidade àqueles infelizes artistas que sofriam com os reveses do métier. Baseado num estudo muito sério e sistemático de um dos filões da doutrina de Stanislavski, o Actors' Studio desenvolveu um notável estilo de representação, que correspondia perfeitamente às necessidades dos dramaturgos e público da época (...) Esta base deu força e integridade ao seu trabalho. O ator era treinado para recusar imitações estereotipadas da realidade e para procurar algo mais real em si mesmo». BROOK, Peter, O Teatro e seu Espaço, RJ, Ed. Vozes, 1970, p. 21.

Vejamos os elementos que o Oficina, via Augusto Boal, assimilaria e que indubitavelmente o influenciariam por todo o seu trajeto na história do teatro brasileiro da década de sessenta:

(...) o ator é o elemento fundamental da arte teatral. Tudo no teatro começa com a sua atuação. Por mais brilhantes que sejam as idéias do autor, ou o deslumbramento de seu engenho e linguagem, estas contam muito pouco no teatro, se não puderem ser expressadas através do ator. E o mais importante, o bom teatro não se consegue simplesmente escolhendo entre uma boa ou má atuação. É possível escolher entre diversas formas de atuar e esta possibilidade deve ser levada em conta, não só para formar atores e escrever a obra, mas também para abordar a atuação de um determinado papel (...). Em uma era tecnológica, as pessoas, inconscientemente, consideram a arte teatral como um processo industrial, baseado numa divisão do trabalho; não são capazes de entender como os artistas podem criar em grupo (...)[2].

Resumindo, um trabalho de pesquisa cênica embasado em dois elementos fundamentais: a equipe e o cuidado com a interpretação, fazendo do ator o núcleo central de toda e qualquer investigação. Podemos claramente verificar que o Oficina passa a trilhar o roteiro que, sem qualquer dúvida, foi trilhado por alguns dos mais importantes grupos, pelo menos, desde o início do século XX. Não nos esqueçamos, entretanto, que o Ators' Studio foi algo mais do que uma escola de interpretação. Representava uma certa forma de pensar de grande parte da intelectualidade americana da época. Infere-se esse fato, principalmente, do seu "laboratório de dramaturgia" que fornecia elementos para os exercícios de interpretação. Esse modo de pensar vestia-se de certas características bastante marcantes; um questionamento crítico dos valores da sociedade americana, principalmente dos da classe média; um julgamento cênico de um sistema social, econômico e político, baseado em relações econômicas capitalistas, que acabava sempre massacrando seus indivíduos. Esses temas foram constantes em Clifford Odets e Arthur Miller, dramaturgos prediletos de Actors' Studio.

O Oficina, naquele momento, identificava toda a ansiedade norte-americana por um mundo mais humano, menos mesquinho, com as ansiedades da juventude universitária e da intelectualidade brasileira, da qual faziam parte ativa. Seria desnecessário e redundante, depois do que expusemos, falar do papel do Actors' Studio na escolha do repertório encenado pelo grupo brasileiro. Num

---

2. ROBERT HETHMON, *ob. cit.*, p. 37.

espaço de dois anos apenas, nada mais e nada menos do que três peças ianques foram montadas no teatro da Rua Jaceguai.

Os espetáculos dessa fase iriam refletir, de uma maneira positiva, essa aprendizagem artesanal da técnica de interpretação. Procurava-se, para tanto, peças que possuíssem personagens bem acabadas psicologicamente. Havia a preocupação de ajustar-se com todo acerto à lição treinada em casa. A técnica de *playwright* americana contribuiu muito para esse acerto. Por outro lado, reforçava-se o aspecto acentuadamente profissional das encenações. Produções até certo ponto caras, um teatro confortável e até mesmo o convite a alguns nomes importantes do teatro brasileiro.

Polemizou-se muito sobre a grandiosidade da maioria dos espetáculos do Teatro Oficina. Para alguns críticos, principalmente aqueles mais ligados à estética do Arena, seria um mau resquício do T.B.C. Outros, entretanto, argumentam que o caráter espetacular faz parte do próprio charme do teatro, como se poderia ver em Reinhardt, Brecht, Peter Weiss, etc. Na verdade o que sempre houve no Teatro Oficina foi, talvez, não o profissionalismo exagerado dessa fase, mas sim o impacto da grande montagem: grande número de atores, pesados cenários, músicas bombásticas, etc.

Se levarmos em conta o futuro do conjunto, o fato mais importante aqui foi o surgimento de um líder. Os grupos de mais relevante importância, cujas pesquisas marcaram época na história teatral, contaram com líderes vigorosos. O próprio Grotowski, que critica a pessoa do diretor, afirmou que a criação coletiva significaria "incompetência coletiva". Parece-nos que o polonês tem razão, pois, quando falamos do Teatro de Arte de Stanislavski, do Teatro Imediato de Peter Brook, do Living Theatre de Julien Beck e Judith Malina, do próprio Teatro Pobre, de Grotowski e mesmo do Teatro de Arena de Boal e Guarnieri, estamos falando explicitamente daqueles que lres imprimiram as linhas características. Sem eles, muito provavelmente, tais grupos não teriam mantido a continuidade de trabalho e efetuado o desenvolvimento artístico necessários que os tornaram teatro expressivos ao nível nacional ou internacional, como a maioria deles o foi. Para a felicidade do Oficina, essa oportunidade não lhe foi negada. Seu primeiro espetáculo profissional assinalou uma grata revelação, a liderança de José Celso Martinez

Correa, que passou com o decorrer do tempo a ser considerado a "coluna mestra do grupo" por todos os integrantes da equipe. Iremos perceber, e de certo modo, já está implícito na primeira parte do nosso trabalho, que, enquanto esse moço de Araraquara enlaçou os membros do elenco, o Oficina produziu seus melhores processos e resultados[3].

A presença, naqueles tempos, de Augusto Boal, definiu-se mais como a de um professor de teatro do que a de um líder a médio ou longo prazo. O problema é que Augusto Boal, pelo menos ideologicamente, se identificava mais com o grupo da Teodoro Baima. A montagem do seu texto, *José, do Parto à Sepultura,* por exemplo, mostrou e comprovou ser um pouco contraditória a sua presença no grupo. O fracasso deste espetáculo foi decorrência de uma experiência muito estranha dentro do trabalho programado da equipe. Se ao menos o processo significasse uma variação dentro do estilo de pesquisa e de ação do elenco ainda poderia ser entendido. Na verdade, entretanto, o que aconteceu foi um trabalho que caminhou em sentido contrário ao próprio pensamento dos componentes do conjunto. O texto, por exemplo (segundo seu autor, mais uma discussão de idéias), impedia uma abordagem dentro do estilo realista, pesquisado nas aulas do próprio Boal.

A adoção da linha ideológica do Arena, do esquema do Teatro Arena (a procura de um teatro político esquerdizante), não era naquele momento a posição do Oficina, que era apenas um grupo com "preocupações sociais" e que dava enorme valor a seus problemas existenciais. A escolha do diretor Atônio Abujamra, fora da convivência do grupo e interessado nas primeiras captações de um estilo brechtiano ou planchoniano, importava justamente no inverso das atrações estilísticas do grupo. Todos esses fatores compuseram um enorme desencontro, que só pode ser explicado pelo fato de que o Oficina, pelo menos segundo Fernando Peixoto, jamais deixou de pensar na possibilidade de integração com o Arena.

Tal foi o desvio constituído por *José, do Parto à Sepultura,* que se poderia considerar inevitável uma reação. Com a montagem de *Um Bonde Chamado Desejo,* de

---

3. O fato é reconhecido por muitos dos integrantes do teatro Oficina. Fernando Peixoto, por exemplo, afirmou que o único elemento do conjunto que pode continuar usando o nome «Oficina» é José Celso. (FERNANDO PEIXOTO, «Conferência sobre o Teatro Oficina», Teatro Aliança Francesa, junho/1977).

Tennessee Williams, o Oficina retornava às propostas basicamente existenciais de seus componentes. O teor histórico e social, nas peças desse dramaturgo norte-americano, constitui apenas um pálido e confuso ambiente para que se evidenciem problemas psicológicos e até psicanalíticos de suas personagens.

A peça montada pelo elenco do Oficina, uma das mais importantes de toda a obra de Tennessee Williams, procura traduzir a posição do autor em relação ao seu mundo:

> A humanidade é uma grande esperança perdida. Cada homem está trancado dentro de si mesmo e sua alma é semelhante a um poço onde só o sofrimento vive e se agita. Solidão, loucura e marginalidade são os destinos da criatura que se corrompe no dinheiro e desejo — carcereiros da alma. Não há liberdade fora da alma. A vida é violência e ritual antropofágico. Os únicos companheiros do indivíduo são o medo e a solidão. E, para eles, não há remédio; conseqüentemente, não há cura.
>
> (...) Sua dramaturgia caracteriza-se como uma longa e penosa confissão solta no tempo e no espaço.
>
> Acreditando que a natureza humana é basicamente corrompida e miserável, ele juntou ao pessimismo filosófico uma neurose pessoal que nem a psicanálise conseguiu arrefecer (...)[4].

Dessa maneira, a encenação de *Um Bonde Chamado Desejo* foi o mais importante acontecimento nessa primeira fase profissional do elenco, dadas as conseqüências que passamos a expor: o Oficina efetuava um rompimento tácito e depois explícito com o paralelismo ideológico face ao Teatro de Arena, ao mesmo tempo que divergia estilisticamente deste, na medida em que fugia da concepção de um teatro pobre (marca do Arena) à procura da grande produção (profissionalismo extremo, grandes cenários, atores convidados, etc.), daí a elaboração do primeiro manifesto de posições estéticas e ideológicas — "Veja hoje, porque amanhã vai ser diferente" — que proclamava princípios ainda embrionários, mas que iriam nortear o grupo por longa data. Se é evidente que tais idéias já estavam, de uma maneira ou de outra, presentes nas propostas cênicas feitas pelo grupo nos seus quatro anos de existência, o manifesto viria esclarecer à classe teatral, e principalmente aos próprios componentes do grupo, o significado do caminho percorrido, uma espécie de saldo de trabalho...

---

4. TENNESSEE WILLIAMS, *Um Bonde Chamado Desejo* (introdução), Ed. Abril, setembro/1976.

Foi o resultado de nossa escolha de tomar o teatro como forma de existência. Conforme nossas existências caminhassem e se reformassem, um teatro caminharia e iria se formar (...). O que tínhamos (como experiência) era o nosso trabalho, e a crença de que pelo seu exercício extrairíamos de nossas existências tudo o que apreendessem os nossos sentidos de nova geração. O teatro seria, portanto, uma oficina de pesquisa contínua, para a exploração do nosso potencial de recém-chegados, em benefício de uma renovação dramática[5].

Como já foi frisado, o Oficina jamais deixou de levar em conta as inquietações pessoais de seus componentes. A escolha de textos, por exemplo, foi sempre feita na medida em que esses textos lhes dissessem algo, visto que estavam assim participando de um contexto que não era só deles; encontravam na pequena burguesia intelectual, participante da mesma realidade, um público que tendia a acolher suas escolhas. Essa primeira parte do manifesto justifica-se também em virtude da pesquisa de interpretação baseada na técnica do Actors' Studio. O ponto central e básico do "método americano" condiciona a criação verdadeira de um papel à análise minuciosa de elementos vivenciados pelos atores ou, em outras palavras, a tudo o que possa ofertar suas "existências".

Na segunda parte do manifesto, uma tentativa de explicação a respeito do programa ideológico:

O grande salto que sofreu nosso teatro com o aparecimento do autor nacional, com a dessofisticação do estilo de interpretação e com a introdução dos temas políticos e sociais, sofreu esse ano seu primeiro ponto de estrangulamento. Todas as transformações que se operaram, talvez mais importantes do que as da primeira fase do TBC, necessitavam de uma platéia imensa, proveniente de todas as camadas sociais, que acolhesse seus autores, se espelhasse no estilo simples de representação e, principalmente, prestigiasse a introdução de suas idéias de emancipação social nos palcos de São Paulo (...). Essa tentativa de renovação, por não ter um público juiz, nem uma economia e uma burocracia aptas ao seu desenvolvimento, tornou-se anêmica, marginal, alienada, empavonada com as leis da terra de cego, onde quem conhecia um conceito marxista era rei, e acabava por produzir um "Reader's Digest" esquerdizante insustentável para quem fez, quem viu, e dispensável para quem com ele já estava familiarizado.

O Oficina, aparecendo como o grupo mais jovem dentro desse esgotamento, como primeiro jorro de renovação (...), se vê perante essa situação numa posição de perplexidade e de reexame. Não pode aceitar a regressão a um teatro estático. Por outro lado, não tem o direito de cair; ainda mais em nome de uma filosofia objetiva e, por sua natureza antiidealista, num catecismo tacanho, numa dogmática não vivenciada. Não pode, tampouco, esquecer

---

5. «Veja hoje, porque amanhã vai ser diferente», rascunho datilografado, dos arquivos de *O Estado de São Paulo*, 03/05/1962.

os grandes temas morais políticos, filosóficos presentes em todas as épocas, em todos os Teatros que tiveram alguma dignidade e presença histórica[6].

Era então evidente uma espécie de satisfação ao Teatro de Arena, uma resposta ao genitor, ao mesmo tempo que proclamava sua crença, não no engajamento político, mas sim num engajamento na perplexidade advinda da procura de entendimento de uma realidade vivenciada. Uma abertura para as grandes discussões políticas sociais, filosóficas, psicológicas, etc., de caráter universalizante. Enfim, como um grupo que procura uma verdade sem ainda tê-la encontrado em oposição ao Teatro Político que proclama uma verdade já conscientizada. O título "Veja hoje, porque amanhã vai ser diferente" significava justamente essa procura e o encontro em cada momento com uma verdade.

Por outro lado, *Um Bonde Chamado Desejo* deveria, naquele momento, ajudar o grupo a reafirmar o sentido de sua pesquisa teatral no que diz respeito à interpretação:

...apesar da perplexidade de Tennessee Williams estar longe de ser exatamente a nossa, ela ainda tem pontos de contato conosco, perante esse momento por que passa o teatro de São Paulo, de crise quanto aos seus próprios valores, fundamentos e suas razões de ser (...).

Com isso, sem dúvida, tanto nós como nossa platéia seremos beneficiados. Mas é preciso mais, é preciso arrancar um Teatro Nacional dos sentidos da nova geração. É preciso trabalhar para eliminar o estilo "Pelmex" de representação; trabalhar para formulações ideológicas mais realistas e generosas; trabalhar, trabalhar muito para a não estagnação. Enquanto estiver em cartaz *Um Bonde Chamado Desejo*, estaremos tentando realizar a continuação do desenvolvimento interrompido, pois essa é ainda a nossa razão de ser.

Que nosso nome se justifique como se justificou em nosso prédio.

Tomara que seja um "Veja hoje, porque amanhã vai ser diferente"[7].

O que foi dito, entretanto, e o que acabou acontecendo no fim dessa primeira fase foram coisas um tanto diferentes, pois o profissionalismo exacerbado, por nós já frisado (três grandes produções em menos de dois anos), a repetição do esquema redundou no segundo fracasso do grupo.

Esteticamente, o Teatro Oficina enfrentava o seu primeiro dilema. A técnica do Actors' Studio, um filão do

6. *Idem.*
7. *Idem.*

Maria Fernanda no papel de Blanche Dubois em Um Bonde Chamado Desejo. Atriz convidada especialmente pelo conjunto paulista (Arq. Teatro Oficina)

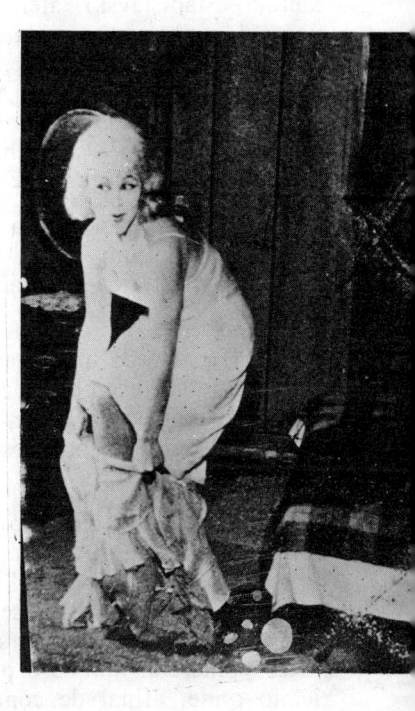

Um Bonde Chamado Desejo de Tennessee Williams, a montagem que refletiu os princípios estéticos e ideológicos contidos no primeiro manifesto do Teatro Oficina ("Veja hoje, porque amanhã vai ser diferente") (Arq. Teatro Oficina)

Método Stanislavski, atendia às necessidades de composição das personagens criadas pelos dramaturgos americanos. O referido tipo de trabalho, também, serviu, em um primeiro tempo, para auxiliar um tanto esquematicamente atores principiantes na interpretação de certos papéis de atmosfera: "... uma atmosfera quase sempre cerrada, cinzenta, sombria, de tédio, de decadência"...[8]

Se de um lado havia a primeira assimilação, ainda superficial, de um estilo, de outro, sentia-se a necessidade de aprofundá-lo e ampliá-lo até as últimas conseqüências.

O fracasso da montagem de *Todo Anjo é Terrível* foi exatamente o exemplo desse dilema. O esquematismo aprendido começava a ser repetido em contradição com o título e idéias do manifesto.

Stanislavski, contudo, é muito maior e mais profundo do que o seu uso feito pela escola americana. Como disse Peter Brook, apesar de efetuarem um estudo sério "os atores do Actors' Studio ainda tinham que conseguir resultados em três semanas"...[9] E nós acrescentamos, talvez esse método sirva até hoje aos atores do teatro comercial ianque e principalmente ao cinema americano onde, afinal de contas, o ator não é o elemento fundamental. Para a inquietação do grupo paulista, entretanto, ele já se mostrava esgotado nos idos de 1963. A fonte mais rica, entretanto, já estava ali, dentro do conjunto, na pessoa de Eugênio Kusnet, o maior estudioso de Stanislavski, no Brasil.

---

8. GERD BORNHEIM, *O Sentido e a Máscara*, SP, Ed. Perspectiva, 1969, p. 13.
9. PETER BROOK, *ob. cit.*, p. 21.

## 3. O DOMÍNIO ARTESANAL NO ENCONTRO COM A DRAMATURGIA RUSSA

Atlantida, Uruguai, dezembro de 1964, festival latino-americano de teatro: num palco quase vazio, preenchido apenas por algumas cadeiras e uma mesa, um sofá e um piano, espaço cercado por uma rotunda preta, um homem de 66 anos, calvo, usando óculos e denunciando um pequeno defeito numa das pernas, caminha sem parar, falando baixo e com rapidez, esboçando gestos e movimentos, olhando para os lados como se falasse com alguém, como se estivesse cercado de personagens invisíveis, senta-se numa cadeira mais alta que as demais, levanta-se em seguida, às vezes furioso e às vezes tranqüilo, concentrado profundamente em alguma coisa indefinível.

Na platéia vazia, Renato Borghi e eu estamos silenciosos; sabemos que Kusnet está certo, mas a vontade de rir é difícil de controlar — um de nós diz ao outro: "O velho parece que ficou louco!" (...)

Aparentemente alucinado, mas exercendo, naquele instante, com grande pressa, mas exemplar consciência profissional, um ato de extrema lucidez e dignidade. Tenho certeza que naquele "reconhecimento" do palco, passando por todas ou quase todas as ações de seu personagem, Kusnet colocou em prática, com êxito, tudo o que em sua vida de ator e professor de interpretação aprendeu e assimilou do célebre Método Stanislavski.

FERNANDO PEIXOTO

O longo tempo de pesquisas sobre o desempenho psicofísico realizado pelo Teatro Oficina foi decisivo para que, ainda nessa fase, chegasse a ser considerado uma das mais importantes companhias do país. Aliás, o caso do grupo paulista não pode ser considerado um fator isolado neste sentido. O estudo aprofundado de interpretação baseado no Método Stanislavski foi o ponto de partida que deu consistência a quase todos os grupos importantes do teatro contemporâneo. Afinal de contas, o fenômeno teatral possui, sob certo ângulo, um compromisso fatal com a verdade orgânica, com a realidade, com a concretização do mundo. Por mais antiilusionista que seja um espetáculo, ainda assim, haverá algo de mimético em virtude de ser uma arte que usa como elemento fundamental o corpo humano e suas emoções...

Em seus escritos teóricos Brecht separa o real do irreal e creio que isso é a origem de uma gigantesca confusão. Em termos de semântica o subjetivo é sempre oposto ao objetivo, a ilusão separada da realidade. Por causa destas posições, o teatro de Brecht é obrigado a manter duas posições: a pública e a privada, oficial e não oficial, teórica e prática. O trabalho privado é baseado num profundo sentimento de uma vida interior do ator: mas em público este teatro nega essa vida, pois a vida interior de uma personagem é logo marcada com a terrível etiqueta de "psicológica" (...). Tudo é ilusão. A troca de impressões através de imagens é a nossa linguagem básica: no exato momento em que um homem expressa uma imagem, o outro a recebe. A associação partilhada é a linguagem — se a associação nada evocar na outra pessoa, se não houver um instante de ilusão partilhada, então não há troca[1].

Se o Oficina, com *Pequenos Burgueses* de Gorki, obteve elogios da esmagadora maioria da crítica nacional, obtendo assim o *status* de um grande elenco teatral, não foi evidentemente uma obra do acaso, um espécie de clique genial na cabeça de seus componentes. Muito pelo contrário, uma série de fatores preparou e estimulou o estouro criativo do ano de 1963. O elenco, é preciso frisar, vinha de um estrondoso sucesso com a montagem de *Quatro num Quarto*, de Kataiev.

*Quatro num Quarto,* além de ter dado uma folga

---

1. PETER BROOK, *O Teatro e seu Espaço*, RJ, Ed. Vozes, 1970, pp. 79-80.

econômica ao grupo, teve uma importância que na época não foi devidamente compreendida pelo conjunto. Houve, no Oficina, uma espécie de popularização, uma abertura para uma linguagem teatral de grande eficácia, que seria uma comicidade leve e ligada à nossa tradição teatral de comediantes populares. Caminho que só foi retomado vários anos depois com *O Rei da Vela,* de Oswald de Andrade. Na verdade, o entendimento dessa abertura só ocorreu na última remontagem do texto de Kataiev, feita por José Celso em 1967. Por enquanto podemos ficar no seguinte: foi uma pausa no processo de pesquisa do Oficina, emocionalmente muito denso até então; era a primeira comédia montada por uma equipe que desde 1958 fazia teatro, pois como já dissemos, *José, do Parto à Sepultura,* de Augusto Boal, nos parece mais uma montagem do Arena do que do Oficina. A encenação também deu margem ao primeiro contato com um diretor do Teatro Brasileiro de Comédia, Maurice Vaneau, um conhecedor profundo do artesanato teatral, experiência que certamente deve ter enriquecido muito a pesquisa do conjunto. Conseguiu-se, neste espetáculo, uma sátira irreverente à instituição do casamento. Serviu de esteio financeiro do grupo por muitos anos. E, principalmente, como já frisamos, o toque de sorte que permitiu a tranqüila e sofisticada pesquisa que culminou em *Pequenos Burgueses.*

Muitos consideram a montagem da peça de Gorki como o ápice de uma fase iniciada com *A Vida Impressa em Dólar.* Realmente o ponto de união se estabelece na medida em que se desenvolve e se aprofunda a cena de atmosfera realista. Na nossa opinião, entretanto, há uma grande mudança qualitativa nos estudos do grupo paulista, que adveio justamente do alto grau de fidelidade aos textos encenados. A dependência em relação ao texto acontece, principalmente, quando se cultiva o estilo realista. Nesse caso, o método de composição da personagem está mais estritamente ligado às deficiências ou riquezas do mundo exposto pelo dramaturgo. Do mesmo modo, poderíamos dizer que a técnica de Stanislavski está próxima de Tchecov ou Gorki, mais um pouco longe de Clifford Odets ou Tennessee Wiliams. O psicologismo freudiano destes últimos marcou o esquematismo dos trabalhos de laboratórios da primeira fase. As personagens americanas puderam ser compostas através de uma visão parcial do Método Stanislavski, ou seja, o enfoque dado ao sistema do mestre russo, pelo Actors' Studio[2].

Ali (no Actors' Studio) chegou-se a representar *Macbeth* excitando no aluno seu ignorado complexo de Édipo. Entretanto (...) os resultados demonstram, até com fartura, o perigo que encerra um método de ensino que remove os sonhos e sombras do inconsciente. O ator fica entregue não só à verdade da personagem, mas freqüentemente à sua própria angústia. O método, por suas implicações psicanalíticas, não provoca somente nexos de união ou identificação entre o intérprete e a criatura cênica, mas também suscita estados neuróticos dos quais são exemplos as inadaptações de Marlon Brando, ou o caráter descentrado de James Dean (...)[3].

É sugestivo, nesse sentido, o depoimento de Renato Borghi a respeito dos ensaios da primeira fase:

Nós nos levamos muito à sério! Foi uma loucura! Nossa geração muito careta! Por isso está todo mundo desbundando numa loucura total! O pessoal da nossa geração tem que desbundar mais! Tem que descontar, né?

A gente era bem intencionado, ficávamos fechados dentro do Oficina, fazendo laboratório, pesquisa de emoção (...). Uma fase de realismo exacerbado...

O Zé Celso chegava ao ponto de botar a Etty Fraser num divã e ficar, Deus do céu, que loucura, arrancando uma emoção dela, que não vinha de jeito nenhum... não vinha! Laboratório... Fala da morte do filho, não sei o que... "Pensa na tua mãe que vai morrer"...[4]

A mudança qualitativa, como dissemos, viria a partir do mundo exposto pela genialidade de Máximo Gorki. *Pequenos Burgueses* viria resolver um problema, no qual se debatia o Oficina, concentrando na profunda contradição entre o social e o existencial. Assim é que se, num dado momento, mergulhavam no esquematismo social de *José, do Parto à Sepultura* — um texto totalmente estranho às suas preocupações pessoais, bem como aos problemas atinentes à própria classe da qual provinham —, num outro momento se atiravam às filigranas psicológicas e às revoltas existenciais de um Tennessee Williams, num processo que, segundo parte da crítica da época, voltaria a desembocar na estética e ideologia do

---

2. «Em sua Introdução à primeira análise convincente do Método (Actors' Studio) feita por Robert Lewis, Clurman o define como uma formalização codificada da técnica de atuação; e em seu estudo sobre o Group Theatre, publicado com o título de *The fervent years*, define o objetivo do sistema Stanislavski como 'uma maneira de permitir ao ator que utilize a si mesmo, mas conscientemente, como instrumento para alcançar a verdade em cena' — definições que Stanislavski havia considerado contrárias a todo o seu sistema». DAVID MAGARSHACK, «Prefácio de la segunda edición», in *El Arte Escénico* de Constantin Stanislavski. México, Siglo Veintiuno editores, 1971, p. 1.
3. JUAN GUERRERO ZAMORA, *Historia del Teatro Contemporáneo*, Madrid, Ed. Juan Flors, 1960, p. 336, v. 2.
4. RENATO BORGHI, Entrevista à *Bondinho, Jornalivro* n.º 4, s/d.

Teatro Brasileiro de Comédia. *Pequenos Burgueses* viria justamente fazer a síntese das duas posições. Era um texto suficientemente rico em idéias, bem como prenhe de material emocional.

As *Cenas em Casa dos Bessemenov* (título inicial da peça) formam um painel de personagens e de situações aprofundadas com muita acuidade. É tal a complexidade emocional de algumas personagens que, não raro, os atores que as representaram afirmam estarem entre as mais profundas que jamais conheceram. Desfilam pelo palco os *meschane,* indivíduos que não pertenciam nem à nobreza nem ao campesinato, nem ao clero. Eram os habitantes da cidade (do burgo) e só nesse sentido poderiam ser denominados "burgueses", já que, nos tempos modernos, a palavra ganhou outro sentido. No sentido moral *meschanio* (no singular) é o homem extremamente mesquinho, incapaz de apreciar tudo quanto seja grande e belo[5].

As personagens de Gorki, além de aprofundadas psicologicamente, possuíam uma função social muito clara e específica. Essa visão, mais completa da realidade — o psicológico e o social e essa análise política[6] — foi o que permitiu, sem dúvida, ao Oficina aprofundar suas pesquisas no campo da interpretação[7].

5. «Introdução a *Pequenos Burgueses*» de Máximo Gorki, SP, Ed. Abril, 1976.
6. Veja-se a afirmação de Sábato Magaldi: «Gorki seria um Tchecov acrescido de consciência política».
7. Os atores do grupo Oficina também eram oriundos do interior, de famílias muito parecidas com a dos *meschane.* A simples descrição das personagens já é suficiente para se entender o que havia de comum entre as figuras de Gorki e a realidade dos atores e do público. Comecemos pelo velho Bessemenov, um homem incapaz de compreender o seu tempo, a personagem mais conservadora da peça e também a mais solitária. Representa um mundo, valores em franca extinção. Ele se desespera, grita, é violento, mas seus gritos e sua violência já não assustam mais ninguém. É solitário porque não consegue entender nenhum dos valores novos dos novos tempos. Trabalhou muito, trapaceou, fez de tudo para vencer na vida e vê o mundo desabar quando ninguém acata seus valores, o seu mundo. É a personagem que simboliza o espírito dos *meschane.* Bessemenov não se rende e luta até o fim com todas as suas forças. Sente que vai morrer com o dedo em riste dizendo: «Ah! Vocês todos, malditos... uns miseráveis... depravados... desgraçados! Fora da minha casa!» (*Pequenos Burgueses,* p. 216).

Akulina é a mãe emocional, sentimental que clama por paz na família... Quer resolver todos os problemas, quer abafar todas as discussões, mas nada consegue Junto com Bessemenov, passam do diálogo à solidão das conversas no quarto. Todos são culpados da desgraça que cai sobre sua família. Numa carta de Gorki a Stanislavski, o dramaturgo tenta defini-la da seguinte maneira:

«Akulina está toda no amor aos filhos e ao marido, o desejo de ver os que a rodeiam amarem-se uns aos outros ... Ela faz qualquer coisa para evitar as discussões familiares. Adotando a política dos panos quentes, coloca-se entre os demais para receber todos os golpes. Mas, no seu amor à família, é profundamente egoísta. Marginaliza os de fora e não hesita em se comportar de maneira vil e injusta, quando se trata de defender os seus. Contudo, apesar de sua vontade de impedir rupturas, não consegue qualquer união no seio da

Raul Cortez, como Teteriev, num dos maiores momentos de sua rica e longa carreira teatral (Arq. IDART)

Eugênio Kusnet, numa de suas aulas sobre o "Método" Stanislavski. Esse autor russo seria um eterno professor para o elenco do Oficina. Em 1970, após o afastamento da maioria de seus antigos alunos, voltaria para ensinar os jovens atores do "Oficina-Brasil" (Arq. Teatro Oficina)

Miriam Mehler e Wolney de Assis na remontagem de Pequenos Burgueses (1966). O espetáculo mantinha, após três anos, a mesma intensidade emocional da montagem original de 1963 (Arq. IDART)

A montagem de Pequenos Burgueses foi o fechamento, com chave de ouro, de uma aprendizagem. Serviu também como prova de que o "Método" Stanislavski, quando estudado, sem distorções, é muito mais rico do que se imagina (Arq. Teatro Oficina)

Era possível agora descobrir toda a riqueza do Método Stanislavski, para dar conta da composição das profundas personagens tipificadas pelo autor russo. E ali estava, afortunadamente, dentro do próprio grupo, Eugênio Kusnet com uma visão mais completa e dinâmica do sistema do ensaiador russo. Veremos adiante de que maneira o seu enfoque do "método" proporcionou o salto qualitativo nas interpretações do elenco paulista. Antes, entretanto, torna-se necessário abrir um espaço em nosso trabalho, para fazermos justiça à presença de Eugênio Kusnet dentro da trajetória do Oficina e, em geral, do próprio teatro brasileiro.

Na verdade, esse velho ator russo foi, sem sombra de dúvidas, a peça-chave do poder de subsistência do grupo, marcando, com sua presença viva, quase todos os espetáculos da equipe. Desde que iniciou seus trabalhos, no ano de 1961, não deixou de perseguir incansavelmente essa meta: a de fazer com que todos os espetáculos tivessem como ponto básico e essencial a presença criativa do ator, elemento fundamental da própria arte teatral. São dele essas palavras:

Ao aplicar um novo meio de comunicação, ora inventado por nós mesmos, ora conhecido pelas experiências alheias, freqüentemente não nos servirá se falhar o fator máximo de comunicação — o ator.

O nosso teatro, através do trabalho de nossos diretores encenadores, segue de perto a evolução do teatro mundial e consegue aplicar os mais modernos, os mais arrojados meios físicos de comunicação, iluminação, cenário, sonoplastia, marcações, ges-

família. Afinal todos estão sozinhos, isolados por um muro de falsos deveres e obrigações» (Introdução a *Pequenos Burgueses, ob. cit.*).

Tatiana e Piotr, os filhos asfixiados pelo mundo de onde pertencem, não têm coragem de romper os grilhões. Vivem se lamentando, mas nenhuma ação. Nenhum ato de coragem. O único ato de Tatiana é uma tentativa de suicídio. Tatiana por sinal inicia a peça morta, morta simbolicamente. A vida não tem o menor sentido. Ela diz à Pólia: «As coisas boas eles inventam. Ninguém faz declarações de amor como eles escrevem, a vida também não tem nada de trágico... Vai passando lenta, monótona, como um rio lamacento. E quando se vê o rio correr, os olhos vão se cansando... um tédio vai tomando conta de tudo, a cabeça vai ficando pesada e nem se tem mais vontade de saber por que é que ele corre...» (*Pequenos Burgueses*, p. 13).

Piotr, cheio de angústias existenciais, não consegue sequer se definir no campo amoroso. Participou de movimentos estudantis, mas se arrependeu. Seu destino está marcado, vai ser um futuro Sr. Bessemenov. Ele não consegue fugir da morte de sua classe. Tatiana, pelo menos tentou o suicídio. Piotr consegue apenas se refugiar por alguns tempos no quarto superior pertencente a uma viúva mas, segundo o bêbado Teterev, ele voltará para ser igual a Bessemenov: «Não vai longe, não. Ele subiu ao andar de cima porque foi arrastado até lá... temporariamente... mas ele volta. Quando você estiver morto vai reformar alguma coisa deste estábulo... vai mudar os móveis de lugar... e vai viver como você vive agora... tranqüilo, razoável, acomodado... (...) vai viver com a consciência tranqüila de que cumpriu plenamente o seu dever perante a vida e os homens... É completamente idêntico à você... E será com o tempo tão avarento como você... tão mau, como você... (...) E um dia será infeliz como você é agora! A vida avança velho, e quem não avança ao lado dela, fica só! Como você...» (*Pequenos Burgueses*, p. 218).

tos, expressão corporal, etc., dos quais muitas vezes resultam espetáculos brilhantes, impressionantes. Mas ao sair do teatro, o espectador não leva para casa mais do que uma admiração pelo talento e inventividade do diretor. Isso acontece porque os nossos diretores pouco esforço fazem no sentido de ajudar o ator[8].

Felizmente, para o Grupo Oficina e para o próprio teatro brasileiro que disso se enriqueceu, a lição básica de Kusnet jamais foi esquecida por todo o elenco e, principalmente, por José Celso Martinez Correa. Sempre que o Oficina entrou em uma nova fase, e cremos que o nosso estudo irá comprová-lo, foi sempre em conseqüência de um trabalho que partiu da busca de novas formas de interpretação. Com efeito, José Celso, ao lado da própria criatividade, manteve por muito tempo, como uma espécie de professor de interpretação e ensaiador de atores, esse ator russo que bebeu na própria fonte — Estúdio do Teatro de Arte e na Escola Teatral de Stuchukin (anexa ao Teatro de Vakhtangov) — os ensinamentos de Constantin Stanislavski. E quando o elenco quis interpretar Brecht, somente aqueles que haviam feito o curso no Estúdio Oficina, que tinha como professor o velho ator, conseguiram o intento com facilidade[9].

A mudança sentida no desempenho do elenco em *Pequenos Burgueses,* temos certeza, deveu-se à sua visão do "método". Partindo da afirmação de Stanislavski, segundo o qual, "a arte do teatro é realizada para o homem, pelo homem e sobre o homem", Eugênio Kusnet entendia que a comunicação teatral só seria possível quando os pensamentos, as preocupações, enfim tudo de que vivesse o espectador, preocupasse fundamentalmente, o ator; e

8. EUGÊNIO KUSNET. *Introdução ao Método da Ação Inconsciente,* SP, Ed. A. Álvares Penteado, 1971, p. 2.
9. Vejamos como Fernando Peixoto analisou a participação de Eugênio Kusnet no Oficina:

«Nos anos em que trabalhou junto ao Oficina, Kusnet foi mais que um inteligente e talentoso ator contratado, mais do que um dedicado e generoso companheiro de trabalho. Sua presença esteve em todos os espetáculos nos quais participou (...). Kusnet marcou sensivelmente aspectos da própria concepção de alguns dos principais espetáculos dirigidos por José Celso Martinez Correa, como *Pequenos Burgueses* e *Os Inimigos,* de Gorki, *Andorra,* de Max Frisch ou *A Vida Impressa em Dólar,* de Clifford Odets.

«E, no momento em que o fascinante e complexo trabalho de pesquisa e violentação que precedeu a montagem de *Na Selva das Cidades,* de Brecht, pelo Oficina, conduziu encenador e intérprete a um certo descontrole irracional, Kusnet foi chamado para indicar os caminhos da disciplina e recolocar o carro nos trilhos (...). Fiel discípulo de Stanislavski, defendeu como suas as teses de seu mestre. Aceitou e assumiu seus pontos de vista (...). Muitas vezes não foi fácil convencer Kusnet a interpretar um papel: para ele o mais importante eram as aulas e seus alunos. Quando aceitou fazer o médico de *Andorra,* colocou condições: tinha alguns de seus alunos nos bastidores — fazia uma cena, aproveitava os intervalos para trabalhar com os alunos no camarim, depois voltava para o palco. Estava dividido: ator ou professor — ou melhor, ator e professor» (EUGÊNIO KUSNET, «O ator e a verdade cênica», in *Ator e Método,* RJ, SNT, 1975).

quando, simultaneamente, tudo de que vivesse o ator em cena pudesse interessar e preocupar o espectador. O único critério para avaliar um espetáculo seria a sua influência sobre os espectadores no dia da representação[10].

Por isso é necessário que o ator responda a duas perguntas: "Por que você faz teatro?" e "Por que você faz hoje esse espetáculo?"[11]

Todo o trabalho do elenco se concentrou então nesse problema fundamental, isto é, descobrir o que uma peça russa escrita no início do século poderia significar para o público do Brasil nos idos de 1963. Dessa maneira, as características psicanalíticas das personagens deram lugar ao fundamento emocional, surgido diretamente da função social exercida pelos papéis. Ou seja, Kusnet ensinou que o "método" poderia auxiliar a encontrar a organicidade, não só das verdades existentes no microcosmo cênico (a peça de Gorki), mas no macroscosmo (a realidade compartilhada por atores e públicos de um mesmo país e tempo). Foi exatamente esse conselho dado, por Stanislavski, a dois estudantes universitários americanos que quiseram saber os "segredos" do seu sistema[12].

A análise dialética ensinada por Kusnet, baseada na "vontade" e "contravontade" da personagem, isto é, o que a personagem gostaria de ser ou fazer e o que efetivamente ela pode ser ou fazer, evidentemente, iria encontrar nos obstáculos sociais o seu principal ponto de desenvolvimento.

Esses princípios propostos por Eugênio Kusnet, extraídos de anotações de seus cursos, deram aos integrantes do Teatro Oficina a oportunidade de descobrir organicamente a generalização, as forças sociais e políticas representadas pelas particularidades das personagens. Veja essa análise, onde Fernando Peixoto cita, nominalmente, a técnica usada por Kusnet (vontade e contravontade):

As contradições dos personagens da peça, os violentos conflitos de vontades opostas (que Gorki tem a lucidez de colocar não como estudo de incomunicabilidade de indivíduos, simplesmente, mas sim como resultado de incomunicabilidade de classes opostas e inconciliáveis), os problemas expostos e desenvolvidos nos quatro longos e minuciosos atos de *Pequenos Burgueses,* caminham num mesmo sentido, são dialeticamente conduzidos a

---
10. EUGÊNIO KUSNET, *Ator e Método,* Ed. Serviço Nacional de Teatro, 1975, p. 1.
11. EUGÊNIO KUSNET, ob. cit., p. 2.
12. CONSTANTIN STANISLAVSKI, *A Construção da Personagem,* RJ, Ed. Civilização Brasileira, 1970 (Introdução).

uma mesma síntese clara, irrefutável: a impossibilidade de vida dentro dos esquemas fechados e falsos da pequena burguesia, a impossibilidade de existência individual e coletiva regulada por padrões artificiais, decadentes, apoiada em verdades que se chegaram a ter validade em certo momento histórico, não mais correspondem aos novos estágios de desenvolvimento dos meios de produção que se estabelecem e alteram a fisionomia e as exigências de toda uma sociedade.

Gorki mostra um instante da história russa caracterizado pela decadência e esfacelamento da pequena burguesia, cujos valores não mais encontram ressonância, resultam num tédio constante e doentio que destrói por si mesmo os pequenos burgueses, por uma mesquinharia repugnante, por uma crueldade de sentimentos e atos, e por uma série de outros fatores que anunciam, de forma definitiva, a substituição de uma classe por outra no poder, o aparecimento de novos padrões sociais e éticos capazes de fazer com que os homens, e toda a sociedade, se reencontrem consigo mesmos, tenham possibilidade e condições para o livre desenvolvimento de suas faculdades de produção e criação, alcancem uma felicidade que o *status quo* anterior não lhes permitia alcançar. E ao mesmo tempo Gorki mostra o aparecimento tanto através do pânico de alguns personagens como através do entusiasmo de outros, de uma classe ainda em estado inicial de formação, ainda sem compreensão exata de suas possibilidades, mas já evidenciando retidão de princípio, ânsia de justiça e liberdade, pureza de sentimentos, entusiasmo contagiante pela vida e pelo trabalho, profunda crença da dignidade e no futuro do homem[13].

Vê-se então, dessa maneira, que Kusnet se afastava, definitivamente, de algumas interpretações do "método" e principalmente daquelas que obrigam os atores a penetrar no reino de suas angústias e temores infantis. No espetáculo do Oficina, as angústias e frustrações eram conseqüências de causas mais amplas. A visão do "método" ensinada por Kusnet está próxima da idéia que o próprio Brecht tinha da escola de Stanislavski:

(...) O sentimento da responsabilidade em relação à sociedade.
Stanislavski ensinava aos alunos-atores a compreensão do sentido social do teatro. Para ele a arte não tinha um fim em si mesmo, mas ele sabia que no teatro nenhum objetivo poderia ser alcançado por outro modo que não fosse os meios da arte (...)
A materialização da realidade, plena de contradições:
Stanislavski compreendeu a complexidade e a variedade da vida social e a sabia representar. Todas as suas encenações são plenas de idéias.
O essencial é o homem.
Stanislavski era um humanista convicto e, como tal, conduzia seu teatro para a visão do socialismo. (...)[14].

13. VAN JAFA, Gorki e os *Pequenos Burgueses*, *Correio da Manhã*, RJ, 06/05/65.
14. BERTOLT BRECHT, «Ce qu'on peut apprendre, en plus de reste, a l'école du théatre Stanislavski», in *Constantin Stanislavski — 1863/1963*, Moscou, Ed. du Progrés, 1963, p. 200.

*Pequenos Burgueses* foi o fechamento, com chave de ouro, de uma aprendizagem que, apesar de algumas ligeiras distorções, foi finalmente e perfeitamente concretizada. Serviu, quase como prova, de que o Método Stanislavski, quando bem usado e descoberto em toda a sua riqueza, pode ser aproveitado para se atingir o grau de perfeição realista e como base para outros estilos. Sentia-se, durante o espetáculo, os atores como verdadeiros artesões da arte cênica — minuciosos, detalhados, impregnando seus gestos de tal intensidade emocional — que os espectadores se encaminharam, pouco a pouco, para dentro da casa dos *Pequenos Burgueses* plena de uma atmosfera angustiada, cinzenta; por vezes, de gritos de esperança dos trabalhadores. Nunca a caricatura e sempre a humanidade pobre, doída, mas verdadeira, da classe média.

Stanislavski jamais disse que o seu "método" deveria apenas ser usado para encenações naturalistas. O que o ator e diretor russo queria é que o ator acreditasse intensamente no jogo teatral formado por uma circunstância dada. Na medida em que o ator acredita, sente como verdade aquilo que está representando, a ilusão cênica, realiza-se, pois o público também crê nas ações como verdadeiras e daí a empatia. Foi exatamente isso que o Teatro Oficina comprovou montando *Pequenos Burgueses* em um palco de platéias convergentes (portanto menos propício à cena ilusionista, visto que quase sempre o pano de fundo para os atores é formado pela outra parte dos espectadores) e que acabou por ganhar a láurea da melhor cena realista já realizada no país[15].

Destacar esse ou aquele desempenho não faria sentido num espetáculo que justamente obteve o seu ponto alto na harmonia de participação. Para ter-se, entretanto, uma idéia do nível de interpretação a que chegaram os atores, basta o fato de que o longo trabalho, de dois dos maiores intérpretes do teatro brasileiro, Raul Cortez e Eugênio Kusnet, naquele momento atingiu o seu ponto máximo e até hoje, na nossa opinião, ainda não foi superado.

O estudo minucioso da obra de Stanislavski fez com que o conjunto paulista resolvesse, a seu modo, um dos problemas que mais preocuparam o mestre russo. Entendendo o teatro como arte essencialmente dinâmica, ele se incomodava fundamentalmente com a morte do gesto, a

---

15. Afirmação do crítico Sábato Magaldi, da qual já fizemos referência na parte histórica.

interpretação que aos poucos iria se tornando "maquinal" e portanto afastada do ser humano que a produz. Era preciso que o ator descobrisse em cada momento, em cada representação, a satisfação do desempenho inusitado e criativo. Veja-se, a esse respeito, o depoimento de Sábato Magaldi, sobre a remontagem, feita em 1966, portanto três anos depois, e que usou grande parte dos intérpretes da encenação original:

> As várias versões da peça de Gorki, agora representada no Teatro Cacilda Becker, não lhe roubaram o frescor nem mecanizaram a linha dos intérpretes (...). A unidade de estilo, o desempenho coeso e vibrante, o contracenar fluente e espontâneo dão aos espetáculos do grupo um equilíbrio e uma categoria profissional que os conjuntos atomizados de hoje poucas vezes conseguem (...)[16].

É preciso dizer, o elenco do Oficina não aprendeu de Stanislavski somente técnicas, mas também o rigor ético com o qual ele sempre encarou a arte cênica. Podemos mesmo afirmar que, sem esse rigor, essa paixão, o grupo paulista jamais teria feito algumas de suas melhores encenações futuras.

O Oficina continuou usando, ainda por muito tempo, o "método" para preparar os seus atores, pelo menos até o *O Rei da Vela*. O afastamento ocorrido em 1963 se deu em relação ao modelo de estilo realizado por Stanislavski, que sob o aspecto cênico representou o melhor de um certo tipo de realismo teatral. Muita coisa surgiu depois e o grupo que estamos estudando, por seu característico impulso inovador, não pôde deixar de continuar experimentando.

---

16. SÁBATO MAGALDI, Que espetáculo de teatro!, *Jornal da Tarde*, SP, 29/07/1966.

## 4. NA TRANSIÇÃO ANTIILUSIONISTA, A BALANÇA PESA PARA O SOCIAL

Em *Andorra* vivia um rapaz que era tido como judeu. É preciso contar aqui a suposta história da sua origem, suas relações cotidianas com os andorranos que viam nele o judeu (...) ele sabia, ele sentia o que todos pensavam em silêncio; ele se observava, ele se examinava tanto e tantas vezes que acabou por dscobrir que isso era mesmo verdade. Ele reconheceu isso e procurou não esconder (...)

Apesar de sua boa vontade em relação aos problemas andorranos, suas palavras caíam sempre no vazio. Mais tarde, ele compreendeu que não tinha tato.

(...) A pátria pertencia aos outros, de uma vez por todas e não se esperava que ele pudesse amá-la. (...) A maior parte dos andorranos não lhe queria mal. Nem bem... Por outro lado, havia também andorranos de espírito mais livre, mais progressistas, como eles mesmos diziam, moralmente comprometidos com certo humanismo; eles estimam o judeu, diziam, justamente por suas características de judeus, pela perspicácia do seu raciocínio, assim por diante.

Estes tomaram o seu partido até a sua morte, que foi cruel, cruel e sórdida (...) Para falar a verdade, eles não o choraram, ou melhor, falando francamente, eles não o lamentaram — eles se indignaram simplesmente contra os que o tinham assassinado e contra a maneira como tudo aquilo se passou. Principalmente contra a maneira (...)

Falou-se disso muito tempo.

Até o dia em que foi revelado o que ele mesmo, o morto, não tinha podido saber (...) era um andorrano como todos os outros.

Não se falou mais nisso.

Quanto aos andorranos, cada vez que se olham no espelho, eles encontram com horror os traços de um judeu, todos, sem exceção[1].

O caminho do Teatro Oficina, até 1964, poderia ser exemplificado por meio de um traço que uniria algumas de suas montagens. A tipificação pode ser feita isolando-se, mais precisamente, quatro pontos: *A Incubadeira,* de José Celso (autobiografia, colocar-se no mundo, detectar problemas de conflitos extremamente pessoais, o particular, o singular); *As Moscas,* de Jean-Paul Sartre (o binômio indivíduo e sociedade, participar do mundo livre de conflitos individuais, agir socialmente, generalizar, universalizar); *A Vida Impressa em Dólar,* de Clifford Odets (a insatisfação vem de uma sociedade injusta, com valores deturpados; questionamento empírico e superficial de problemas sociais; a comunidade; o sistema capitalista apenas pressentido); *Pequenos Burgueses,* de Máximo Gorki (o binômio classe e sociedade, amostragem dos problemas de uma organização social em decadência, compreensão mais aprofundada das contradições sociais de um sistema, o conflito de classes).

Se levarmos em conta a pesquisa artística, também teremos um traço que começa pela ignorância a respeito da linguagem cênica, passando pela curiosidade, aprendizagem e, enfim, a aplicação plena e criativa do domínio instrumental dos meios de expressão.

*Pequenos Burgueses,* bem como o golpe de Estado no país, foram um marco decisivo na história do Teatro Oficina. A partir de então a balança que oscilava entre o existencial e o social começou a pender para esse último. Se o momento, em 1962 (época do manifesto "Veja hoje, porque amanhã vai ser diferente"), era de perplexidade, após 1964 (manifesto de *Os Inimigos*) era o de análise

1. MAX FRISCH, Diário, *O Globo,* RJ, 06/10/1966.

social dos problemas mais urgentes, mais contraditórios de uma realidade cotidiana. Se antes tratava-se de eliminar apenas o estilo "Pelmex" de interpretação, a questão depois era vislumbrar as condições de um teatro popular, livre ... político. Se em 1963*(Pequenos Burgueses)*, o palco espelhava um sistema de vida e valores moribundos, em 1964 a platéia deveria se ver espelhada em sua inanição, em sua discrição, em sua covardia e seus preconceitos perante um acontecimento grave[2]. A grande personagem, entretanto, que continuava a ser criticada, analisada e esmiuçada no palco permanecia a mesma: a classe média. Prova disso é o fato de que, na adaptação de *Os Inimigos*, José Celso e Fernando Peixoto escolheram a perspectiva da burguesia, em detrimento da perspectiva do proletariado, visto que um teatro deve, evidentemente, falar ao seu público, o "público pequeno burguês" não só do Teatro Oficina, mas do Teatro Brasileiro em geral.

O fato é que, se anteriormente o que importava era o que o processo tinha a dizer aos próprios atores e apenas secundariamente lhes interessava o que a platéia precisava ouvir, agora se dava justamente o inverso. A situação política exigia a análise, mais objetiva, de uma realidade. Era preciso deixar de lado a satisfação de suas existências, na procura de satisfazer as necessidades de informação de um público. O mundo não precisava mais ser tão intensamente "vivido" no palco, mas em compensação era preciso ser "mostrado", "exposto", analisado. Facilmente se compreende que, ligeiramente, vai sendo afastado Stanislavski em busca de uma "teatralidade", em busca da "convenção". Se antes a "conversa" se fazia entre os atores, agora abria-se na "boca de cena" um olhar dirigido ao público. O próprio manifesto do pro-

---

2. «Não importa que valores fundamentais da condição humana sejam vilipendiados. O que importa é o comodismo de cada um. Os direitos fundamentais dos homens podem ser esquecidos por algum tempo. Os homens de bem querem ficar tranqüilos. Todo o mal de uma comunidade vai, num passe de mágica, para o bode. Há um grupo de 'bandidos' na sociedade: é preciso liquidá-los! Os homens de bem podem respirar desafogados. A culpa de tudo é atribuída a um grupo social, político, religioso, ideológico ou racial. É preciso afastá-los da comunidade ou mesmo exterminá-los. E, sobretudo, é preciso silenciá-los.
Se for concedido que continuem andando pelas ruas, que em troca dessa liberdade não possam falar. Assim procura-se evitar a mudança transformadora, a marcha da História, garantem-se os privilégios. E assim volta a paz, a tranqüilidade, a ordem, a liberdade, os direitos do homem... (...)
Assim cada um pode continuar deitado em berço esplêndido. (...). A peça é um soco na consciência de cada um; nas nossas pequenas e aparentemente insignificantes covardias cotidianas; em nossa absoluta irresponsabilidade perante nós mesmos, os outros homens e a própria História (...) Frisch escreveu: 'É preciso que a platéia sinta espanto e que de noite, após ter visto a peça, não consiga dormir'» (Fernando Peixoto) in VAN JAFA, *Andorra e o bode expiatório*, *Correio da Manhã*, GB, 27/09/1966.

grama de *Os Inimigos* era muito explícito: "(...) é preciso abrir um grande diálogo com a platéia (...) a desmistificação da realidade (...)" (manifesto de *Os Inimigos*). Esse afastamento de Stanislavski, da forma realista, pesquisada durante anos na Rua Jaceguai, foi feito de uma forma muito suave, muito tímida. Os atores do Oficina se lançaram ao trapézio, mas com fortes redes de segurança debaixo dos pés. Não se abandonou totalmente Stanislavski, mas apenas foram incluídos elementos épicos na encenação, que transformaram os espetáculos dessa fase, mais precisamente dois, numa mescla de dois estilos. Essa mescla, evidentemente, teve implicações estéticas obrigatórias, advindas da necessidade do aprofundamento concomitante das situações psicológicas e sociais. A realidade levada, por vezes, às últimas conseqüências, à qual se somavam análises objetivas, forjava um caminho denso, de ritmo lento, analítico. Havia uma dissecação de minúcias cênicas e interpretativas, uma frieza extremamente intelectual. *Andorra* facilitou essa nova pesquisa (ou quem sabe a motivou?), pois Frisch misturava, durante toda a peça, a realidade com símbolos, movimentos coletivos com ações individuais e extremamente psicologizadas.

Poderia se argumentar que esse afastamento de Stanislavski seria apenas provisório, em virtude da própria peça, *Andorra*, obrigá-lo[3]. Entretanto, não foi isso o que aconteceu. O processo em busca de um teatro não-ilusionista era irreversível dentro do Oficina. Em *Os Inimigos*, de Gorki, por exemplo, as análises históricas e informativas foram colocadas como concepção de direção. Faltava, após *Andorra*, apenas um encontro com o sistematizador principal do teatro épico, do teatro antiilusionista, com Brecht. José Celso e Renato Borghi vão à Alemanha e estudam as encenações do Berliner Ensemble.

(...) De Stanislavski a Brecht. Aquela viagem também, a gente foi pra Alemanha e ficava atravessando o muro todo dia para ver o Berliner Ensemble; devia ter uma Alemanha fantástica por todo o lado, mas a gente estava obstinado em Teatro. Era ir pro Berliner Ensemble, comer na cantina do Berliner, assistir ensaio do Berliner, ver o espetáculo do Brecht à noite, voltar pro hotel e no dia seguinte ir pro Berliner.

---

3. José Celso ficou, de certa maneira, marcado pelas suas experiências stanislavskianas. Veja-se o comentário de Décio de Almeida Prado:
«Há espetáculos voltados para dentro e espetáculos voltados para fora. José Celso é um mestre em ambos os gêneros. Sabe exteriorizar até ch~gar quase ao expressionismo... mas alcança resultados ainda mais felizes quando obriga seus intérpretes a se interiorizarem. Nenhum outro diretor brasileiro extrai melhor dos atores aquela difícil verdade interior sem a qual não existe veracidade humana» (*Andorra, O Estado de S. Paulo,* 01/11/1964).

Não vi mais nada. Tínhamos uma forma de viver... Um horizonte muito fechado (...)[4]

Acontece, porém, que o grupo Oficina sempre assimilou as técnicas de uma maneira muito vivenciada — e por que não dizê-lo? — por meio de experimentações que, no seu processo, podem ser entendidas como de simples transição. Assim como aconteceu com o trabalho de assimilação de Stanislavski — uma gestação lenta que levou, nada mais nada menos, quatro anos para desabrochar totalmente — acontecia agora o mesmo em relação ao teatro de Brecht. Veremos que de 1964 a 1967 foram feitas apenas experiências sobre as técnicas antiilusionistas ainda timidamente assimiladas. Nas fases de transição, e a fase da qual estamos falando é típica neste sentido, os estudos foram sempre mais importantes que os resultados artísticos[5].

É preciso lembrarmos, entretanto, de que essa aprendizagem foi sempre motivada por uma profunda necessidade de análise social. Dessa maneira, a guinada para o teatro épico iniciou-se a partir da escolha de *Andorra* e depois a partir da concepção de encenação, que sentiu necessidade de ressaltar alguns aspectos políticos de *Os Iinimigos*, de Gorki. Desse modo, a dramaturgia das outras fases, até então percorridas pelo Oficina (principalmente a americana e a russa), onde o mundo apresentado se restringia

---

4. RENATO BORGHI, Entrevista sobre *Gracias Señor*, *O Bondinho*, *Jornalivro* n.º 4, s/d.
5. Transcrevemos aqui algumas das restrições críticas feitas à encenação de *Andorra*:
«José Celso Martinez Correa é um 'perfeccionista'. Em *Andorra* parece-nos que o ritmo poderia ser menos apegado às minúcias psicológicas do naturalismo. Cada quadro em si mesmo é perfeito, mas o conjunto não estabelece com suficiente clareza a hierarquia entre cenas principais e cenas secundárias: todas são tratadas com o mesmo e exaustivo carinho (...)». (DÉCIO DE ALMEIDA PRADO, A encenação de *Andorra*, *O Estado de S. Paulo*, 01/11/1964).
«Sei que muita gente vai achar o espetáculo pesado. Pesado quando isso significa, justamente, sinônimo de valor (...)» (MARTIM GONÇALVES, *Andorra*, *O Globo*, GB, 06/10/1966).
«Tudo isso não quer dizer que o trabalho do 'regente' José Celso nos pareça isento de falhas. A maior delas e talvez a única realmente digna de nota, reside no 'andamento' demasiadamente lento e mole que ele imprimiu à sua 'sinfonia', principalmente no primeiro de seus dois movimentos. É verdade que a própria peça, pelos seus excessos de prolixidade, leva um pouco a isso, mas o fato é que o diretor não soube contornar inteiramente essa deficiência do texto. Em conseqüência disso, a força de comunicação do espetáculo deixa bastante a desejar durante várias cenas da primeira parte (...)» (YAN MICHALSKI, *Andorra*, *Jornal do Brasil*, GB, 05/10/1966).
«Aqui há sobriedade e frieza, procurando-se atingir muito mais a cabeça que o coração.
(...) com suas exposições e repetições o texto pode parecer um tanto cansativo. Confessamos que essa foi a nossa primeira impressão ao vê-lo pela primeira vez, na noite da entrega do «Prêmio Molière». (...)
Se alguma restrição tivéssemos a fazer seria no capítulo da direção de atores, em que o encenador não obteve um resultado cem por cento, além de uma lentidão cansativa, por vezes, ou cenas alongadas, como as do 'idiota'» (HENRIQUE OSCAR, *Andorra* no Teatro Maison de France, *Diário de Notícias*, GB, 06/10/1966).

a detalhes das grandes ações coletivas e quando se destacava sempre a caracterização individual em detrimento dos movimentos coletivos, seria agora totalmente abandonada. Essa era uma visão de mundo que já não satisfazia o grupo e que, nas palavras de Gerd Bornheim,

(...) buscava compreender, e intensamente, a decadência da classe burguesa e que, se quisermos empregar a terminologia hegeliana, a ação não se objetiva no sentido da realidade épica, mas no sentido da realidade subjetiva ou lírica[6].

Na verdade o conjunto paulista sentia, naquele momento, a necessidade de textos onde

(...) o mundo da ação se identificasse mais com a ação do mundo (...). Coincidência que radica a tendência ao épico[7].

Em *Andorra*,

(...) a ilustração toma a forma de uma parábola onde os elementos podem ser intercambiáveis até o infinito (...). Esses dados fundamentais da peça parecem impor uma estrutura a Max Frisch: a parábola sugere a imagem, o quadro. Para Max Frisch, a cena é uma janela aberta sobre um quadro ao qual a moldura dá um relevo inusitado (...). É uma demonstração onde todos os elementos característicos de uma pequena sociedade intervêm (o mestre-escola, o soldado, o padre, o doutor...) e representam de qualquer maneira as instituições que formam a moldura da vida cotidiana[8].

A estrutura do texto épico, como foi proposta por Brecht, nos parece evidente: concepção da história como parábola; cada cena aparece, por si mesma, acumulando novas informações sobre a personagem e o mundo em que vive; o movimento que conduz a história é mais importante que o conflito. Por fim, a construção quase que geométrica da peça de Frisch

(...) conta uma história ao espectador, que lhe ensina algo sobre o mundo; do qual deve ter um olhar tranqüilo de um filho da era científica frente ao extraordinário e o familiar, que o compreenda e que o julgue[9].

A mudança de estilo dramatúrgico provocou, evidentemente, a necessidade de desenvolver algumas mudanças nos processos de construção da personagem, ao qual o elenco estivera, até então, acostumado. Era preciso que

---

6. GERD BORNHEIM, *O Sentido e a Máscara*, SP, Ed. Perspectiva, 1969, p. 25.
7. *Idem*.
8. «Andorra in *Les voies de la création théâtrale* (études réunes et presentés par Jean Jacquot), Paris, Edition du Centre National de la Recherche Scientifique, pp. 114-115.
9. JACQUES DESUCHÉ, *La técnica teatral de Bertold Brecht*, Barcelona, Ed. Oikos-Tau, 1966, p. 42.

o espetáculo se interiorizasse um pouco menos e buscasse uma força exterior, pouco pressentida nas outras montagens. A interpretação dos atores, dessa maneira, tornava-se mais objetiva, tendo como ponto inicial de composição a minuciosa e exata compreensão intelectual do seu sentido político e social. Exatamente da maneira como sugeriu Brecht:

> Assim pois, com atores que não tenham nenhuma formação intelectual ou política, a representação de uma obra como o *Sr. Puntilla e seu criado Matti*, é quase impossível. Com efeito, tais atores, por um lado, são absolutamente incapazes de captar todas as alusões do texto e de tomar, em relação à sua personagem aquela atitude de familiaridade e de distância que lhes permite julgá-la e ao mesmo tempo dar-lhe uma imagem cênica[10].

Veja-se como esse tipo de abordagem se refletiu na figuração do ator Renato Borghi, como testemunha este interessante relato:

> Renato Borghi, no papel de Andri, constitui um perfeito exemplo daquilo que dissemos sobre a equipe do Oficina. Por mais indiscutíveis e constantes que tenham sido seus progressos, Renato Borghi não é um ator privilegiadamente talentoso ou brilhante, e não possui, *a priori*, a força da presença nem a gama de recursos vocais que seriam teoricamente necessários para desempenhar um papel como este, que sustenta uma grande parte do enorme peso de *Andorra*. E, no entanto, a sua sensibilidade, a sua inteligência e a sua capacidade de construir o seu desempenho a partir de uma abordagem intelectualmente acertada, fazem com que ele dê conta do recado de uma maneira perfeitamente satisfatória. O clima de fatalidade que o ator consegue estabelecer em torno da personagem é particularmente convincente...[11]

Prova ainda maior dessa assimilação foi dada pelo juízo acerca de interpretação de Eugênio Kusnet, sem dúvida, o mais stanislavskiano dos atores que naquela época pisavam o palco brasileiro:

> Eugênio Kusnet pertence ao capítulo dos veteranos que não perderam o contato com a juventude. É o ator brasileiro que nos parece realizar melhor o ideal de distanciamento sugerido por Brecht: faz a personagem mas destacando-lhe todos os defeitos através da ironia extremamente sutil. Sem cair na caricatura fácil, jamais deixa de oferecer ao público a sua perspectiva crítica sobre o papel[12].

A cenografia de Flávio Império, evidentemente, acompanhava (e veremos que em alguns espetáculos até provocou) de maneira criativa as novas idéias de ence-

---

10. *Idem*, p. 66.
11. YAN MICHALSKI, *Andorra*, *Jornal do Brasil*, 05/10/1966.
12. DÉCIO DE ALMEIDA PRADO, A encenação de *Andorra*, *O Estado de S. Paulo*, 03/11/1964.

nação e interpretação do conjunto. A composição de ambientes naturalistas era abandonada, e definitivamente, em função do ideal de significação alusiva, simbólica e crítica. Em *Andorra,* por exemplo, usou o jogo de cores neutras (um pouco pela própria sugestão de Max Frisch) para tentar, dessa maneira, enriquecer o núcleo central da peça: a idéia da culpabilidade. A cenografia, agora, além de abrir um enorme e novo espaço para os atores, introduzia, ostensivamente, comentários críticos como reforço ao tema do espetáculo. A respeito da cor é significativo, aliás, o fato de que nas produções do Berliner Ensemble se usaram sempre tons discretos:

> O cinza foi a cor fundamental de *A Mãe, Galileu* e *Mãe Coragem*... Tudo tende sempre à expressão, à limpeza e à ausência de ênfase: à calma e à precisão (...)[13].

Sobre o mesmo assunto é interessante, também, o depoimento do próprio Brecht:

> Eu gosto de todas as cores, desde que sejam cinzas[14].

Se em *Andorra* a idéia do épico estava implícita em alguns momentos (já vimos que em outros é profundamente dramática e até melodramática) em *Os Inimigos* a concepção épico-política foi, de certa maneira, provocada pela direção. Aqui havia uma modificação fundamental (inclusão de painéis críticos na cenografia e textos históricos) na estrutura da peça, o que fez com que esta se aproximasse mais do modelo do teatro de Erwin Piscator do que de Brecht. O diretor da *Cena Operária* alemã criou o "laboratório dramatológico" justamente para ampliar o microcosmo dramático (cenas do texto) para um macrocosmo político econômico e histórico. Fazia-o, constantemente, através de textos e filmes que versavam sobre a realidade alemã. Em *Oba, Estamos Vivendo!* de Ernest Toller, por exemplo, montada em 1927, criou a idéia do calendário:

> Esse calendário era uma tela com dois metros e meio de largura e da mesma altura do palco (...). A sua origem se deve à impossibilidade de dominar o material histórico, amplo como eu pretendia... Os inúmeros fatos militares e políticos que exerciam uma função na peça precisavam de instrumento especial, com o qual eu pudesse, se possível ao mesmo tempo, acrescentar todos aqueles momentos à representação. O calendário era, de certo modo, um caderno de notas, sobre o qual documentávamos

---

13. JACQUES DESUCHÉ, *ob. cit.,* p. 24.
14. *Idem.*

os fatos do drama, fazíamos observações, nos voltávamos para o público, etc. (...)[15]

Naquele momento, na medida em que a montagem de *Os Inimigos* significou, enquanto linha temática, o peso total do lado da balança representado pela eficácia social e política, o outro lado, referente ao existencial, já quase não influía mais. Ou não seria o momento político, pelo qual passava o país, tão importante que afastaria a necessidade de expressão no outro plano?

Voltando a Jean-Paul Sartre de *As Moscas*... a analogia que fizemos com o elenco do Oficina, no primeiro capítulo, continuava e se completava de maneira clara: Orestes acabara de consumar o seu crime, sem nenhum sinal (pelo menos aparente) de arrependimento. O compromisso agora foi total. Não só as mãos se "sujaram", mas os braços, o corpo inteiro[16].

Estilisticamente, esse afastamento do realismo, da tentativa de se fazer o natural, de ilusão no sentido de disfarçar um signo artificial e passá-lo como natural, se não produziu grandes resultados artísticos, abriu perspectivas interessantes para o grupo, na medida em que deu início, ainda que de maneira tímida, à tentativa de criação de uma linguagem pessoal. Em *Os Inimigos*, já não se tratava apenas da boa realização do texto, mas sim de gerar uma imagem cênica do tema proposto. Na criação do signo convencional, do símbolo teatral, o diretor certamente se vê obrigado a desenvolver uma escritura cênica que, por vezes, amplia o significado do texto, outras o explica e, ainda outras vezes, o contraria. O fato é que quando todos os elementos teatrais (texto, cenários, interpretação, música, etc.) passam, em cada detalhe, a formar um conjunto integrado visando uma análise crítica, o todo espetacular adquire, quase que forçosamente, uma gama variada de significados, de intenções e proposições novas. Talvez tenha sido essa abertura, a maior aprendizagem estética dessa fase, para o grupo e principalmente para José Celso Martinez Correa que, a partir de então, já seguro da base instrumental e artesanal — *Pequenos Burgueses* foi prova forte do fato — tornar-se-ia mais incisivo, pessoal e inovador em relação ao seu ofício. Posteriormente, reportar-nos-emos de maneira mais clara à abertura

---

15. ERWIN PISCATOR, *O Teatro Político*, RJ, Ed. Civilização Brasileira, 1968, p. 200.
16. A censura voltou a agir e a montagem ficou proibida durante várias semanas, causando prejuízos à companhia.

proporcionada por essa fase que, apesar de ser "de transição", colocava o grupo como um dos principais, senão o principal em termos programáticos no processo teatral brasileiro[17].

Miriam Mehler e Renato Borghi, em Andorra de Max Frisch. A análise crítica junto com elementos melodramáticos num mesmo texto (Arq. IDART)

Beatriz Segall, em Os Inimigos de Máximo Gorki. A adoção de painéis críticos. O engajamento político do elenco (Arq. IDART)

17. O depoimento do crítico Yan Michalski exemplificou bem a posição do meio teatral em relação à importância artística do conjunto:
«O incêndio que na manhã de terça-feira destruiu a casa de espetáculos do Teatro Oficina em São Paulo, desferiu um tremendo golpe, não apenas contra uma determinada companhia teatral, mas contra tudo aquilo que o teatro brasileiro tem de melhor: as mais respeitáveis conquistas feitas nos últimos anos pela nossa arte dramática, no que diz respeito a uma visão lúcida do fenômeno teatral, à concorrência de pontos de vista, ao espírito de equipe e ao amadurecimento dos jovens talentos, se acha admiravelmente consubstanciado e simbolizado no conjunto que montou *Pequenos Burgueses*, *Andorra* e *Os Inimigos* (...) O Oficina não é, evidentemente, todo o bom teatro brasileiro, mas é o produto mais perfeito, claro e cristalizado deste teatro (...). Não é possível que se admita, nem por um momento, a idéia do desaparecimento do Oficina, ou mesmo da suspensão temporária das suas atividades.
Admitir esta idéia equivaleria a perder a fé no destino do teatro brasileiro» (Oficina precisa de ajuda, *Jornal do Brasil*, GB, 03/06/1966).

## 5. *O REI DA VELA* — O ENCONTRO COM A REALIDADE NACIONAL

*Respeitável público!*
*Não vos pedimos palmas, pedimos bombeiros!*
*Se quiserdes salvar as vossas tradições,*
*a vossa moral, ide chamar os bombeiros*
*ou, se preferirdes, a polícia!*
*Somos como vós mesmos,*
*um imenso cadáver gangrenado!*
*Salvai vossas podridões*
*e talvez vos salvareis da fogueira acesa do mundo!*

OSWALD DE ANDRADE

Desde sua profissionalização, o Teatro Oficina praticamente não montou nenhum texto brasileiro. A encenação de *José do Parto à Sepultura*, como já explicamos, constitui um hiato, um processo estranho, quase um descuido do grupo, muito mais adequado às proposições programáticas do Teatro de Arena. Desse modo, a cultura brasileira e o homem brasileiro sempre eram espelhados de um modo indireto, adaptado, como um reflexo de uma cultura e de um homem estrangeiro. Primeiro, a tentativa de encontrar a nossa realidade na visão da sociedade americana, depois por meio da cultura russa e, finalmente, por intermédio da visão do mundo de Max Frisch, um dramaturgo de língua alemã. O mesmo que dissemos a respeito da perspectiva cultural, podemos dizer a respeito das técnicas teatrais. Em outras palavras, por mais bem-feitas e felizes que possam ter sido as adaptações à nossa realidade, tratava-se, de uma maneira ou de outra, de procurar realizar com perfeição o "realismo" do Teatro de Arte de Moscou ou refletir o estilo épico das montagens do Berliner Ensemble. Em resumo: um engajamento na realidade nacional mediante a cultura e técnica europeizantes. Pergunta-se: não foi essa a crítica mais veemente que sempre foi feita ao Teatro Brasileiro de Comédia? Uma pergunta ainda mais específica: a montagem pelo Oficina de *Um Bonde Chamado Desejo*, de Tennessee Williams (com todo o seu esquema de grandes atores convidados, produção muito cara e bem cuidada, alto espírito profissional, um texto *up-to-date*), estaria muito longe da estética e espírito do Teatro Brasileiro de Comédia?

Também ao nível ideológico, se considerarmos as proposições desde o início, em 1958, até a montagem de *Os Inimigos,* notava-se senão uma contradição, pelo menos uma certa confusão num conjunto que parte de uma total alienação para a descoberta da função social do teatro, volta a ficar perplexo com a condição humana e, finalmente, se engaja numa proposição de "teatro político".

Tudo isso, aliado a uma casa de espetáculos reduzida a cinzas e a uma retrospectiva enfadonha, fez com que, em fins de 1966, no Rio de Janeiro, nascesse no grupo um clima de insatisfação. Insatisfação em relação ao passado, porque seus componentes começavam a duvidar do caminho seguido até então, em face do presente, pelo que já expusemos acima, e insatisfação quanto ao futuro por falta de perspectivas ... O que fazer?

Durante os cursos que o Oficina promovia, dentre os quais "Filosofia e Pensamento Cultural", a cargo de Leandro Konder, e "Interpretação Social", dirigido por Luís Carlos Maciel, sentiu-se a necessidade premente de se estudar a "cultura brasileira", de se encontrar o homem brasileiro e o seu meio geográfico social e político. Não se tratava, entretanto, apenas de encontrar o homem brasileiro, no sentido cultural, mas também de encontrar uma nova forma, uma maneira nativa para se comunicar a realidade do País. Além desse estudo, promoveu-se, dentro do grupo, uma verdadeira "revolução cultural" por meio de uma técnica quase que de psicodrama, o que, a meu ver, foi muito importante, se quisermos entender o próximo passo do elenco. Nessa "revolução" foram postos em causa não só as atitudes teatrais do grupo até então, mas a própria ideologia, o próprio comportamento pessoal dos integrantes da equipe. Esse radicalismo advindo da insatisfação e esse grito de desabafo, quase irracional foram os principais responsáveis para que se descobrisse em *O Rei da Vela*, de Oswald de Andrade, o material básico para a revolução ideológica e formal que o grupo vinha procurando.

Resumidamente, *O Rei da Vela*, por meio de uma linguagem agressiva e irreverente, expõe, como autogozação do subdesenvolvimento, a dependência econômica em que vivem as sociedades latino-americanas. É por meio do deboche que se concretiza a sátira violenta ao conchavo político ou à cínica aliança das classes sociais[1].

Formalmente, o texto de Oswald de Andrade abria várias possibilidades de virtuosismos teatrais que vinham ao encontro de algumas das mais modernas teorias antiilusionistas de encenação. Foi, portanto, compreensível, no processo de radicalização do Teatro Oficina de São Paulo, o encontro com Oswald de Andrade, o mais anticultural, o mais marginal de todos os jovens que promoveram a "Semana de Arte Moderna", em 1922. Tanto é que, apesar de ter sido um dos mais autênticos de todo o movimento, jamais foi aceito pela cultura oficial:

Nos colégios, as novas gerações aprendem que os modernistas foram apenas um grupo de inovadores formais, uma companhia de sapadores com a missão única de limpar terreno para a nossa literatura moderna ... (...) o sangue que animava a subversão modernista foi congelado, traído e atirado criminosamente à lata de lixo da história.
No longo combate do século, os valores estabelecidos voltaram a vencer o segundo assalto[2].

1. São palavras de Abelardo I, representante da burguesia local:
Eu sei que sou um simples feitor do capital estrangeiro. Um lacaio se quiserem. Mas não me queixo.
É por isso que possuo uma lancha, uma ilha (...) (OSWALD DE ANDRADE, *O Rei da Vela*, Civilização Brasileira, RJ, 1973, p. 84).
2. LUÍS CARLOS MACIEL, A Volta de Oswald de Andrade, *Jornal do Brasil*, RJ, 14/10/1967.

Segundo Luís Carlos Maciel, a formação ideológica, *sui generis,* de Oswald de Andrade levou-o a uma visão essencialmente nova e original a respeito da realidade brasileira. No início, por meio de uma influência futurista, atacava apenas os valores de um mundo rural em decadência. Conheceu depois o marxismo, mas jamais escreveu do ponto de vista do proletariado, pois era de outra classe, um empresário. O marxismo lhe serviu apenas para obter elementos que permitiram, com sátira feroz, criticar os valores da sua própria classe. A solução original talvez lhe fosse inspirada pelo modernismo e por sua impregnação de brasilidade. Oswald entendia que o impasse ideológico, no Brasil, poderia ser resolvido pelo exemplo radical do próprio índio brasileiro que devorou os representantes da cultura ocidental.

Conseqüentemente ele converteu essa antropofagia em base teórica de uma postura em face do real — pois tratava-se, antes de mais nada, de dar um conteúdo válido às suas necessidades de revolucionário apartado do proletariado, de rebelde inconformista que desejava apartar-se da burguesia e, ao mesmo tempo, fiel à grande bandeira encontrada pelos modernistas a ser oposta à tradição (...). A inquietação subjacente a toda obra de Oswald de Andrade nasce do conflito profundo entre a sua formação caracteriológica — e portanto, suas emoções subjetivas e o aprendizado de algumas verdades objetivas (...). A ruptura (em relação à ordem social) para um proletário pode ser a revolução social marxista, em termos ortodoxos. Para ele, porém, fraturado por um tipo diferente de formação ideológica em virtude de sua situação de classe, essa ruptura radical deve ser outra. Sua situação existencial como escritor comprometido no modernismo definiu-lhe o caminho. Sua ruptura radical é a "antropofagia"[3].

O conjunto foi visivelmente influenciado por essa análise visto que a escolha do texto ocorreu durante o curso ministrado pelo crítico referido e, ainda mais, a situação do Teatro Oficina, se não era a mesma naquele ano de 1967, era muito semelhante, pois a contradição, no roteiro do grupo, entre a crítica objetiva social e o subjetivismo exacerbado de seus componentes já foi salientada neste trabalho. Oswald, dessa maneira, veio ao encontro dessa necessidade, quase que irracional e meio confusa, de romper com os valores asfixiantes de uma ordem social, política e moral. No texto e no espetáculo de *O Rei da Vela,* a mira do canhão destruidor estava dirigida principalmente contra a família, segundo Oswald de Andrade e José Celso, a base de todos os mitos nacionais, que seriam os vermes destruidores de mentes, ou seja:

3. *Idem.*

"a obediência religiosa à autoridade, uma moral sexual que violenta" o instinto e uma tradição que, apesar de irracional, é apresentada como merecedora de respeito absoluto[4].

Outro fator importante para a concretização desse encontro foi o cinema de Glauber Rocha, principalmente *Terra em Transe*. Depois de assistir a este filme, que retratava, por meio da ópera tragicômica, a desilusão das esquerdas e a falência do populismo, José Celso começou a achar que o teatro brasileiro perdia a liderança para um cinema inquietante, arrojado, inovador, confuso como a própria realidade circundante. O teatro brasileiro continuava em uma timidez estética incompreensível.

A montagem do texto de Oswald de Andrade deveria ser uma devoração estética e ideológica de todos os obstáculos encontrados. Nesse sentido, deveria ser um espetáculo iconoclasta, antidogmático, criativo e absolutamente livre. Entusiasmado pelo texto, José Celso iria promover uma espécie de massacre teatral, uma deglutição de formas fixas.

Ao se afastar do teatro — instituição burguesa —, ilusionista, o espetáculo iria configurar no palco uma teatralidade total, uma superteatralidade, por meio da síntese de todas as artes "maiores" e "menores": circo, *show*, teatro de revista, ópera, etc. Desse modo, José Celso instaurou em cena um delicioso jogo do teatro sobre o próprio teatro, no sentido mesmo de "gozação" que desmascararia essa arte.

Ele parodiava quase todos os estilos, transformando o espetáculo numa forma provocativa[5].

No primeiro ato, era por meio do estilo circense que o espetáculo mostrava a forma do capitalismo caseiro, o escritório de usura de Abelardo I. O estilo circense já era sugerido, por Oswald, que colocava o capitalismo caboclo de domador e os seus clientes dentro de uma jaula. José Celso, entretanto, partiu desses indícios para um estilo assumido *in totum*. Esse estilo iria operar, em termos de metáfora, a palhaçada do sistema econômico capitalista nacional, em suas relações com a Igreja, o intelectual, etc.

---

4. *Idem*.
5. Quem aliás entendeu e explicitou o fato, de modo muito claro, foi o crítico francês Bernard Dort:
...A força de provocação do espetáculo advém da forma (...) Aí é que está a nossa perturbação. Um jogo protesco de teatro sobre o teatro se instala no próprio coração da sátira ou da chama social. (Citado por GERMANA DE LAMARE, *O Rei da Vela* por um reinado de vanguarda, *O Globo*, RJ, 01/12/67).

Dentro dessa unidade estilística do primeiro ato, entretanto, coexistiam vários estilos. Os esquetes vaudevilescos, como a cena das secretárias, por exemplo. Brecht, principalmente, era uma constante muito forte durante todo esse primeiro ato. A cena onde, depois de enforcar o cliente mau pagador, Abelardo dirigia-se à platéia e dizia que aquela cena bastava para identificá-lo é um verdadeiro "distanciamento" da personagem, dentro do mais puro didatismo brechtiano. A idéia de circo deve ter sido influenciada pela montagem de *Arturo Ui*, do Berliner, onde a cena no escritório do *trust* Arturo Ui era emoldurada por uma tenda circense[6].

A presença dessa influência fica ainda menos duvidosa com o depoimento de Fernando Peixoto, que afirmou ter o grupo simplesmente transposto várias marcações da montagem alemã. Essa transposição era aparentemente paradoxal num grupo que queria afastar toda e qualquer influência. Acontece que ela funcionava devidamente deglutida, consumida, isto é, não se tratava de assimilar simplesmente e mostrar o teatro feito pelo Berliner, mas jogar, brincar com esse estilo de teatro nos momentos oportunos, do mesmo modo que não se tratava de mostrar como se fazia circo.

Para o segundo ato, que Oswald de Andrad chamava de "Frente Única Sexual", onde mostrava a burguesia se divertindo, naturalmente no Rio de Janeiro, José Celso optou pelo estilo do teatro de revista, mas pelo teatro de revista brasileiro, e em especial o da Praça Tiradentes, extremamente grosso, pornográfico, de mau gosto, cheio de chanchada verde-amarela. A forma exata para mostrar o conchavo político por meio da fricção sexual. O "verde-amarelismo" e o "ufanismo" eram nesse ato glosados veementemente. No palco, um país verde-amarelo tropical, cheio de burgueses pederastas e burguesas lésbicas, fazia de todas as relações econômico-políticas relações sexuais. No alto uma inscrição, um trecho de um poema de Olavo Bilac: "Criança, nunca, jamais verás um país como este!"

O terceiro ato mostra como morre o burguês, apresenta a

(...) "tragicomédia da morte", da agonia perene da busguesia brasileira, das tragédias de todas as repúblicas latino-americanas, com seus reis tragicômicos, vítimas do pequeno mecanismo da

---

6. «Quatre mises en scène d'*Arturo Ui* par PHILIPPE IVERNEL, in *Les voies de la création théâtrale*, Paris, Editions du CNRS, 1970, p. 69.

A tradição rural, o capitalismo caseiro e o capital estrangeiro em pleno conchavo, no segundo ato de O Rei da Vela, talvez a mais importante e significativa montagem do Grupo Oficina (1967) (Arq. Teatro Oficina)

engrenagem: um cai o outro o substitui (...). A ópera passa a ser a forma de melhor comunicar esse mundo. E a música do Verdi brasileiro, Carlos Gomes, *O Escravo*, e o nosso pobre teatro de ópera, com a cortina econômica, de franjas douradas e pintadas, passa a ser a moldura desse ato[7].

Nesse ato, a influência de Glauber Rocha, tão proclamada pelo próprio José Celso, se evidenciava. Geralmente este cineasta quando quer mostrar uma realidade barroca e prolixa, usa muito o estilo operístico e carnavalesco. Veja-se a seqüência final de *Terra em Transe*, onde o intelectual parte num carro conversível, empunhando uma bandeira ao som de ópera. Aliás, diga-se de passagem, que o terceiro ato foi o menos aceito pela crítica em geral. Segundo ela, o estilo operístico tiraria o ritmo telegráfico do diálogo de Oswald de Andrade. Décio de Almeida Prado diz não entender o porquê da ópera, talvez por equilíbrio. O crítico afirma que a ópera não seria estilo de Oswald de Andrade, mas de Glauber Rocha, o anti-Oswald de Andrade, por excelência[8].

Se, em termos de estilo, José Celso operava uma dissolução dentro da unidade, uma certa obsessão sexual era constante durante todo o espetáculo, funcionando mesmo como um dos elementos que promoviam a unidade dos três atos. É certo que essa presença marcante do símbolo sexual já era posta por Oswald de Andrade, mas foi ampliada e levada às últimas conseqüências pelo diretor do Teatro Oficina:

Nunca imaginaríamos que a carga de sexualidade de *O Rei da Vela* necessitasse explicitações, reforços. No entanto, é o que acaba de acontecer (...). O sexo é usado mais do ponto de vista do símbolo fálico masculino, que acompanha o homem brasileiro desde o ginásio até a senilidade, nunca figurando, entretanto, no seu mundo oficial[9].

O símbolo sexual no espetáculo, entretanto, não funcionava apenas como tal. Ele tinha uma gama de significações muito ricas sugeridas pelo próprio termo vela, do título, que conotava falo, morte, poder, poder efêmero, etc.

No primeiro ato, a alusão ao sexo era uma clara alusão ao poder, ao domínio, misturada com uma forte

---

7. SÁBATO MAGALDI, *Oswald de Andrade*. (Tese de Doutoramento — cópia mimeografada), SP, Biblioteca da ECA-USP, pp. 105-109, s/d.
8. DÉCIO DE ALMEIDA PRADO, A encenação de *O Rei da Vela*, *O Estado de S. Paulo*, 20/10/67.
9. *Idem*.

dose de machismo bem brasileiro. Abelardo I, durante todo esse ato, assumia uma postura corporal muito ereta, empertigada, enquanto que os seus dominados, os clientes, tendiam para a horizontal. Depois de cada cliente dominado, Renato Borghi, num gesto estilizado, movia a pélvis para frente, numa clara alusão à penetração sexual. Não raro também, num gesto não menos estilizado, levava uma das mãos para o alto, na posição vertical, e a outra, à altura do órgão sexual, como se o coçasse, lembrando um gesto brasileiro, bem cafajeste, que significa ostentação.

Se, no primeiro ato, os gestos eram estilizados, expressionistas, no segundo, eram diretos e sem nenhuma sutileza de estilo. Ali eram usados para mostrar o conchavo político, os casamentos da política. As relações entre as personagens, então, transformavam-se todas em relações sexuais de todos os tipos e modos imagináveis. A maioria das cenas poderia ser dividida ao meio por uma linha horizontal que cortava os atores à altura da barriga. Visualmente acontecia, mais ou menos, o seguinte: na parte de cima da linha, as personagens conversavam, na parte de baixo movimentavam o corpo e as relações de fricção aconteciam. Adiante, na descrição de composição da personagem feita por Etty Fraser, isto ficará mais claro.

No terceiro ato, o sexo tinha uma função dramática de contraponto ao primeiro. Aquele que penetrava, ostentava sexualmente, Abelardo I, na medida em que perdia o poder, perdia também a potência efêmera como a vela. Abelardo I passava da posição vertical para a horizontal e ficava mesmo, na posição clássica, de quatro. Abelardo II, o seu sucessor, postava-se ereto e com a vela na mão, a mesma que iria enfiar no ânus de Abelardo I. Este morria. Surgia o novo rei. O macho que exibia o poder. O não-macho era penetrado, sexualmente, pelo poder.

Em relação à composição das personagens, a pesquisas iniciadas no curso com Luís Carlos Maciel foram agora aprofundadas. A regra básica para os atores era a de que os gestos deveriam definir a real função da personagem dentro da comunidade brasileira, isto é, o gesto deveria expor a personagem. Nesse sentido, a pesquisa seria feita para mostrar a classe, ou o mito popular que se queria criticar ou devorar. Baseados nessa espécie de exposição social, os atores eram livres para buscar na realidade brasileira, nas suas próprias experiências e contatos, os tipos que deveriam influir nas composições finais de suas personagens.

Etty Fraser, por exemplo, compôs sua personagem, Dona Cesarina, baseada em observações de duas senhoras paulistanas, uma delas, aliás, esposa de um político muito conhecido. Dessas senhoras, Etty assimilou um certo modo aristocrata de falar e gesticular. Da cintura para cima, mostrava a dama de sociedade; da cintura para baixo, criticava a personagem. Influenciada, até certo ponto, pelo figurino que a colocava com as pernas de fora, mostrava, na parte de baixo, uma vedete das mais lascivas do nosso teatro de revista. O cômico e o grotesco de sua composição vinham, justamente, do fato dela ser uma finíssima dama de sociedade, com um fogo sexual incontrolável.

Para compor Abelardo II, personagem que luta pelo poder durante todo o desenrolar da peça, Fernando Peixoto, como gaúcho que é, se inspirou, principalmente, em dois líderes populistas da sua região: Getúlio Vargas e João Goulart, exemplos bastante conhecidos de qualquer brasileiro. Não ficou, entretanto, só aí a fonte de sua inspiração. Foi buscá-la no guerrilheiro, em Luís Carlos Prestes, num toureiro que viu uma vez, numa montagem do Berliner Ensemble, etc. A figura de Getúlio foi incorporada mais nos trajes: o lenço vermelho no pescoço, a bota gaúcha, a calça bombacha, tudo isso misturado com um paletó cinza paulista. Do Berliner incorporou a maquilagem, que dividia o seu rosto no meio, uma face semelhante a Abelardo I e a outra estilizada. Numa clara alusão àquele que balança no poder, ou àquele que anseia pelo poder, incorporou a perna manca de João Goulart, substituindo assim a carência psicológica por uma carência física. Na cena em que dá o golpe fatal em Abelardo I, transforma-se em toureiro espanhol[10].

No fim, quando assume o poder, passa a imitar a composição de Renato Borghi. Renato, por sua vez, no seu desempenho incorporou muitas características do político paulista Ademar de Barros, mas como era uma personagem dentro do circo, ele foi buscar inspiração no

---

10. FERNANDO PEIXOTO, *O Rei da Vela*. Depoimento dado aos alunos do curso: «O contexto exterior da obra de arte teatral», de responsabilidade do Prof. Dr. Fredric M. Litto, em outubro de 1974.

velho palhaço mais conhecido do grande público, Abelardo Barbosa, o "Chacrinha". É sabido o fato de que Renato "passou semanas assistindo a programas de TV, revistas, chanchadas brasileiras, para compor a sua personagem"[11].

Na medida em que se instalou no Oficina um processo de livre incorporação de qualquer experiência, de conhecimento de personalidades, etc., o trabalho se tornou rico, comunicativo (o público conhecia as mesmas pessoas) e, ao mesmo tempo, fácil para o comediante que observava com perspicácia a realidade social de seu país:[12]

> Acho que, dentro de quase toda a história do Oficina, tive uma atitude colonizada, inteiramente submissa à opinião crítica, sabe? Me sentindo inseguro quando não era aceito. Não conseguindo falar (...). No *Rei da Vela* resolvi encerrar essa transa de colonizado. Então eu fiz um troço que ninguém esperava de mim. No *Rei da Vela*, eu estava falando do Brasil que eu conheço — "Te conheço, te identifico, homem recalcado". Eu te conheço mesmo, eu te vi, porque transei com eles e até hoje transo. Esses caras que entram na posse da fortuna, essa coisa que o Oswald diz: — "Amanhã Febrônio, quando entrares na posse da fortuna, defenderás também a sagrada instituição da família". (...) Sabe esse arquétipo? Eu nasci com ele, desenvolvidíssimo. Eu podia encarar, ao mesmo tempo, getulismo, lacerdismo, janguismo (...). Eu precisava encontrar isso, porque era estilo. Realmente eu não tenho nada que ver com esse padrão de outro teatro. (...) Eu tenho mais a ver com Dulcina, Jaime Costa, Procópio do que com Paulo Autran e Leonardo Vilar[13].

O resultado objetivo de todo esse tipo de trabalho foi uma soltura geral em favor de uma criatividade. Desvencilhando-se, ou procurando se desvencilhar, das influências, dos padrões, os atores e dirigentes perderam o medo,

---

11. RENATO BORGHI, Entrevista a *Bondinho, Jornalivro* n.º 4, s/d.
12. Veja o que disse a respeito dos intérpretes a crítica de Luiz Barreto Leite:
Na verdade nunca vi Liana Duval tão bem, só não roubando as cenas em que entrou, porque de tal equipe é impossível roubar o que quer que seja. Renato Borghi está absoluto. Diverte-se, divertindo a platéia, com o rasgar das próprias entranhas, com o expor das próprias vísceras, com o prazer sádico que só Oswald em pessoa teria empregado. Fernando Peixoto, não menos bom, em Abelardo II, que marca perfeitamente com o carimbo do carreirista premeditado. Dina Sfat tem sua grande oportunidade em Heloísa de Lesbos. Excelente atriz, sempre trabalhando em conjunto, agora, apesar da harmonia do todo, tem oportunidade de destacar-se como personalidade independente. É esta uma das características mais completas da burguesia aristocrática dos personagens de Oswald. Embora pertencendo a um mesmo clã, são independentes entre si. Personalismo condicionado pelo interesse da classe. Símbolo de decadência. Etty Fraser, em Dona Cesarina, e Dirce Migliacio, em Dona Poloca, saltam perfeitas da imaginação do poeta egresso da herança bandeirante, em duas caracterizações mais do que admiráveis. Totó Fruta do Conde é trazido por Edgard Gurgel Aranha ao nosso baile no Municipal, com vastas possibilidades de ser incluído no próximo desfile das escolas de samba. Perfeito. Quantos espectadores se identificaram? E quantos com o intelectual Pinote? Parabéns, Edgard. A equipe toda se porta como manda o figurino e o figurino do Oficina não pode ser melhor. (Oswald, o Oficina e o Tempo, *Jornal do Comércio*, RJ, 14/01/68).
13. RENATO BORGHI, Entrevista, *ob. cit.*

o respeito pelas teorias e, talvez, inconscientemente, as assimilaram de um modo novo e com tanta segurança que se sentia, durante todo o espetáculo, uma brincadeira através de estilos de interpretação. Faziam o clichê, o estereótipo, sem o menor pudor artístico, o que lhes valeu, aliás, uma crítica muito severa de Alberto D'Aversa[14]. Outros críticos, entretanto, como Yan Michalski, dizem ter sido criado

> um novo estilo de interpretação brasileiro, fundado nas teorias modernas de antiilusionismo e misturado com nossas características nacionais de malícia quase que avacalhada. Essa fusão foi alcançada graças ao amplo aproveitamento, naturalmente e devidamente estilizado e criticado, de nossa tradição cultural: a chanchada[15].

Essa pesquisa sobre o gesto de caracterização social fez com que o diretor José Celso Martinez Correa pudesse acentuar, de um modo expressivo e até as últimas conseqüências, cada intenção do dramaturgo Oswald de Andrade, chegando mesmo a requintes de decupagem gestuais. Veja-se, como exemplo, uma das cenas entre Abelardo I e Abelardo II.

Abelardo II, como já foi dito, durante todo o espetáculo mancava de uma perna, gesto conotativo de carência de poder. No momento em que este tomava da cabeça de Abelardo I a coroa, olhava vagarosamente para a perna; a perna manca ia, aos poucos, ficando boa. Ele a experimentava e ela já estava normal. Andava agora sem mancar, ele tinha o poder, a coroa sobre a cabeça[16].

Esses gestos todos, com alto teor conotativo, iriam colaborar com uma das características mais marcantes do espetáculo, o espírito analítico. Cada gesto, cada entonação, cada traço de maquilagem, cada figurino, o cenário, a colocação das personagens no palco, a música, criavam uma linguagem cênica carregada de significados. Essa superposição articulada de signos, que bombardeava a platéia por meio de mensagens inusitadamente enfatizadas, dava ao espetáculo, por vezes, momentos quase que barrocos, muito felizes, por sinal, se imaginarmos a realidade prolixa do Brasil que se queria mostrar. Enfim, o que era desconcertante é que essa caótica salada feita de experiências das mais diversas, incorporadas nas perso-

---

14. ALBERTO D'AVERSA, *O Rei da Vela*. Do texto ao espetáculo, *Diário de São Paulo*, 30/09/67.
15. YAN MICHALSKI, Considerações em torno do *Rei*, *Jornal do Brasil*, RJ, 12/10/68.
16. FERNANDO PEIXOTO, «Depoimento dado aos alunos...», *ob. cit.*

nagens, de figurinos desenhados pelos próprios atores como sugestão de circo, de ópera de revista, do Berliner Ensemble, de touradas, de gaúchos, paulistas, mineiros, dessa música que ia desde Bidu Saião até Gounot, resultava, na maioria das vezes, numa rígida, fixa e perfeita sincronização, como se um maestro chamado José Celso estivesse, o tempo todo, presente na frente do espetáculo.

O espetáculo, que visava a uma reformulação estético-ideológica no grupo, conseguia plenamente o seu intento. Com *O Rei da Vela,* o conjunto Oficina dava uma guinada de muitos graus.

Com essa forma nova de expressão, o programa de análise crítica da realidade social, proposto sempre pelo grupo, radicalizava-se e tornava-se menos comportado. Lançando mão de uma metáfora, pode-se dizer que a crítica, naquele momento, era menos a de um adulto que procurava contestar apenas racionalmente e mais a de um garoto que quebrava as vidraças, que incomodava os mais velhos, que se intrometia em tudo, remexia, puxava para fora, gritava, esperneava, etc.

Essa nova forma de expressão era extremamente agressiva; agressividade explicável em virtude do público freqüentador de teatro estar cada vez mais apático, cada vez mais passivo. A platéia universitária, por exemplo, que compunha a grande maioria dos espectadores, ia ao teatro já sabendo o que ia ouvir. Para José Celso e seus atores, entretanto, não se tratava apenas de se dirigir ao intelecto humano, mas ao seu estômago, fígado, boca, etc. Tratava-se, naquele momento, de

provocar o espectador, provocar a sua inteligência recalcada, seu sentido de beleza atrofiado, seu sentido de ação protegido por mil esquemas teóricos abstratos e que somente levavam à ineficácia (...). A única possibilidade é o teatro da crueldade brasileira — do absurdo brasileiro — teatro anárquico, cruel, grosso como a grossura da apatia em que vivemos (...). A eficácia deve ser medida pelo nível de agressividade[17].

É um crítico do nível de Anatol Rosenfeld que, em seu artigo "O Teatro Agressivo", dizia ser José Celso Martinez Correa o virulento expoente brasileiro desse tipo de teatro e observava a respeito de *O Rei da Vela:*

O espetáculo agride intelectualmente, formalmente, sexualmente o espectador, isto é, chama às vezes o espectador de

---

17. «A guinada de José Celso» (Entrevista a Tite Lemos), RJ, *Revista da Civilização Brasileira* — Teatro e Realidade Brasileira, 1968.

burro, recalcado, reacionário. José Celso pretende esbofetear o público, fazê-lo engolir sapos e até jibóias[18].

Não se pode negar, é evidente, que grande parte do impacto causado pela montagem em 1967 advinha dessa forte agressividade do espetáculo. Agressividade indireta, que se mantinha dentro dos limites do palco, que se manifestava moralmente pela sua obscenidade, que se manifestava também dirigida a determinados grupos, porque colocava no palco certos tipos existentes na sociedade paulista. O fato, entretanto, de ser uma agressividade indireta não significava que ela fosse menos contundente, menos forte. Fernando Peixoto contava que os discursos freqüentes durante o espetáculo, por parte de espectadores ofendidos, que chegavam mesmo a esforçar ameaças de invadir o palco, fizeram com que o grupo se prevenisse por meio de um sistema de segurança que consistia mais ou menos no seguinte:

se o palco, por ventura, fosse mesmo invadido, um sistema de pesos cairia de cima e atingiria os invasores. Dois homens, durante todo o espetáculo, ficavam armados na coxia, observando as reações do público. O próprio Fernando Peixoto interpretou, várias vezes (afirma ele), com revólveres na cintura, carregados com balas autênticas[19].

Se não se pode negar o impacto agressivo do espetáculo, também não se pode reduzi-lo a simples agressão. Depois de tudo o que foi dito, percebe-se, facilmente, que o Oficina estável possuía um programa de trabalho coordenado por uma pesquisa formal e um programa de ação ideológica. Na medida, entretanto, em que *O Rei da Vela* atacava a camada que o sustentava, o grupo caminhava, quase que inexoravelmente, para a destruição do teatro de bilheteria, para onde se encontravam alguns grupos internacionais que promoviam espetáculos gratuitos ou na base da colaboração voluntária. Em verdade, esse paralelismo internacional não é difícil de ser entendido, se levarmos em conta as declarações de José Celso Martinez Correa. Dizia ele:

O espetáculo que está ali é um texto de direção. Um texto de espetáculo, que tem que ser lido pelo público (...). O espetáculo fala por uma série de signos e mensagens que envia à platéia. O texto que o diretor escreve com os movimentos de cena serve não somente para contar a história, mas para transmitir uma série de significados que terão que ser lidos[20].

18. ANATOL ROSENFELD, «O Teatro da Agressão», *in Texto e Contexto*, SP, Ed. Perspectiva, 1973.
19. FERNANDO PEIXOTO, «Depoimento dado aos alunos...» *ob. cit.*
20. «A guinada de José Celso», *ob. cit.*

Essa tentativa de aprofundar a parte específica da linguagem espetacular foi a mesma preocupação do Living Theatre, que na sua experiência européia parte para "(...) uma pesquisa orientada em direção à criação de uma linguagem cênica não verbal".

Foi semelhante, embora num outro sentido, a preocupação de Grotowski em cujo Instituto de Investigação do Ator "(...) o trabalho diário do ator era no sentido da composição de seu papel, na construção da forma na expressão de signos, quer dizer, no artifício. Uma articulação cênica mediante signos". Fernando Peixoto, em declaração recente, comentava que, dentre as principais pesquisas do grupo, na época, estava a tentativa de criar um espetáculo visual, de imagens, com preocupações cinematográficas, inclusive. O palco giratório mudava o ângulo de visão da cena, como uma verdadeira câmara se movimentando. Roger Planchon, em sua pesquisa neste período, partia da idéia de que o espectador era formado pelo cinema e tentava fazer um espetáculo que organizasse a percepção com base no cinema[21]. Uma pequena parcela da crítica brasileira entendeu o problema. Sábato Magaldi dizia ser o O Rei da Vela "(...) uma meditação sobre o teatro moderno"[22]. O próprio José Celso afirmou com muita consciência e segurança:

> É fundamentalmente importante que a peça continue em cartaz, porque é a obra que anuncia, de certa forma, o teatro que se faz hoje em todo o mundo. Se alguma injustiça for cometida contra ela, será um atentado contra o teatro mundial[23].

Além dessa crítica irreverente a uma realidade específica brasileira comunicada a qualquer indivíduo desse País, O Rei da Vela possuía um outro tipo de agressão; uma agressão que extrapolava o particular e atingia o universal; uma agressão ao nível estético, que desconcertava. Nesse sentido é elucidativo o comentário de Ruggero Jaccobi sobre a reação de parte da crítica européia da época:

> Assim tivemos de ler certas críticas inconscientemente racistas, pelas quais esses moços seriam, pré-Brecht, pré-Beckett, velhos futuristas, velhos expressionistas, ao passo que eles vêm exatamente depois de Brecht da dramaturgia de ontem, depois de

---

21. ROGER PLANCHON, *Teatro e Vanguarda*, Lisboa, Ed. Presença, 1973.
22. SÁBATO MAGALDI, *Oswald de Andrade* (Tese de Doutoramento), ob. cit.
23. «A guinada de José Celso», ob. cit.

Beckett da vanguarda luso-parisiense, depois do futurismo que foi paulista nos anos vinte e do expressionismo que foi carioca nos anos quarenta (...). O *Rei da Vela* não nos pede as distinções sutis da hipercrítica; ele invoca e provoca os tempos da ação. Por isso ele fica deslocado numa Europa toda segura de si e do próprio tédio[24].

Finalizando, num período de grande criatividade teatral em todo o mundo. Numa época onde os principais grupos começavam a receber novos nomes para novos teatros; onde a pesquisa de Grotowski recebeu o nome de "Teatro Pobre", onde o teatro do Living Theatre recebe o nome de "Teatro Revolução", onde o teatro de San Francisco Mime Troupe recebe o nome de "Teatro Guerrilha", onde Peter Brook chama o seu trabalho de "Teatro Imediato"; o Teatro do Oficina, na Europa, mediante a lúcida crítica de Bernard Dort, também recebe o nome de um teatro com características novas:

É uma espécie de escalada à gozação teatral, através de um jogo de espelhos cada vez mais deformante de uma realidade brasileira (...). É um teatro de apelo raivoso e desesperado em direção a um novo teatro, que faz tábula rasa de todo o teatro ocidental ... um teatro de *insurreição*[25].

---

24. SÁBATO MAGALDI, *Oswald de Andrade* (Tese de Doutoramento), *ob. cit.*
25. BERNARD DORT, citado por GERMANA DE LAMARE, *O Rei da Vela por um reinado de Vanguarda*, *ob. cit.*

## 6. *RODA VIVA* — A RADICALIZAÇÃO DE UM PROCESSO

*Todo mundo tem medo da arte que se fará necessariamente agora no país.*

JOSÉ CELSO

*Tem dias que a gente se sente
como quem partiu ou morreu.
A gente estancou de repente
ou foi o mundo então que cresceu.
A gente quer ter voz ativa
no nosso destino mandar.
Mas eis que chega a roda-viva
e carrega o destino prá lá.*

CHICO BUARQUE

Até o início da década de sessenta, os grandes pilares do teatro ocidental eram Stanislavski e Brecht. O Teatro Oficina, em meados da mesma década, já experimentara, em suas realizações, os dois estilos. Como já frisamos, *O Rei da Vela* inovou principalmente porque glosou comportamentos cênicos, até então assimilados pelo conjunto paulista. No mais, foram acrescentadas algumas tradições antiliterárias presentes na cultura nacional (circo, revista, literatura onírica, carnaval, a chanchada cinematográfica etc.). Tendo o deboche, a anarquia e uma certa irracionalidade como temas centrais de suas propostas, o Oficina se afastava, agora totalmente, do estilo e ideologia do Teatro de Arena. Por sua vez, Augusto Boal cristalizava uma concepção original de encenação, o "Sistema Coringa", que justamente meditava sobre os dois mestres internacionais citados. A reflexão de Boal, todavia, era profundamente racional e política. Talvez a empatia com o anarquismo de Oswald de Andrade tenha sido a motivação maior que levaria José Celso a descobrir um novo filão para a cena brasileira. O processo de *Roda Viva* precisa ser entendido a partir desse raciocínio, ou seja, de uma proposição iniciada em *O Rei da Vela*, que agora se radicaliza. E ainda mais, como um processo irado de explosão no plano formal e ideológico, quase que exclusivo, de um artista chamado José Celso Martinez Correa.

Foram tantas as declarações, os manifestos de José Celso naquele ano de 1968, que tentaremos sintetizar e ordenar essas idéias para o seu melhor entendimento no presente contexto.

Para o encenador paulista, a eficácia política do teatro consistiria em sensibilizar, de uma maneira ou de outra, os dois públicos pagantes do teatro brasileiro, que, na sua opinião, vinham freqüentando o teatro como um lenitivo, como uma espécie de purgação de suas impotências políticas. Ele, entretanto, já não estava mais preocupado com o público que decidia economicamente a vida do teatro em São Paulo, aquele advindo

da burra e provinciana burguesia paulista que ainda queria que o teatro lhe oferecesse a ilusão de que ela era uma grande burguesia. Esta classe que tem em Primo Carbonari[1] seu mais fiel retratista... [2]

1. Os documentários de Primo Carbonari praticamente dominam a maioria das redes de distribuição cinematográfica no Brasil. Tais filmes primam pela publicidade «ufanista» que fazem sobre a burguesia industrial, agrária e comercial do País.
2. «A guinada de José Celso» (Entrevista concedida a Tite Lemos), Teatro e Realidade Brasileira, *Revista da Civilização Brasileira*, junho/1968.

A preocupação de José Celso agora era o público progressista burguês, com os intelectuais de esquerda, ou de pretensa esquerda, que se colocavam, em seus trabalhos criativos, como vítimas emocionadas de grandes pedras em seus caminhos. As grandes pedras eram sempre os militares e os americanos, ou o burguês reacionário.

Na opinião de José Celso, todo o "Teatro de Protesto" não fazia mais do que satisfazer o marasmo e a covardia desse público acomodado, a esquerda festiva. Os argumentos eram sempre os mesmos. Ele se defendia dizendo: "Nós somos o bem e nada temos que ver com isso". Ou então justificava a sua inação por meio de explicações exclusivamente históricas como: "Essa situação medíocre de hoje é o momento de um processo. Nós somos os termos de uma contradição". Mas como cantava Vinícius de Moraes "(...) um dia virá e eu não quero saber o que esse dia vai ser, até o sol raiar. E vamos esperar por esse dia". Em outros casos, essa ideologia progressista se beneficiava até com a imagem mistificada do homem brasileiro "(...) sempre de pé (...)", "o sertanejo antes de tudo é um forte" (referência ao *Sertões* de Euclides da Cunha). Ou então o povo brasileiro é o "(...) carcará que pega, mata e come" (referência à música de João do Vale, cantada num dos primeiros "*shows* políticos", o "Show Opinião").

> Esta platéia representa a ala mais privilegiada deste País, ala que se vem beneficiando, ainda que mediocremente, de toda a falta de história e da estagnação desse gigante adormecido(...)[3]

Para José Celso, a missão principal do teatro brasileiro seria colocar esse público cara a cara com a miséria do seu privilégio feito às custas de tantas concessões. Para tanto, os espectadores deveriam se ver desnudados no palco, sem defesa. Talvez isso pudesse incitá-los à iniciativa: à criação de um caminho novo, fora de todos os oportunismos até então estabelecidos — batizados ou não de marxistas. Seria necessário que todos começassem a atirar sua pedra contra o que José Celso chamava de "absurdo brasileiro".

> O teatro não pode ser um instrumento de educação popular, de transformação de mentalidades na base do bom-meninismo. A única possibilidade é exatamente pela deseducação, provocar o espectador, provocar a sua inteligência recalcada, seu sentido de beleza atrofiado, seu sentido de ação protegido por mil e um esquemas teóricos abstratos e que somente levam à ineficácia (...)

3. *Idem.*

Talvez muito mais importante do que uma peça bem pensante e ultrabem-conceituada, cheia de verdades estabelecidas (que ainda não são verdades, nem podem ser, num momento como esse de perplexidade), uma peça inventiva e confusa, que excite o seu sentido estético, seja mais eficaz politicamente. O sentido da eficácia do teatro hoje é o sentido da guerrilha teatral. Da anticultura, do rompimento com todas as grandes linhas do pensamento humanista (...) para essa classe que nos assiste, somente a violência e principalmente a violência da arte, ... sim, da arte, sem o cartilhismo e o pedagogismo barato (...). Hoje, eu não acredito mais na eficácia do teatro racionalista para um público mais ou menos heterogêneo que não reagirá como classe, mas sim como indivíduo. A única possibilidade para esse público é o teatro da crueldade brasileira. A única possibilidade de eficácia é obrigar a se tomar posições e fazer deste País uma ditadura da classe média, tentar sair do seu marasmo. Não se trata mais de proselitismo, mas de provocação. Cada vez mais essa classe média que devora sabonetes e novelas estará mais petrificada e, no teatro, ela tem que delegar na base da "porrada"... A eficácia política é devorar toda a mitologia desse país. A platéia está toda mistificada e merece mesmo receber violões[4] e outros bichos pela cara[5].

A agressão indireta e a anarquia da forma de *O Rei da Vela* em *Roda Viva* atingiriam o limite de um espetáculo dos mais violentos e desconcertantes que o teatro brasileiro pôde testemunhar. José Celso, após a experiência com o texto de Oswald, adquiriu a segurança de que necessitava para, com todo o rigor, mergulhar de corpo e alma numa experiência artística, onde prevalecia uma anarquia total, a coragem provocativa que rompia totalmente com o espaço tradicionalmente destinado à ficção e invadia a platéia para agredi-la, de um modo contundente, no seu comodismo mental e, por vezes, em sua segurança física.

Assim como a Europa reencontrou Antonin Artaud no início da década de sessenta, o Teatro Oficina o descobria em 1968, juntamente com outros estilos paralelos, como o Dadaísmo e o Surrealismo. Estava formado na Europa, e agora no Brasil, o triângulo que iria nortear o teatro experimental dos últimos anos — o humanismo de Stanislavski, o elemento sócio-político de Brecht, o irracionalismo anárquico de Artaud.

A grande saída, segundo José Celso, estaria no rompimento com todas as teorias humanistas e filosóficas de caráter racionalista do Ocidente e, na procura, dentro do próprio ato da criatividade, de soluções imaginosas,

---
4. Alusão ao gesto do cantor Sérgio Ricardo que atirou seu violão na platéia que o vaiou durante um Festival de «Música Popular Brasileira».
5. «A guinada de José Celso», *ob. cit*, pp. 115-119.

para sair do marasmo em que viviam as classes médias brasileiras, aquelas que podiam freqüentar os teatros. A aproximação de Artaud é evidente:

> Se é fato que grassa entre nós, hoje em dia, a confusão, distinguo perfeitamente na raiz dessa confusão uma ruptura entre as coisas e as palavras, entre as coisas e as idéias e os signos que a representam. A causa de tudo isso não é decerto carência de sistemas filosóficos, pelo contrário, o fato de serem inúmeros e contraditórios caracteriza a nossa velha cultura (...). Todavia, em que é que esses sistemas afetaram jamais a vida, a nossa vida? (...) Ou esses sistemas estão dentro de nós e impregnam o nosso ser a ponto de servirem de manutenção à própria vida (...) ou então não penetram em nós e não têm, por conseqüência, possibilidade de prover à subsistência da vida (...). Temos então que acreditar numa compreensão da vida renovada pelo teatro (...). E a tudo o que não nasceu pode ser ainda dado a vida[6].

Além dessa concepção, que poderíamos chamar de generalizante quanto ao sentido da arte, o espetáculo de José Celso utilizou com prodigalidade as sugestões de encenação contidas nos manifestos do "Teatro da Crueldade". Assim é que, em sucessivos momentos, assistíamos a cenas com caráter ritualístico: a procissão de crucificação do ídolo popular, por exemplo, com músicas sacras e ritmos africanos; o ritual antropofágico das "macacas" de auditório devorando o fígado do cantor popular, as profanações dos mitos, principalmente dos santos da Igreja Católica, etc. Espalhavam-se também, pelo espetáculo, constantes paramentações que formavam verdadeiras "imagens sígnicas" que se completavam mediante um sem-número de acessórios. O espaço tradicional à italiana foi transformado numa confusão entre o palco e a platéia Várias cenas (pelo menos no espetáculo de São Paulo) processavam-se no espaço do público; a platéia, dessa maneira, era colocada dentro do mundo de ficção, o que possibilitava forte envolvimento sensorial dos espectadores, os quais não raro eram tocados, roçados, etc. E talvez o mais importante, o texto foi reduzido a um simples roteiro, sobre o qual a direção tentou criar uma verdadeira linguagem de espetáculo, com uma assinatura quase exclusiva do "autor-diretor" José Celso. Vejamos mais uma vez as concepções de Artaud:

> É em torno da encenação, considerada não como um simples grau de refração dum texto sobre o palco, mas como ponto de partida de toda a criação teatral, que se constituirá a linguagem típica do teatro. E é na utilização e na manipulação desta linguagem que se dissolverá a velha dualidade do autor e do encenador,

---

6. ANTONIN ARTAUD, *O Teatro e seu Duplo*, Lisboa, Ed. Minotauro, s/d., pp. 18-25.

substituídos por uma espécie de Criador único a quem caberá a responsabilidade dupla do espetáculo e da ação (...)

Quanto aos objetos vulgares, ou mesmo o corpo humano, elevados à dignidade de signos, é evidente que nos podemos inspirar nos caracteres hieroglíficos, não só para notar esses signos de uma maneira legível e que permita reproduzi-los sempre que se quiser, mas também para compor na cena, símbolos precisos e diretamente legíveis. (...) Suprimimos o palco e a sala que serão substituídos por uma espécie de local único, sem separações nem barreiras de nenhuma espécie ... Será restabelecida uma comunicação direta entre o espectador e o espetáculo, pelo fato de o espectador, colocado no meio da ação, ser por ela envolvido e afetado[7].

Evidentemente, *Roda Viva* não se limitou a realizar as proposições artaudianas. Se fizemos referência ao encenador francês foi justamente para reforçarmos nossa idéia de que, a partir de *O Rei da Vela* e agora de um modo ainda mais contundente, José Celso se transformaria num bárbaro devorador de estéticas, num índio antropófago brasileiro que usava e abusava de todas as informações a seu dispor, para produzir no palco algumas saladas inquietantes e extremamente apimentadas, como a cozinha nacional sabe fazer tão bem. Na verdade, pode-se dizer que muitas idéias artaudianas foram totalmente modificadas em *Roda Viva*. A unidade física entre palco e sala, proposta por Artaud num sentido de comunhão de fiéis, foi aproveitada em *Roda Viva* para posicionar comodamente os atores de modo que pudessem facilmente "saudar" os espectadores. Foi graças a isso que foram possíveis contatos e agressões físicas: sentar-se no colo de alguns senhores circunspectos, sujar a roupa de alguns outros, etc.

Artaud não previra, por exemplo, o desregramento e a provocação que se transformaram, a partir de *O Rei da Vela* e ainda mais em *Roda Viva*, em eficiente meio de ataque moral a uma platéia puritana. Os gestos pornográficos eram agora realizados a poucos centímetros do espectador e os palavrões gritados nos seus ouvidos. Alguns exemplos de cenas que provocaram os maiores protestos por certos setores da crítica e autoridades.

Num dado momento, aparecia Nossa Senhora de biquíni que rebolava na frente de uma lente fálica da câmara de televisão, que se contraía e avançava. Pululavam simulações do ato sexual, masturbações, lesbianismo, homossexualismo, "voyerismo", etc. Criou-se uma persona-

---

7. *Idem*, pp. 135-142.

gem, interpretada por Paulo César Pereio, que só dizia
palavrões, todos os que viessem à sua boca. Vale a pena
ver o que dele disse o crítico A. C. Carvalho:

> Trata-se do intérprete atrás do boquirroto Mané, personagem
> encarregado do mais extenso e gratuito texto pornográfico de
> que se possa ter notícia fora das páginas de Henry Miller. Assusta,
> de início, o desencadear "blasé" de sua enxurrada xingativa. O
> ator, porém, conquista a platéia[8].

É interessante como esse crítico, ao colocar-se contra
*Roda Viva*, entende e corrobora perfeitamente o significado dos atos agressivos neste espetáculo. Foi muito lúcida
a sua observação de que o diretor do Teatro Oficina buscava, na verdade, sacudir moralmente o seu público.

> *Roda Viva* é disforme e indigesta. Reflete a opinião de que
> "vale tudo" para a expressão dramática (...). Do espetáculo redun-
> dam, concretos, apenas exacerbados incitamentos à agitação. A
> exortação consubstancia-se em *slogans* do jaez de "só o povo
> armado derruba a ditadura", e em violentas investidas contra a
> mesma burguesia de corpo presente. Tais agressões materializam-
> se em obscenidades mímica e cenográfica. (...) Tenho para mim
> que nisto há distorções de perspectivas. Palavrão é palavrão justa-
> mente porque encerra acentuada carga agressiva dirigida contra
> preconceitos (...). Ora, no dia em que a liberdade sexual existir
> sem peias, surgirá, em conseqüência e muito naturalmente, um
> vocabulário também expurgado de conotações pejorativas.
>
> (...) Pretender antepor os carros aos bois é ingenuidade. A
> licenciosidade verbal indiscriminada corresponde a qualquer outro
> tipo de vocabulário chulo. Revela apenas, em quem as emprega,
> fase incipiente de desenvolvimento psíquico, imaturidade emocio-
> nal, entre cujas características (...) inclui-se comprazimento no
> "humor de mictório", de preferência sobre o "humor de alcova".
> Em *Roda Viva* inexiste erotismo adulto (...). Em contrapartida,
> o infantilismo verbal vem à tona, pujante e indisciplinado. Pala-
> vrões são expectorados a troco de quase nada, epileticamente (...).
> observar os atores na sua emissão, bem como na representação
> corporal de obscenidades inteiramente gratuitas (às vezes em coro
> ou em coreografias de conjunto) é tão penalizante como surpreen-
> der um epilético em crise (...). Os distraídos assim fisgados talvez
> passem a apreciar e a freqüentar teatro. A cultura alastra-se
> sub-reptícia. A censura só consegue promover o que quer cer-
> cear. (...) Quem sabe estamos até surpreendendo intentos secre-
> tos de nossas autoridades "culturais"?... Só que "escrever certo
> por linhas tortas" é estratégia duvidosa. Deus que o diga. Afinal,
> pecado não seria pecado se não fosse pecado[9].

Além da agressão moral e física, à qual acabamos
de nos referir, *Roda Viva* continuava e ampliava, de certa
maneira, a agressão estética de *O Rei da Vela*. Agressão

---

8. A. C. CARVALHO, Freud explica isso, *O Estado de S. Paulo*, 23/08/68.
9. *Idem.*

estética porque desrespeitava regras e convenções das quais parte da crítica sempre lançou mão para fazer suas análises. O rompimento com o estilo, com a harmonia, com o acabamento artesanal, não encontrava definições do "dicionário estético" das mesmas, e a tal ponto isso acontecia, que certos críticos se negaram a fazer comentários sobre o espetáculo. A ausência de estilo, além de uma proposição básica, era também preterida por uma espécie de "vale tudo", onde o primeiro era o favor da criatividade e, acima de tudo, o do impacto sobre a platéia. Assim é que, durante todo o espetáculo, era sensível certa falta de remate artesanal que implicava uma desorganização dos gestos, como se eles fossem malfeitos, como que improvisados, sem ensaios, sem a mínima profundidade no trabalho de detalhes (contrariamente a alguns momentos de O Rei da Vela), como se não tivessem mais importância todos os anos de estudos feitos pelos atores, como se estivéssemos diante de um trabalho preguiçoso, sem o mínimo rigor. Acontece, entretanto, que tudo isso era efetuado de uma maneira consciente, proposital e até certo ponto desafiadora. Desafiadora porque tanto a crítica como o público foram formados, em termos estéticos e sociais (a não ser por raras visitas de companhias de vanguarda européias), pelo melhor teatro que se fez no País, ou seja:

> Os compensados do Teatro Brasileiro de Comédia, a frescura da "Commedia dell'arte" de interpretação, o russismo socialista dos dramas piegas do operariado, e o "joanadarquismo" dos *shows* festivos de protestos[10].

A partir de O Rei da Vela, o desafio é justamente esse, o de colocar a inteligência do brasileiro em confronto com a sua própria realidade, com a arte popular do País: a revista, o circo, a chanchada da Atlântida, a verborragia do baiano, a violência de tudo que recalcamos em nosso inconsciente. "(...) É desse material que é feito o País... de plumas e recalques"[11]. Ou seja, procurava-se afastar o ator do mero domínio artesanal de interpretação para levá-lo ao ato de desafio pessoal. Quanto mais coragem para o repto, para o desregramento, seria, deste ponto de vista, maior o rendimento do desempenho. Ao lado então de atores de grande domínio técnico, vindos de escolas de interpretação ou dos próprios cursos do Oficina, foram introduzidos no elenco alguns jovens que, no coro de Roda Viva, iriam fazer um trabalho no sentido

---

10. «A guinada de José Celso», *ob. cit*
11. *Idem.*

oposto ao dos atores antigos. Formava-se, dessa maneira, no Teatro Oficina, dois grupos quase antagônicos: os "representativos" e a "ralé", antagonismo esse que iria ser fundamental, tempos mais tarde, durante a encenação de *Galileu*, de Bertolt Brecht. No momento oportuno abordaremos com mais detalhes a questão.

Esse processo de José Celso, entretanto, deve ser entendido não como um ato isolado, mas como parte de outros movimentos convergentes e divergentes, dos quais foi eco e inspirou. Segundo Tite Lemos, tudo teria se iniciado com a montagem de *Onde Canta o Sabiá*, de Gastão Trojeiro, por Paulo Afonso Grisoli (1966). Àquela altura, não teria sido possível avaliar com a devida justeza a verdadeira extensão dos aportes do *Sabiá*, delirante exercício de paronomásia audiovisual que golpeava com gana e raiva, através de jogo de imagens livremente associadas, a sintaxe convencional do espetáculo de teatro no Brasil.

Ao incorporar uma função eminentemente autoral diante de um texto como o de Trojeiro, Grisoli estava trazendo uma contribuição de extrema importância para que se chegasse à compreensão do papel do diretor de um espetáculo como o do organizador vital (...). O próprio José Celso, aliás, reconheceu-se mais tarde tributário do espetáculo de Grisoli[12].

Tendo de permeio Glauber Rocha com o seu *Terra em Transe*, José Celso, por meio de um texto bem mais consistente, *O Rei da Vela*, conseguiria afirmar realmente o estilo já devidamente comentado no capítulo anterior, e que teve ressonância em todo o País. Um desses ecos seria a própria *Roda Viva*, mas também a montagem de *As Relações Naturais*, de Qorpo Santo, por Luís Carlos Maciel e *Os Fuzis da Sra. Carrar*, de Brecht, por Flávio Império. O ponto mais alto, entretanto, do "Novo Teatro" seria o acontecimento de *Roda Viva*.

Em *Roda Viva*... o teatro parece agonizar sob as machadadas de um bando de selvagens. O ciclo de "purificação pela carne", iniciado com o *Sabiá*, tem em *Roda Viva* o seu instante de exacerbação máxima, num espetáculo que faz explodir toda a energia erótica reprimida ao longo de muitos anos no inconsciente do teatro brasileiro.

A par disso, porém, *Roda Viva* é o primeiro espetáculo do ciclo a introduzir ostensivamente e a encaminhar de modo orgânico o debate em torno do raio de ação cênica do teatro. A violação deliberada dos limites físicos impostos pela geografia do

---

12. TITE LEMOS, O que é que é o novo teatro?, *Jornal do Brasil*, 10/09/79.

palco à italiana não era em *Roda Viva* a mera concretização de um capricho infantil compulsivo de agressão ao espectador ... Muito mais do que isso, essa desobediência era uma questão de princípio: uma tumultuada meditação acerca do próprio destino do teatro do século XX, crucificado entre a rala elite que pode pagar para ver-se desempenhada, aconchegada e petrificada em suas sólidas posições de bem-estar e a necessidade de testemunhar, verdadeira e eficazmente, contra o *establishment* ... *Roda Viva* operou precisamente a radicalização que o pensamento oficial não podia tolerar, e todas as velhas gramáticas dos especialistas estabelecidos puseram-se a corar de vergonha ante os pronomes mal colocados e a mistura de tratamentos...

Mas é claro que a linguagem de *Roda Viva* não está dicionarizada e sempre se dará mal quem quiser reconhecer num texto de Joyce a mesma estrutura de um texto de Balzac[13].

Se o raciocínio crítico partisse apenas da reação a um espetáculo, poder-se-ia dizer que *Roda Viva* teria sido o mais importante trabalho realizado pelo Oficina e podemos afirmar, sem receio de engano, que foi a encenação mais polemizada não só da história do Oficina, mas do espetáculo teatral brasileiro.

Discutia-se *Roda Viva* em todos os lugares e, o mais importante, discutia-se apaixonadamente. O debate ocorria nos ambientes mais variados, numa sala cheia de críticos progressistas e diante de uma câmara de televisão, em programas de grande audiência. A eficácia pretendida por José Celso foi conseguida. Muitas pessoas iriam pela última vez ao teatro; o público que, de certa maneira, o Oficina queria afastar do teatro. Os intelectuais de esquerda foram contra o seu irracionalismo. Os políticos passaram a discutir a montagem nos plenários da Assembléia Legislativa. Não houve sequer um jornal que não abrisse espaço para *Roda Viva*. Os atores de teatro passaram a ser considrados extremamnte perigosos para a socidade brasileira, a platéia ficava cada vez mais lotada; todos queriam ver a última loucura do Teatro Oficina. Alguns iam temerosos, mas mesmo assim compareciam. Finalmente, o espancamento já relatado por nós.

Teoricamente, poderíamos dizer que *Roda Viva* teria atingido o nível máximo de eficácia desafiadora, na medida em que o público inimigo, ali retratado, chegasse às vias de fato como resposta. O espetáculo, entretanto, foi proibido pela censura, porque atentava contra a segurança nacional, na medida em que provocava distúrbios. O público que o Teatro Oficina quis ver longe do teatro

---

13. *Idem.*

voltou, em perfeita segurança, a assistir novamente seus espetáculos e, ainda mais, continuou a sustentar as companhias profissionais. Anatol Rosenfeld, em seu ensaio sobre o "Teatro Agressivo", depois de nomear José Celso Martinez Correa como o mais talentoso e virulento encenador do gênero, fez uma crítica bastante pertinente às disposições de *Roda Viva*:

> ... fazer da violência o princípio supremo, em vez de apenas um elemento num contexto estético válido, afigura-se contraditório e irracional. Contraditório porque uma violência que se esgota na "porrada" simbólica e que, por falta de verba, nem sequer se pode permitir o arremesso de numerosos violões, tendo de limitar-se ao lançamento de palavrões e gestos explosivos é, em si mesma, como princípio abstrato, perfeitamente inócua. Contraditório ainda porque a violência em si, tornada em princípio básico, acaba sendo mais um *clichê* confortável que cria hábitos e cuja força agressiva se esgota rapidamente. Para continuar eficaz, isto é, chocante, ela teria de crescer cada vez mais, até chegar às vias de fato. Num *happening* desta ordem, a companhia deve nutrir duas esperanças contraditórias:
> 
> 1. (por razões de eficácia e orgulho profissional) a de que o público, vigorosamente provocado, responda com vigor e
> 2. (por razões financeiras) a de que haja um número bem maior de espectadores do que de atores, de modo que estes apanhem violentamente[14].

Se a crítica de Anatol Rosenfeld atinge em parte as concepções de *Roda Viva*, por outro lado evidencia algo que envolve *latu sensu* a própria arte cênica, em sua eficácia prática. Afinal de contas, seria muito difícil alguém mudar o mundo depois de assistir aos espetáculos de Bertolt Brecht. De certa maneira, poderíamos dizer que toda arte, e não somente *Roda Viva*, se esgota no "gesto simbólico" e, porque também não dizer "inócuo", em sua influência na realidade. O que se buscava, por meio dessa montagem, era a crítica veemente à realidade do País, mediante um processo em que, cada vez mais, se procurava experimentar a relação palco e platéia, reformulando a antiga relação proposta pelo grupo, já tida e havida como sucesso durante anos de sua história. No que diz respeito a essa ira irracional, tão comentada e alvo de tantas críticas, não passava de um gesto de desespero, ao qual se somaram tantos outros nas ruas, como reações pouco racionais à situação de liberdade, totalmente acachapada, pela qual passava a Nação. É preciso não se esquecer de que eles já haviam tentado, em 1966, a crítica

---

14. ANATOL ROSENFELD, «O Teatro de Agressão», in *Texto e Contexto*, SP, Ed. Perspectiva, 1973.

bem formulada. Agora cometiam um gesto de violência. O ato político aqui confunde-se com o estético. É o artista angustiado, tentando, talvez de maneira inócua, mas sem concessões, dar uma resposta à opressão. Apesar de entendermos a restrição feita por Anatol Rosenfeld, que vislumbrava o perigoso caminho irracional no qual se embrenhava o grupo, compreendemos, por outro lado, a vontade de luta física, por mais inoperante que fosse, por parte do conjunto paulista. É por isso que o ano de 1968, no Teatro Oficina, foi marcado pela violência.

A trilogia *O Rei da Vela*, *Roda Viva* e *O Poder Negro* falava sobre a violência, sobre as explosões de força bruta e do desregramento do nosso tempo. José Celso, mesmo usando a sua "porrada simbólica", conseguiu atirar sua pedra na janela e, não temos dúvida, os estilhaços dos vidros machucaram muita gente e o barulho foi ouvido muito longe. Muito mais longe, talvez, do que sonhava o próprio Grupo Oficina.

Em sucessivos momentos de Roda Viva assistíamos a cenas com caráter ritualístico. A procissão para a crucificação de um ídolo popular, por exemplo (Arq. Teatro Oficina)

## 7. *GALILEU GALILEI* — UM APARENTE *INTERMEZZO* RACIONAL

> *Eu reclamo do ator muito discernimento. Que seja um espectador frio e sereno; em conseqüência lhe exijo muita penetração e nenhuma sensibilidade, isto é: a arte de imitar tudo.*
>
> *DIDEROT*

> *A arte é um pouco mais dilatada que a vida, é uma exaltação da vida, para isso é preciso um toque de loucura.*
>
> *LAURENCE OLIVIER*

Ano de 1968, a decretação do Ato Institucional n.º 5 era o golpe fatal na tênue liberdade de manifestação de pensamento dos intelectuais ativos da nação. A repressão política intelectual atingia o seu ponto máximo... tempo de censura forte a todos os programas de cursos, a toda a imprensa, a todos os espetáculos de diversões públicas. Época de grande evasão de cérebros do País rumo às universidades estrangeiras. Momento de atores de teatro espancados e alguns até raptados em plena rua.

A resposta teatral do Oficina: *Galileu Galilei,* de Bertolt Brecht, o teatro de uma era científica, de uma racionalidade exemplar. Brecht, o inimigo do obscuro, do secreto, do romântico, do irracional. A valorização total da articulação lógica e crítica por meio da palavra. O clima frio da reflexão. A função social da arte superior à sua função estética. O político, a história, a possibilidade de mudar o mundo...

Levando-se em conta a situação da política nacional, a opção do Oficina era de uma coerência a toda prova. Temos de convir, entretanto, que a escolha soava estranha, se observado o processo de violência radical em que se encontrava José Celso, nos últimos tempos.

Afinal, há poucos meses antes, ele queria "(...) degelar a platéia na base da 'porrada' e (...) fazê-la engolir sapos e até jibóias..." Mesmo sendo *Galileu* um velho sonho, o fato não seria suficiente para explicar a interrupção da evolução iniciada em *O Rei da Vela.* O momento político seria determinante para essa nova guinada? Ou seja, a grande crise de liberdade pela qual passava o País (Ato Institucional n.º 5) obrigava o grupo a esse *intermezzo racional*? Seria uma tentativa de unificar platéias anteriormente agredidas? Ou seria o resultado do recuo tático de um líder, para manter a unidade de seu conjunto? (Sabe-se que a sugestão do texto foi feita por Renato Borghi e Fernando Peixoto.) A estranheza vinha do fato de que o Oficina, após as duas últimas montagens, e principalmente a última, se transformara em um grupo marcado. As experiências contestatórias e tumultuadas de José Celso, de uma radicalidade virulenta e ímpar, se continuadas, deveriam ser ainda mais radicalizadas, visto que esse tipo de teatro não admite soluções medianas, devendo ir às últimas conseqüências de sua posição.

Se a temporada de *Galileu Galilei,* versão Oficina, tivesse sido curta, um ou dois meses, teria se configurado o ecletismo e por que não dizer? — o oportunismo do diretor José Celso Martinez Correa. Quem assistiu à encenação, durante os primeiros dias após a estréia, viu um espetáculo de três horas e meia de duração e, durante esse tempo, se uniu a uma profunda reflexão, feita pelo elenco do conjunto paulista.

Ninguém deveria entrar depois do mesmo ter começado, não se permitia excesso de lotação, ninguém podia sentar em escadas ou no chão. Preparava-se claramente um ambiente de tranqüilidade. Para testar a eficácia racional do espetáculo, foi feita uma semana de ensaios gerais a preço mínimo, somente para estudantes universitários. Esses mesmos estudantes que, um ano antes, haviam sido sacudidos, agora eram convidados a colaborar no apronto final. Havia momentos de dividir e momentos de unir. A situação do País clamava um momento de união.

O grande tom do espetáculo de José Celso era o de mostrar um clima exacerbado de opressão. Enquanto a luz da platéia ainda estava acesa, ouvia-se o depoimento, em inglês, feito por Bertolt Brecht em 1946, ao Comitê de Atividades Antiamericanas. Antes do início propriamente dito, já se sentia claramente a parábola da situação restritiva. Os atores vestiam-se de presidiários, uma roupa cinza, numa clara alusão aos companheiros de comunicação, presos por manifestação de liberdade de pensamento. Aos poucos, as vozes dos atores iam juntando-se à de Brecht, num murmúrio que se tornava angustiante. O momento de confissão do intelectual escoava como um coro pela sala de espetáculos. Não se distinguia mais palavras, apenas o som terrível da confissão. A mesma confissão de culpa que Galileu faria na décima-terceira cena do espetáculo. Evidenciava-se na frente do palco, na frente de todo o palco, uma grade de prisão. Ela se abria como se fosse permitido, no mundo da ficção, um pouco de liberdade para que os presidiários contassem sua história, sua parábola. Em vez da cortina, que geralmente se usa no teatro, usava-se a grade. O sentido era claro, até em demasia.

As interpretações eram límpidas, enxutas, como se os atores saboreassem cada frase do dramaturgo alemão. Nada de rebuscamento, tudo muito simples, sem nenhuma grandiloqüência. A interpretação baseava-se numa intensa concentração racional. Buscava-se o sentido metafórico verdadeiro de cada frase que se proferia. A complexidade do texto poderia assim passar plena de seus inúmeros significados. Os próprios arranjos musicais de

Júlio Medaglia, cantados pelo coro, eram sóbrios. Usava-se gravações com instrumentos de percussão e efeitos eletrônicos que ajudavam na seqüência dos quadros.

A sucessão de cenas era preparada, rápida e silenciosamente, como se não devesse intervir no cômodo fluxo da racionalidade do público. Apenas alguns *slides* eram projetados para situar a platéia no tempo e no espaço. Depois da desorganização proposital de *Roda Viva*, era incrível ver o intenso trabalho artesanal de marcação, extremamente difícil, cronometrada em seus mínimos detalhes. Os objetos deviam ficar nos lugares precisos. Nos bastidores foram construídos camarins provisórios de madeira. Ali, os atores se vestiam ao mesmo tempo que se concentravam, tranqüilamente, para a entrada em cena. Eram 64 personagens feitas por 22 atores. Cada ator fazia 3 ou 4 papéis com intenso peso significativo. Cada desempenho, por menor que fosse, era cuidado até os últimos pormenores.

Cláudio Correa e Castro entendera, perfeitamente, a personagem central da peça. Desempenhava um Galileu glutão, sensual, perspicaz, insidioso e profundamente irônico. Com um jeito bonachão que seu físico lhe ajudava a proporcionar, ele fazia do cientista um grande homem em todos os sentidos: ele transpirava a época nova, a era científica que nascia. Gostava de amar, de beber, de estudar. Por vezes, era terno e, por outras, furioso. Não tinha apenas virtudes, não era de aço. Errava, perdoava, procurava, em lugar do estereótipo de herói, o ser humano e, por isso mesmo, muito amplo de significados. Para isso, estudou cuidadosamente as minúcias da grande personagem. Procurou, em cada ensaio, novas emoções e, junto com José Celso, encontrou uma linha bastante moderna, onde se evitou o sentimentalismo barato, a autopiedade da personagem. Sem se tornar mártir, sem tremor de voz, Cláudio fez de seu trabalho uma busca constante de tons e gestos precisos e claros. A personagem construída pelo ator gaúcho transmitia à platéia um fascínio que vinha da sua humanidade e da crença na razão humana, levada até onde suas forças permitissem.

Os cenários e figurinos de Joel de Carvalho não destoavam e somente salientavam os princípios da montagem de José Celso. A mesma sobriedade, a mesma procura de significados precisos e claros. Desenhava-se também um clima forte de opressão. O piso do palco inclinado era branco e exibia os desenhos das teorias de Galileu. O sentido da opressão era dado, à medida que a peça se desenvolvia, por chapas de cobre que desciam pouco a pouco e ficavam dependuradas em diversos planos. No centro, do alto, pendia uma imensa águia também de metal. O palco era ladeado por varandas de madeira para onde os atores tinham acesso através de escadas rústicas de madeira. Os figurinos eram constituídos de uma roupa básica, de cor cinza, que transparecia o tempo todo. Em cada personagem se via claramente por cima dessa roupa comum, os significados pedidos pela mesma. Procurando usar a lição do Berliner Ensemble, as cores mais comuns eram o preto, o branco e o cinza. Em alguns casos, a monotonia era quebrada na procura dos já mencionados significados. Assim é que a roupa dos cardeais opressores era verde-oliva, o papa tinha uma enorme cauda, feita de arame farpado. Tudo isso estava acima da preocupação de copiar os figurinos da época. Cada cena possuía uma incrível coerência de cores, destacando os vários grupos que se digladiavam. O grupo de Galileu sempre se destacava dos outros por uma variação de tons, os mais neutros possíveis.

O final do espetáculo era bastante inusitado.

A grade (do início) descia novamente. Pessoas torturadas eram vistas na penumbra. Celi Campelo começava a cantar, em *off*, um *rock-and-roll* dos mais conhecidos, seu maior sucesso na época: "Tomo um banho de lua, fico branca como a neve, se o luar é meu amigo, censurar ninguém se atreve..." Galileu dançava junto com alguns atores sob o som de bombardeios terríveis[1].

Apesar da quase que obrigatória aproximação com as teorias de Brecht, via Berliner Ensemble, o espetáculo revestia-se de uma forma muito dinâmica e contundente, visto que eram claras as alusões à situação política brasileira. A crítica, aliás, ressaltava o fato de que José Celso enfrentara Bertolt Brecht, o grande monstro sagrado da dramaturgia alemã, sem o peso que geralmente sentem os jovens diretores e, ainda mais, atribuíam essa desinibição às experiências de *O Rei da Vela* e *Roda Vida*[2].

Acontece, entretanto, que havia algo de estranho no espetáculo, mesmo no início da temporada. Faz parte do texto a cena do "Carnaval em Florença". Trata-se de uma passagem onde Brecht mostra as teorias de Galileu

1. TEREZA RODRIGUES CRISTINA, Galileu, este velho subversivo, *Jornal do Brasil*, RJ, s/d.
2. SÁBATO MAGALDI foi um dos críticos que notou o fato.

A grade fechando toda a frente do palco em Galileu Galilei de Bertolt Brecht. Alusão aos intelectuais presos após o "Ato Institucional n.º 5 (Arq. Teatro Oficina)

A violência e a anarquia da cena do "Carnaval em Florença", feita pela "ralé" (Arq. IDART)

se difundindo entre o povo. Nessa cena, os jograis e cantores brincam com os ensinamentos do matemático e ridicularizam o sistema opressor, temporal e secular, da época. José Celso encontrou aí o momento e o lugar para continuar as experiências de *O Rei da Vela* e *Roda Viva*. Coincidentemente, ou não, os "representativos" faziam as personagens das outras cenas e, essa em especial, ficava a cargo da "ralé", atores jovens que, como já dissemos, foram angariados no coro de *Roda Viva*. Dessa maneira, o entreato em Florença passou a ter um desenvolvimento independente de todo o resto da peça. Para José Celso, a cena do "Carnaval" deveria ser feita no estilo de teatro sensorial, que envolvesse o espectador, que acabasse por trazê-lo para o palco, que minimizasse a palavra como forma de comunicação. Aos poucos, essa parte, no texto muito curta, foi se ampliando no espetáculo até que, depois de algum tempo, passaria a ser mais importante do que o resto da encenação.

O incrível aconteceu no palco da Rua Jaceguai, naquele ano de 1969. Um espetáculo paradoxal formado pelas duas tendências mais importantes do teatro moderno. Num mesmo tablado: o social e o anárquico, a razão e a irracionalidade desenfreada. Nada disso, todavia, integrado à maneira de Peter Weiss, em *Marat-Sade*, por exemplo. Tudo isso em plena divergência, efetuada por grupos que queriam ver suas verdades confirmadas.

De um lado, o filão do teatro político social, formado por: Meyerhold (afastamento do estético decorativo em direção ao construtivismo antiilusionista, proletarização da arte e, como conseqüência, o utilitarismo político da arte[3]); Piscator ("A verdadeira arte deve combater o mistério e a magia. Não estamos no teatro para viver uma vida imaginária, mas algo mais amplo, um fragmento da vida real. A história da humanidade se compõe das evoluções e das guerras passadas: o destino do homem é histórico, não religioso ou astrológico; a esse destino nós podemos dominar"[4]); Brecht ("o teatro da época de ascensão do proletariado deve, também, como o fez o saber científico de Galileu, libertar-se da magia das superstições irracionalistas. Tem que utilizar uma técnica

---

3. Essência do pensamento de MEYERHOLD, «O Construtivismo Espacial», in *O Teatro de Meyerhold*, org. de ALDOMAR CONRADO, RJ, Ed. Civilização Brasileira, 1969.
4. ERWIN PISCATOR, citado por ALBERTO MIRALLES, in *Novos Rumos do Teatro*, SALVAT Editora do Brasil, RJ, 1979, pp. 69-9.

precisa, objetiva, de análise e compreensão da realidade social"[5]); os numerosos seguidores de Brecht (Planchon, Max Frisch, etc.) e de um teatro que encontrou, no Brasil, seu principal expoente na pessoa de Augusto Boal, com o "Sistema Coringa" ("o teatro deve ir além da atitude contemplativa, já que a humanização do homem é um fato concreto de condições e direções de vida, no sentido de uma sociedade que se desaliene progressivamente e aos saltos. Um teatro didático capaz de interpretar a realidade nacional, enquanto a comunicação se verifique simultaneamente em termos críticos racionais e emocionais, possibilitando, ao mesmo tempo, o distanciamento e a empatia com o mundo representado"[6]).

Do outro lado, num caminho oposto, na cena do "Carnaval", a trilha com suas origens em Jarry (*Ubu-Rei*, "Merdra", a "patafísica"); no Dadaísmo e posteriormente no Surrealismo ("os grandes neo-românticos que viviam como escreviam, encarnando seus próprios manifestos; que arremetiam contra a concepção burguesa de cultura; que desejavam, como essência teatral, a comunicação coletiva em si mesma, quer dizer, a participação em atos espontâneos, inclusive a arte dos escândalos mais suculentos e extravagantes. Tudo isso, produto de uma atitude arrogante *pour épater le borgeois*, que, por outra parte, já vinha potenciada pela crise alemã da pré-guerra"[7]) em Artaud, onde encontraria o seu principal esteio ("proponho um teatro onde violentas imagens físicas violem e hipnotizem a sensibilidade do espectador, que abandone a psicologia e narre o extraordinário, que induza ao transe... Definitivamente mergulhar o público na dúvida, angustiar, agitar, provocar, fustigar, liberar repressões, projetar as leis do sonho para manifestar o que jaz oculto no espírito"[8]), os numerosos seguidores de Artaud, pelo mundo (Peter Brook em parte de sua obra, Grotowski, o Living Theatre, o Performance Group, etc.) e que encontrou, no Brasil, José Celso como seu principal expoente na fase de *Roda Viva* (radicalização de algumas propostas de *O Rei da Vela*: "um teatro de deseducação", de "provocação cruel e total", cuja "eficácia política não será mais medida pela

---

5. BERTOLT BRECHET, citado por JACQUES DESUCHÉ, in *La Técnica Teatral de Bertolt Brecht*, Barcelona, Ed. Oikos-tau, 1966, p. 33.
6. AUGUSTO BOAL, citado por ANATOL ROSENFELD, «Heróis e Coringas», *Arte em Revista* n.º 1, SP, Ed. Kairós, 1979, p. 43.
7. ALBERTO MIRALLES, *ob. cit.*, p. 23.
8. ANTONIN ARTAUD, citado por ALBERTO MIRALLES, in *Novos Rumos do Teatro*, SALVAT Editora do Brasil, RJ, 1979, pp. 68-9.

certeza do critério sociológico de uma peça, mas pelo nível de agressividade"[9]).

Quanto ao problema da relação ator e personagem travava-se a luta entre os intérpretes que dominavam uma técnica de composição baseada no "Método Stanislavski", depois ampliada para o jogo épico que deveria refletir a função social da personagem (é sintomático o fato de que Eugênio Kusnet, durante os ensaios de *Galileu*, tenha voltado a ensinar Stanislavski aos que não haviam feito o seu curso anos atrás) e o coro de *Roda Viva*

> (...) ultrabrasileiro, na base da violência da expressão, do anticharme cafona da Broadway e que compensa com inteligência tudo o que falta em técnica: são geniais e porralouças![10].

De um lado, a construção da máscara, do outro lado, a violência da expressão pessoal. Vejamos o depoimento de um "representativo":

> A cena do Carnaval passou então a ser um problema para nós, atores, que não concordávamos com ela. Para mim, por exemplo, era um absurdo frente à proposta que nós estávamos defendendo nas outras cenas. Era muito difícil, para nós todos, fazer a cena seguinte à do Carnaval, porque quando nós entrávamos no palco já estava tudo revirado. Não tinha mais ninguém num canto, estava todo mundo do outro lado, sei lá. Era uma salada de movimento de pessoas. Eles faziam o que queriam. Para nós, era difícil voltarmos a estabelecer a racionalidade, a reflexão científica... Era uma divisão muito estranha dentro do elenco. Por exemplo, ... quando Caetano Veloso viajou para Londres, nos deu uma mesa de pingue-pongue, mesa essa que passou a ser usada, pouco antes de começar o espetáculo, de uma forma estranhíssima... nós ficávamos todos ao redor da mesa de mãos dadas. Eu, que já era profundamente ateu militante, ria de tudo aquilo, mas ria por dentro... por fora ficava com uma cara de idiota.
>
> Um dia, José Celso me disse: "Está acontecendo alguma coisa horrível, o espetáculo está começando sempre mal".
>
> Daí eu respondi: — "Mas, claro que está começando mal. A gente está entrando em cena quase dormindo de sono. Daí, subversivamente, sugeri que, em vez da gente ficar em volta da mesa de mãos dadas, a gente jogasse pingue-pongue. Foi ótimo, esquentava, todo mundo entrava em cena animado, alegre. Era uma grande forma de nos dar vitalidade para entrar em cena. Essa divisão entre "ralé" e "representativos" começou a se radicalizar e isso começou a pesar dentro do grupo"[11].

Parece-nos ter ficado claro, portanto, que o impasse enfrentado pelo Teatro Oficina, durante as apresentações finais de *Galileu*, não se constituiu, simplesmente, em uma luta de grupelhos dentro de um conjunto de teatro. Na

---

9. Vide capítulo 6.
10. JOSÉ CELSO, *Roda Viva*, in *Arte em Revista* n.º 1, *ob. cit.*, p. 64.
11. FERNANDO PEIXOTO, «Conferência sobre o Teatro Oficina...», *ob. cit.*

verdade era a discussão, em termos estéticos, das divergências existentes entre as grandes linhas contestatórias da década de sessenta. Era o aparecimento, dentro do grupo paulista, da "contracultura"[12]. Os que defendiam a racionalidade de Brecht contestavam apoiados no marxismo:

a revolução proletária abole, com a liquidação de todas as classes, o proletariado enquanto classe, e cria por meio desse ato um novo agente de progresso — a comunidade de homens livres que organizam sua sociedade de acordo com a possibilidade de uma existência humana para todos os seus membros[13].

É preciso conscientizar o público que

... por trás da revolução se encontra a idéia de salto qualitativo de Hegel ... A passagem de uma estrutura antiga e insuficiente para uma estrutura nova e mais adequada[14].

Os que defendiam o *"show* sensorial" da cena do "Carnaval", talvez se apoiassem na contracultura de Norman Brown:

... Freud é a medida de nossa ímpia loucura, como Nietzsche é o profeta da santa loucura, de Dionísio, a louca verdade. (...) A antinomia entre mente e corpo, palavra e ato, fala e silêncio, superada. Tudo é apenas metáfora; só a poesia existe. (...) Na visão dialética ... a desmistificação torna-se a descoberta de um novo mistério ... É preciso dizer à próxima geração que a luta verdadeira não' é a luta política, e sim pôr termo à política. Da política para a poesia ... Poesia, arte, imaginação, o espírito criador é a própria vida; a verdadeira força revolucionária para reformar o mundo...[15];

---

12. «Nesse momento, a contracultura de que falo congrega apenas uma pequena minoria. Estão excluídos os jovens mais conservadores, para os quais um pouco menos de previdência social e um pouco mais de religião antiga (além de mais policiais de ronda) bastariam para concretizar a grande sociedade. Exclui nossa juventude liberal, para a qual o alfa e o ômega da política ainda é o estilo Kennedy. Exclui os esparsos grupos marxistas ortodoxos, cujos membros, repetindo seus pais, continuam a atiçar as cinzas da revolução proletária, esperando que dela salte uma fagulha. (...) Se realmente se justificam tantas exceções numa análise da juventude e de se crer que os que formam o movimento da contracultura sejam bastante numerosos e disponham de força suficiente para merecer atenção independente. (...) Admito que a alternativa se apresenta vestida com uma bizarra colcha de retalhos; suas vestes foram tomadas emprestadas de fontes variadas e exóticas, a psiquiatria profunda, os adocicados remanescentes da ideologia esquerdista, as religiões orientais, o «Weltschmerz» romântico, o anarquismo, o Dadaísmo, o folclore indígena e suponho, a sabedoria sempiterna. No entanto, quer me parecer que isso constitui tudo o que dispomos para nos opor à consolidação final de um totalitarismo tecnocrático no qual nos veremos engenhosamente adaptados a uma existência de todo dissociada das coisas que sempre fizeram da vida uma aventura interessante». (THEODORE ROSZAK, «Prefácio» de *A Contracultura*, Petrópolis, Ed. Vozes, 1972, p. 8.)
13. FRANCISCO ANTONIO DORIA, «A Evolução do Marxismo depois de Marx, in *Marcuse — Vida e Obra*, Guanabara, José Álvaro editor, p. 212.
14. *Idem*, p. 213.
15. THEODORE ROSZAK, «A dialética da libertação: Herbert Marcuse e Morman Brown», in *Contracultura*, pp. 121, 122 e 124. OBS.: A esse respeito é interessante o texto de um cartaz, afixado à entrada principal da Sorbonne, em maio de 1968: «A revolução que está começando questionará não só a sociedade capitalista como também a sociedade industrial. A sociedade de consumo tem de morrer de morte violenta. A sociedade da alienação tem de desaparecer da História. Estamos inventando um mundo novo e original. *A imaginação está tomando o poder!*» (THEODORE ROSZAK, «Os filhos da Tecnocracia», in *Contracultura*, p. 33)

ou em seu "desbunde" — palavra que surge após o "Tropicalismo" —, quem sabe estavam procurando a dessublimação repressiva de Marcuse:

... A liberação da sexualidade criaria uma sociedade na qual seria impossível a disciplina tecnocrática. Mas a simples repressão da sexualidade geraria um ressentimento explosivo, violento e generalizado ... Somente mudando a sociedade é que poderíamos desenvolver a nossa libido reprimida[16].

Estava em discussão também o teatro dos intelectuais em oposição ao teatro dos marginais. Quatro anos de estudo sobre Stanislavski, três anos de estudo do modelo brechtiano, um ano de pesquisa sobre a cultura brasileira, toda uma estrutura construída, a ferro e a fogo, pelo núcleo do Oficina desde o princípio da década, estavam sendo contestados por um bando de bárbaros. Os "representativos" tentavam acreditar no teatro como forma de comunicação viva e eficaz, a "ralé" portava-se como Artaud... ("sou inimigo do teatro. Sempre fui. Na proporção em que amo o teatro, nessa proporção, por essa razão, sou seu inimigo"). Uma parte do elenco tentava raciocinar junto com a platéia, outra emitia sinais desesperados, enquanto queimada em uma pira. Uns faziam o seu aquecimento jogando pingue-pongue — precisavam do ânimo em cena para convencer os espectadores a mudar um mundo injusto. Outros, em vez de se aquecer, davam as mãos e tentavam buscar fluidos mágicos para transformar esse mundo, numa loucura provocativa e revolucionária... O público assistia a tudo isso... perplexo.

José Celso tomava partido da "ralé" e continuava seu processo individual de pesquisa agressiva. O desfecho de *Galileu Galilei* seria a metáfora dos destinos do conjunto. Num verdadeiro ritual, *Galileu*, o símbolo do "racionalismo científico", foi enterrado com caixão e tudo em frente ao teatrinho da Rua Jaceguai. A crise, a cisão do conjunto, agora já se configurava de uma maneira cristalina. Era necessário iniciar-se uma discussão... Em forma de debates? Não, por meio de um ato criativo...
*Na Selva das Cidades!*

---

16. THEODORE ROSZAK, «A dialética da libertação: Herbert Marcuse e Norman Brown», *in Contracultura*, p. 26.

## 8. A DESTRUIÇÃO

Na Selva das Cidades *é um espetáculo para ser montado um dia antes da morte.*

JOSÉ CELSO

O ano de 1969 foi de explosão subjetiva em todo o teatro brasileiro. A "Nova Dramaturgia Brasileira"[1] tinha, como característica principal, o grito autobiográfico de insatisfação com o estado de coisas existentes no país. Era um grito angustiado e existencial que jorrava, aos borbotões, quase não passando pelo cérebro mas sim pelo coração e saía espremido pela garganta. Era a Mariazinha de *Fala Baixo Senão eu Grito,* que berrava com medo de

---

1. Nome sugerido pelo crítico Sábato Magaldi aos jovens autores que acabavam de estrear. Dentre esses jovens destacavam-se: Leilah Assumpção, José Vicente, Antonio Bivar, Consuelo de Castro, Isabel Câmara.

descobrir a vida; o "Bancário" de *O Assalto*, que gritava contra a dificuldade de se relacionar humanamente dentro de uma estrutura mascarada; a Verônica de *À Flor da Pele*, que se suicidava na frente do bem comportado amante e intelectual de esquerda, ou de pretensa esquerda, que não assumia em vida o que proclamava em suas aulas, etc. Todos eram atacados: solteironas, burgueses, proletários, intelectuais. Todos eram postos a nu perante a sua mísera condição humana, anti-heróica e covarde.

O Teatro Oficina, é óbvio, também sofria os mesmos efeitos da conjuntura nacional e até certo ponto já se antecipara, através desse tipo de reação com o grito semi-autobiográfico, de Chico Buarque de Holanda em *Roda Viva*. As discussões entre os "representativos" e a "ralé" precisavam ser desenvolvidas até as últimas conseqüências, sob pena de, na superficialidade, não servirem sequer para um ato criativo. Os dois grupos resolveram se atirar, no fundo do poço, para tentar encontrar uma saída para o impasse, um caminho possível para a arte a qual se dedicavam. Essa luta, entretanto, significava apenas parte de uma crise maior, referente também ao trabalho teatral do conjunto. À crise dos dois grupos, somava-se um momento alucinado dos atores e diretores em relação a eles mesmos, uma grande angústia que vinha da interrupção de um grito fundamental e criativo que haviam dado juntos em *O Rei da Vela*. Havia, naquele instante, uma vontade de se conhecer a si mesmos, de se queimar, uma necessidade premente, inadiável, de se reformular, de procurar uma coisa nova... Uma coisa nova... uma característica que o grupo jamais perdeu. José Celso, em especial, após *O Rei da Vela* entrara num processo de criatividade indisciplinada, revoltosa e irreverente e buscava um texto que pudesse satisfazer a sua necessidade de testar-se como um artista que procura encontrar-se a si mesmo, no âmago de suas contradições e loucuras. O diretor paulista, em lugar de achar na dramaturgia nacional algo que se assemelhasse às suas necessidades, ao seu estado de espírito, vai encontrá-lo no mesmo gênio do espetáculo anterior: Bertolt Brecht, porém no dramaturgo de vinte anos ainda na infância de sua carreira teatral[2].

2. «O Brecht de *Na Selva das Cidades* é contemporâneo dos autores jovens que estão fazendo sucesso hoje em São Paulo. A década de vinte, quando foi escrita a peça, é parecida com o mundo de agora, só que foi barrada pelo nazismo e pelo stalinismo. Era uma época libertária de explosão do homem do século XX. Parece que Brecht ia morrer no dia seguinte ao daquele em que terminou o texto...» (JOSÉ CELSO MARTINEZ CORREA, Um Brecht Jovem Estréia no Oficina, *O Estado de São Paulo*, 31/07/1969.)

Depois de *O Rei da Vela*, novamente a grande afinidade entre autor e diretor. Tanto o dramaturgo alemão, como Oswald de Andrade, vivendo o pós-guerra, carentes de perspectivas otimistas, escreveram textos, ao mesmo tempo, anárquicos e geniais em sua irreverência.

É interessante como, no basear-se a contradição dialética fundamental da obra de Brecht —

... a revolta de Brecht tem duas camadas. Na superfície, é dirigida contra a hipocrisia, a avareza e a injustiça da sociedade burguesa; na camada mais profunda, é contra a desordem do universo e o caos da alma humana. A revolta social de Brecht é objetiva, ativa, terapêutica, realista, sua revolta existencial é subjetiva, passiva, irremediável e romântica... Em parte, monge; em parte, moralista; em parte demoníaco; em parte, idealista fanático; em parte, contemporizador cínico[3]

— José Celso acabaria por encontrar no mesmo autor aquilo que ele contraditava em sua montagem de *Galileu*, pois o Brecht de *Na Selva das Cidades* assemelha-se, de algum modo, ao espírito da encenação do diretor paulista na cena do "Carnaval em Florença"[4].

A revolta existencial de Brecht é melhor ilustrada em *Na Selva das Cidades*, sua terceira peça, concluída em 1923... Obra que suscita uma extrema perplexidade, intrigante e, por vezes, incoerente, tem sido freqüentemente rejeitada, num juízo precipitado,

---

3. ROBERT BRUSTEIN, «Bertolt Brecht», in *Teatro de Protesto*, RJ, Zahar, 1967, p. 254.
4. «A peça às vezes cheira a teatro épico, às vezes a naturalismo grotesco. Não foi domesticada. Quando se vê uma exposição de todas as montagens brechtianas é inevitável observar como o dramaturgo foi secando, até se transformar na morte que é o Berliner Ensemble de hoje (...). Com o espetáculo faço uma espécie de escavação arqueológica do ringue. Debaixo do paralelepípedo há areia e os protagonistas acabam se procurando nela. É o mergulho nas possibilidades do homem do século XX. O texto vai da metafísica ao materialismo — o Brecht açougueiro atola no 'hipismo' e depois sai dele, numa revisão em profundidade. Qualquer experiência humana. Sinto que, sem o nazismo, Brecht teria sido um Shakespeare... Em *Na Selva das Cidades*, nossa experiência está entulhada no ringue, para ser destruída. É meio masoquista essa destruição, em que tivemos um total despudor, uma despreocupação econômica total.

Assim como a peça é caótica, minha encenação é também um caos. Há uma fala que a explica: 'O caos terminou. Foi a melhor época de minha vida'.

Na direção eu me entreguei ao estilo específico de cada cena. O teatro é bom quando é um produto original, um objeto único. Quando se torna subproduto, deixa de interessar a tentativa de aprisioná-lo o dessora totalmente. Quero que fique no espectador a idéia de construção e destruição, e essa idéia foi motivada pela paisagem à minha frente, na Rua Jaceguai, a Bela Vista sendo destruída. Em cada *round* do espetáculo, uma coisa é destruída, e o próprio ringue no final é escangalhado. A estrutura de *O Rei da Vela* era a do pansexualismo. Aqui é a da luta. O cenário do ringue representa a metáfora da luta (...). O meu espetáculo é catastrófico, apocalíptico, a antecipação do dilúvio. 'Destas cidades só vai restar o vento que passa por elas', eis uma fala que dá bem o sentido do nosso trabalho (...). É a peça mais difícil que já dirigi. Ela precisa ser estudada com pauta matemática, porque os diálogos são muito ambíguos. Foram feitos muitos ensaios, sem que os atores utilizassem as palavras para precisar-se o sentido de cada cena. Lutas, exercícios de relaxamento foram usados para que os atores quebrassem couraças, não para serem aproveitados cenicamente». (JOSÉ CELSO MARTINEZ CORREA, Um Brecht Jovem. Estréia no Oficina, *ob. cit.*).

como uma experiência apenas secundária; mas, apesar de todas as suas dificuldades, constitui, sem dúvida alguma, realização de grande vulto de um poeta de gênio que nos massacra os nervos, ainda que esteja confundindo a nossa mente. Brecht atinge aí seu máximo frenético e diabólico, exibindo aquele prodigioso e racional desordenamento de todos os sentidos[5].

Essa busca desesperada, de um sentido e entendimento do ser humano, próximo da demissão irracional, possuía, sem dúvida, os ingredientes necessários para o trabalho a que o grupo se propunha. Aproveitamos aqui uma sintetização bastante objetiva e clara de uma peça, das mais difíceis de serem resumidas:

(...) *Na Selva das Cidades* pode ser considerada a obra mais difícil, poética e enigmática do jovem autor. Todas as aspirações metafísicas de um teatro idealista, ainda carregado de expressionismo, se encontram na luta gratuita, alucinada, sem quartel, de dois homens soltos na cidade de Chicago de 1912.

Numa dezena de *rounds*, em cenários que mudam de uma biblioteca circulante para o escritório de um comerciante de madeiras, uma sala de estar de uma família pobre vinda do interior, um bordel chinês, etc. Schlink e o atendente da biblioteca Jorge Garga travam sua "luta de cérebros", iniciada quando o primeiro tenta comprar a opinião do segundo sobre um livro ("a minha opinião pessoal é o único luxo que tenho" — responde Garga).

Schlink começa a luta abalando a posição social de Garga, e o cerco se faz, quase sem trégua.

Schlink, responsável pela prostituição da irmã e da noiva de Garga, presenteia a Garga o negócio de madeiras. Garga autoriza a venda, uma segunda vez, de material já vendido, quer ser preso, do cárcere denuncia Schlink por ter prostituído as duas mulheres.

Schlink mata-se antes que os linchadores aproximem-se dele.

Garga incendeia o estabelecimento de madeiras, vai partir para New York, dizendo antes:

"— O caos terminou. Foi o melhor tempo de minha vida".

Schlink havia precisado o alcance do seu desafio:

"— Você queria a minha destruição mas eu queria somente a luta, não a luta da carne, mas a do espírito".

Garga reconhece a falência desse tipo de luta, ao replicar que "o espírito, você vê, não é nada", e que "o importante não é ser o vencedor, mas o sobrevivente". (...) Para Brecht "a natureza fez a pele dos homens fina demais para esse mundo (...) e é por isso que o homem sofre tanto para fazer ela ficar mais grossa"[6].

A metáfora brechtiana de um ringue destruído e coberto de sangue, resultante da tentativa de relacionamento entre os homens, essa metáfora poética da destruição da própria tentativa de comunicação entre os indivíduos, era sem dúvida uma temática orgânica para os atores no

---

5. ROBERT BRUSTEIN, *ob. cit.*, p. 264.
6. SÁBATO MAGALDI, O Jovem Brecht, *Jornal da Tarde*, SP, 02/09/1969.

final da década de sessenta onde tudo, ou quase tudo, já havia sido experimentado.

A marca de José Celso, como um grande líder, era tão forte naqueles tempos que ao tomar partido da "ralé" e, depois ao escolher esse texto, levava consigo, para a sua linha teatral, quase todos os "representativos" que se opunham àquele tipo de concepção. Faltava apenas algo para que o processo de montagem seguisse o seu curso normal. Como já dissemos, o Oficina jamais deixou de levar em conta, quando ia fazer uma mudança qualitativa no seu roteiro, a pesquisa de interpretação. A grande sistematização que o Teatro Oficina conhecera, até então, era a de Stanislavski. Brecht, apesar de indicar, em muitos escritos, a maneira de efetuar o "distanciamento", não formulou um método prático de trabalho para o ator, portanto a base do "efeito V" continua sendo o mestre russo. O desempenho de *O Rei da Vela,* além de não ter sido sistematizado, era no fundo um "distanciamento brechtiano", devidamente glosado. Na verdade... buscar a função social de cada personagem... (laboratório de Luís Carlos Maciel) está dentro da mesma base que levou ao processo de criação já em *Pequenos Burgueses* (vide Cap. 3). Portanto o grande eixo do teatro ocidental, que tem em Artaud seu principal esteio, até a década de sessenta não possuía uma sistematização prática para a formação de seu ator. Para o novo trabalho era necessário um tipo de laboratório de interpretação, a fim de que os "representativos" sofressem uma mudança no tipo de composição que vinham fazendo e que a "ralé" descobrisse que o desafio ao público não se concentrava apenas no caos orgânico de gestos avacalhados e berros de insulto. Indubitavelmente coube ao polonês Grotowski realizar a segunda grande sistematização de um método de preparação do ator no Ocidente[7]. As pesquisas de Grotowski puderam atender inteiramente as buscas do elenco, para tão complexa encenação. Foi Fernando Peixoto quem declarou que

(...) na montagem de *Na Selva das Cidades,* Grotowski foi mais importante do que o próprio Brecht[8].

7. «Grotowski é único.
Por quê?
Porque ninguém no mundo, que eu saiba, ninguém desde Stanislavski, investigou a natureza da atuação, seus fenômenos, seus significados, a natureza e a ciência de seus processos mentais, psíquicos e emocionais tão profunda e tão completamente como Grotowski». (PETER BROOK. «Prefácio» a *Hacia un Teatro Pobre* de JERZY GROTOWSKI, México, Siglo Veintiuno Editores, 1968, p. 5.)
8. FERNANDO PEIXOTO, «Conferência sobre o Teatro Oficina», *ob. cit.*

Essa afirmação é muito lógica e compreensível, pois, na medida em que para os atores do Oficina, se tratava novamente de questionar suas posições, de confrontar-se consigo mesma, nada melhor do que os exercícios do jovem mestre polonês, para quem o teatro se constitui, antes de tudo, em uma série de desafios e choques:

> O choque de advertir o ator a respeito de suas próprias escapatórias, enganos e estereótipos mentais. O choque de ver-se obrigado a questionar a sua própria profissão de ator. O choque de ver-se forçado a admitir que essas perguntas existem e é chegado o momento de respondê-las. O choque de ver que em alguma parte do mundo da atuação exista uma arte de absoluta dedicação monástica e total. Que a frase, agora tão surrada de Artaud: "Cruel comigo mesmo" se transforme em uma forma de vida em algum lugar, pelo menos para cerca de doze pessoas[9].

Além disso (e talvez uma característica até mais importante para o elenco do conjunto paulista), o teatro para ele não é um fim em si mesmo, porém um veículo para descobrir a vida, para cruzar as suas fronteiras, sobrepujar suas limitações. Preencher a si mesmo e ao seu público violando estereótipos:

> Este desafio ou tabu, essa transgressão, proporciona o choque que arranca a máscara e que permite-nos oferecer, nus a algo impossível de se definir...[10]

No curso dos exercícios propostos por Grotowski, portanto, o ator afasta-se do teatro de análise social.

> O teatro intelectual é uma variação do teatro acadêmico. Seus advogados o consideram como uma espécie de tribuna polêmica. O texto é o elemento mais importante, e o teatro está ali só para incluir alguns elementos intelectuais, permitindo assim sua confrontação recíproca. É uma ressurreição da arte medieval do duelo oratório[11],

e procura comunicar-se com aqueles que

> (...) sofrem um processo interminável de evolução, com aqueles cujo desassossego não é geral, mas é dirigido em busca de sua verdade íntima e de seu sentido vital[12].

Tecnicamente, a mudança de método de atuação efetuada pelo elenco do Oficina era a mesma que Grotowski estava tentando efetuar em 1962, época em que Eugênio Barba esteve no Laboratório de Opole. (Já relatamos o fato de que o elenco do Oficina se baseou no relato desse crítico.) Naquele momento, Grotowski tentava afastar-se de sua formação stanislavskiana...

---

9. PETER BROOK, «Prefácio», *ob. cit.*
10. JERZY GROTOWSKI, *Hacia un Teatro Pobre*, p. 16.
11. *Idem*, p. 22.
12. JERZY GROTOWSKI, «El nuevo Testamiento del Teatro», *ob. cit.*

Na Selva das Cidades do jovem Brecht (1969). A destruição da cultura e portanto do próprio teatro. Um apelo talentoso, corajoso e desesperado de atores que discutiam a sua própria crise (Arq. IDART)

Todos os exercícios que continham meramente uma resposta à pergunta: "Como pode-se fazer isso?", foram eliminados. (...) O ator agora deve descobrir as resistências e os obstáculos que o impedem de chegar a uma tarefa criativa. Isso é o que significa a expressão "via negativa"[13].

Em outras palavras, para atores cujo fim era chegar à máscara através de uma habilidade de composição ("via positiva"), agora a personagem, a máscara, deixava de ser um fim, para ser um meio para eliminar os seus bloqueios físicos e psíquicos ("via negativa"). O desempenho do conjunto paulista efetuava neste momento, talvez, a sua primeira grande cambalhota. Deveriam agora utilizar

(...) o seu papel como se fosse um bisturi para dissecar-se (...), como um trampolim, como um instrumento mediante o qual se pudesse estudar o que estivesse escondido atrás de sua máscara cotidiana — o miolo mais íntimo da sua personalidade[14].

Em suma, a visão grotowskiana do teatro, que coloca em xeque todos os preconceitos, estéticos e ideológicos, permitiu o trabalho em conjunto dos dois grupos em contenda. No palco do Oficina todos foram obrigados a se questionar totalmente e, assim, levar suas discussões e dúvidas ao nível do próprio processo de trabalho. A guinada não se verificou só em relação aos "representativos". A "ralé", também se modificava, na medida em que começava a entender que o teatro não se fundamentava somente no ato de se exprimir. Percebiam agora a necessidade de uma técnica baseada no domínio total de seu instrumento de trabalho: o corpo humano. O novo estilo de exercícios possibilitou, enfim, tamanha dedicação e entrega dos atores, e foi tal o rigor da exigência do elenco consigo mesmo, que o resultado de tudo isso foi um dos espetáculos mais ricos que o espectador brasileiro teve a oportunidade de assistir.

Cinco horas de desempenho e imaginação inesquecíveis. Instalou-se no palco do Oficina um ringue de boxe onde os atores iam, *"round* por *round"*, construindo os cenários. Eles traziam objetos e, como num passe de mágica, todo o palco se modificava. A cada *round* o ambiente visual se tornava mais fascinante. Após cada cena, aqueles mesmos cenários eram tonalmente destruídos, com uma violência incrível. Eram praticamente espatifa-

---

13. JERZY GROTOWSKI, «El Entrenamiento del Actor», in *Hacia un Teatro Pobre*, p. 94.
14. JERZY GROTOWSKI, «El Nuevo Testamento del Teatro», ob. cit., p. 31.

dos e jogados ao lado do ringue, como se houvesse intento de deliciar primeiro o público com as possibilidades do próprio teatro e depois frustrá-lo com a sua destruição. Era como se o conjunto falasse da própria efemeridade da arte cênica. No final, quando não tinham mais o que destruir, arrancavam as tábuas do ringue e cavocavam, com as próprias mãos, a areia que estava sob o tablado e dali arrancavam mais e mais objetos. O teatro se transformava, então, num amontoado imenso de destroços, sugerindo o lixo de toda uma cultura, de toda uma civilização. Não reinava o menor purismo estilístico. Para cada cena assumiam, até as últimas conseqüências, um estilo. Havia cenas naturalistas, cenas épicas e cenas que não se enquadravam em nenhum estilo preciso. Era uma montagem aparentemente caótica, mas que representava um balanço integrado de todo o melhor teatro que o Oficina já fizera. No último instante, os dois lutadores, praticamente nus, sem mais objetos para destruírem, se encostavam um no outro com tal força cênica que chegavam a sugerir, apenas nesse gesto, a dimensão poética e estonteante do homem que encontrava no outro homem a sua identidade. Havia uma técnica de marcação apurada que por vezes chegava a sugerir *closes* cinematográficos. Mais impressionante ainda era a coragem física e espiritual dos atores. Ítala Nandi, por exemplo, num dado momento do espetáculo, se desnudava com tal personalidade que quase fazia a platéia toda baixar a cabeça, tão digno e necessário era o seu ato, no contexto violento do espetáculo. Era inacreditável como todos os atores se atiravam aos seus papéis sem qualquer censura pessoal, sem medo algum de se arrebentar (e o sentido aqui de arrebentar-se é também físico), pois os inúmeros tombos e os vários objetos que roçavam suas cabeças colocavam a platéia em permanente suspense, sobre a sorte dos mesmos. A encenação toda transpirava trabalho estafante, trabalho de horas e horas diárias de ensaios, com a dignidade final de não se fazer a mínima concessão. Entrava-se às oito horas e saía-se do teatro às duas horas da madrugada. Depois de todas essas horas o que ficava na mente de todos era uma maravilhosa metáfora, que não era nem só de palavras, nem só de gestos, nem só de objetos, ou de sons, mas de tudo isso em conjunto. Uma poesia cênica aterradora, que por vezes excitava os sentidos e por outras aguçava o cérebro. Foi uma das maiores, senão a maior experiência estética do Teatro Oficina

Estava ali, sintetizada no palquinho da Rua Jaceguai, a destruição da cultura. Uma destruição perigosa e fascinante de valores, do espectador dos atores, de todo o mundo ... e ninguém encontrava nada para colocar no lugar ... Os atores escavavam com as unhas, o chão da Rua Jaceguai, sob os alicerces do edifício teatral e não encontravam nada ... nada a dizer ... era o caos total.

José Celso Martinez disse uma vez: *"Na Selva das Cidades* é um espetáculo para ser montado um dia antes da morte" e tinha toda a razão. O próprio Brecht, para continuar produzindo, foi obrigado a uma disciplina rígida, depois de ter escrito esse texto:

> Estar só é uma boa coisa. O caos terminou. Foi o melhor tempo de minha vida.

As conclusões filosóficas dessa obra são demasiado lúgrubes para sustentarem um artista por muito tempo — nada existe no niilismo suicida de Schlink que inspire um novo processo de criação — e assim não é surpreendente que, alguns anos mais tarde, em 1927 ou 1928, Brecht comece a receber instrução marxista no "Colégio do Trabalhador", em Berlim. A decisão de Brecht está claramente antecipada na evolução de Garga, pois que, à semelhança de seu herói semi-autobiográfico, Brecht repudiou a busca de identidade e a necessidade de opiniões pessoais; como Garga, embora de maneira um pouco menos cínica, encontrou o caminho de sua própria sobrevivência. Se o individualismo subjetivo conduz ao caos, então a consciência subjetiva deve ser eliminada, se a rebelião individual conduz à loucura, então devemos aprender a conformar-nos[15].

Se José Celso e o elenco do Oficina fossem seguir o mesmo caminho de Brecht, deveriam montar novamente, e a sério, isto é, ao pé da letra, *Galileu Galilei*. Ou quem sabe *José, do Parto à Sepultura?* Veremos que, mais tarde, haverá uma tentativa neste sentido. Por hora, entretanto, eles ficavam com a posição da personagem malaia... no meio dos destroços. Sábato Magaldi intuiu com muita lucidez o perigo de *Na Selva das Cidades* e a coragem de José Celso:

> (...) Eis um espetáculo inspirado, que não teme buscar as raízes do sofrimento e do desespero. Preocupo-me com o itinerário pessoal de um encenador que depois de atingir o racionalismo de um *Galileu*, tem a coragem de se questionar com a veemência e loucura de *Na Selva das Cidades* (...). José Celso, ao montar o espetáculo, se põe a nu com uma inteireza moral que espanta o crítico. Agora que são comuns os alistamentos fáceis, José Celso se resolve, se martiriza, se oferece em holocausto. Pode-se não concordar com essa postura à beira da demissão irracionalista, mas

---

15. ROBERT BRUSTEIN, *ob. cit.*, p. 273.

se tem de reconhecer que há nela uma entrega generosa de si mesmo, um apelo irrefreável para os vôos altos e os destinos superiores...[16]

Como se não bastasse a ajuda de Brecht, Grotowski também contribuiria para encaminhar o elenco à demissão do tipo de teatro que até então faziam: um teatro, ainda que muito sério, profissional e dependente de bilheteria. Com efeito, o processo de questionamento do diretor polonês ajudou a abalar o grupo. Em primeiro lugar a bilheteria, depois o teatro intelectual, no fim a representação, na medida em que procurava, não a máscara, mas signos formais decorrentes dos impulsos pessoais do ator, isto é, a vida renovada pela investigação de si mesmo. Teriam, os atores do Oficina, estrutura para tal? Todos? Quando perguntaram a Grotowski quais seriam os renovadores do teatro ele respondeu:

O ator profissional começa a aprender sua arte demasiado tarde, quando já está formado psiquicamente...
A renovação deve vir da gente insatisfeita com o teatro normal e que se impregna da idéia de construir teatros pobres, com poucos atores (...), dos amadores que trabalham longe dos profissionais (...); em suma de uns quantos loucos que não têm nada a perder...[17]

Na verdade, entretanto, apenas se intensificou um processo de indagação básico que o grupo, de há muito tempo, pelo menos desde *O Rei da Vela,* já adentrara.

Como continuar? O que fazer? Para onde deveriam orientar a pesquisa de sua linguagem? Qual seria o programa ideológico mais adequado para mostrar no teatro a realidade de um povo? Ao mesmo tempo que o elenco não possuía as respostas, a crítica e o público esperavam ansiosos o próximo trabalho da mais importante companhia profissional do País... Mas àquela altura o Oficina não tinha nada a oferecer, neste sentido. A verdade é que a resposta não existiu. O itinerário de um elenco que mina a própria maneira de agir, logicamente desembocou no "caos".

Em *Na Selva das Cidades,* sem sombra de dúvidas, o Teatro Oficina, como instituição profissional, se atirara a uma discussão suicida, pois nesse processo descobriu sua grande contradição: como ser um grupo revolucionário

---

16. SÁBATO MAGALDI, *Na Selva das Cidades, Jornal da Tarde,* SP, 17-09-1969.
17. JERZY GROTOWSKI, «El Nuevo Testamieto del Teatro», *ob. cit.,* p. 45.

em constante processo de ação e pesquisa rigorosa e continuar dentro de um teatro burguesmente instituído, com bilheteria e tudo? Como tentar destruir um "teatro morto", ao mesmo tempo em que se vive e se pratica, de um modo ou de outro, exatamente esse tipo de teatro? De repente se verificou também que tudo aquilo que o grupo havia criticado, principalmente a partir de *Pequenos Burgueses*, no que diz respeito às relações entre patrões e empregados, etc., existia dentro da própria estrutura econômica da companhia. Que incrível paradoxo! As contradições de um beco sem saída são descobertas a partir de uma das encenações mais belas que o nosso teatro já produziu. Acontece, entretanto, que o processo de "rebeldia anárquica", iniciado em *O Rei da Vela,* era um caminho sem retorno. Um caminho que alguns dos integrantes do grupo iriam ainda, masoquista e corajosamente, percorrer até as últimas conseqüências.

Peter Brook disse uma vez:

Não sabemos como celebrar, porque não sabemos o que celebrar

ao que Jo Chaikin, diretor do Open Theatre respondeu:

Essa é uma das razões pela qual o Open Theatre se dissolveu como grupo e o motivo pelo qual tanta gente de teatro pergunta o que deve fazer. Também nós, do Open, não queremos seguir porque nos institucionalizamos, nós queremos fazer teatro radical, o qual não implica teatro político, mas que se refere à raiz das coisas, ao extremamente básico... Outra razão que me levou a dissolver, temporariamente, o grupo foi que as pessoas estão adquirindo idéias diferentes, muito definidas. Uns querem fazer um teatro muito mais político, outros querem os seus nomes encabeçando cartazes... Todos os grupos se dissolvem e voltam a se formar com novas pessoas... É quase inevitável[18].

Voltando a *Na Selva das Cidades,* era inevitável, para os atores, seguirem o caminho da sobrevivência de Garga... A posição de Schlink, como um suicida no palco, era realmente insustentável... Uns à maneira de Brecht procuraram um grupo mais disciplinado e racional, outros viajaram, porém, no palco da Rua Jaceguai, ninguém ficou... pelo menos durante o espaço de um ano.

O caos terminou... Foi á melhor época de minha vida?

É uma questão que, não temos dúvida, todos os atores do Oficina que participaram de *Na Selva das Cidades,* fazem a si mesmos até hoje...

18. JO CHAIKIN, in *Novos Rumos do Teatro,* Salvat Editora, RJ, 1979, pp. 60-61.

## 9. A MORTE

*Restava o terceiro mundo.
Ali, a estética e a ideologia
talvez ainda tivessem um sentido!*

JULIEN BECK

No ano de 1970 o Teatro Oficina sentiu a volúpia da morte, segundo José Celso. A sensação era proveniente do fato de que as contradições fundamentais da companhia não chegavam, de maneira nenhuma, a um bom termo. E ainda mais, parte dos atores do Oficina, que sempre haviam primado por uma conduta extremamente racional, ficaram depois de *Na Selva das Cidades,* um tanto quanto cindidos pessoalmente. Para termos uma idéia de como as cabeças estavam confusas e em crise, basta pensarmos no fato de que, a única produção do Oficina, neste ano de paralisação, foi a montagem de *Dom Juan* de Molière, por Fernando Peixoto, tendo no papel-título, Gianfrancesco Guarnieri. Pela postura crítico-racional que ambos sempre mantiveram em relação aos trabalhos, esperava-se uma mudança radical no roteiro angustiado do conjunto.

Seria novamente uma aproximação do Arena? O espetáculo seria marcado por uma proposta, no mínimo, planchoniana?

Para surpresa geral, entretanto, os dois atores brasileiros fizeram uma experiência de laboratório em conjunto com o Grupo Lobo, de Buenos Aires, equipe que procurava uma forma de expressão em termos corporais, bastante abstratos e irracionais através de improvisações coletivas. Assim é que a tônica dos ensaios de *Dom Juan* foi marcada por improvisações sobre temas dos mais abstratos, como fogo, água e ar, que duravam horas e horas. O resultado desses laboratórios foi um espetáculo que oscilava entre uma e outra linha de encenação. Num espaço sem poltronas, a fim de criar uma área unificada de palco e platéia, Guarnieri, Antônio Pedro e outros representavam o texto de Molière, enquanto o coro se espalhava por entre a platéia, realizando contorções. Em dado momento, enquanto Gianfrancesco Guarnieri cantava um *rock* em puro estilo de Mick Jagger, dos Rolling Stones, o coro acendia uma autêntica fogueira no meio da platéia. Segundo o encenador, Fernando Peixoto, a montagem foi útil para ele, pois serviu como expiação das influências de José Celso e de todas as expectativas da "vanguarda norte-americana" que ele havia visto, durante a excursão com o Arena. Temos certeza de que, neste espetáculo, Fernando Peixoto descobriria que aquela não era sua maneira de fazer teatro e muito menos a de Gianfrancesco Guarnieri. Em suma, *Dom Juan,* apesar de ter conseguido momentos de interessante atualização de um clássico, um grande desempenho de Gianfrancesco Guarnieri e Antônio Pedro, e registrar um dos mais criativos cenários de Flávio Império (composto na base de alimentos de um banquete), teve importância mais histórica do que artística no trajeto do Oficina, pois se constituiu na última tentativa de um de seus principais líderes — Fernando Peixoto — para continuar no grupo. O mesmo que dissemos a respeito de Eugênio Kusnet, podemos dizer acerca desse ator e diretor gaúcho. Sem a sua presença,

No manifesto "Saldo para o Salto" o Teatro Oficina reafirmava sua crença no realismo. Eugênio Kusnet voltava para ensinar os fundamentos do estilo para os jovens atores (Ensaio de Pequenos Burgueses — 1970) (Arq. IDART)

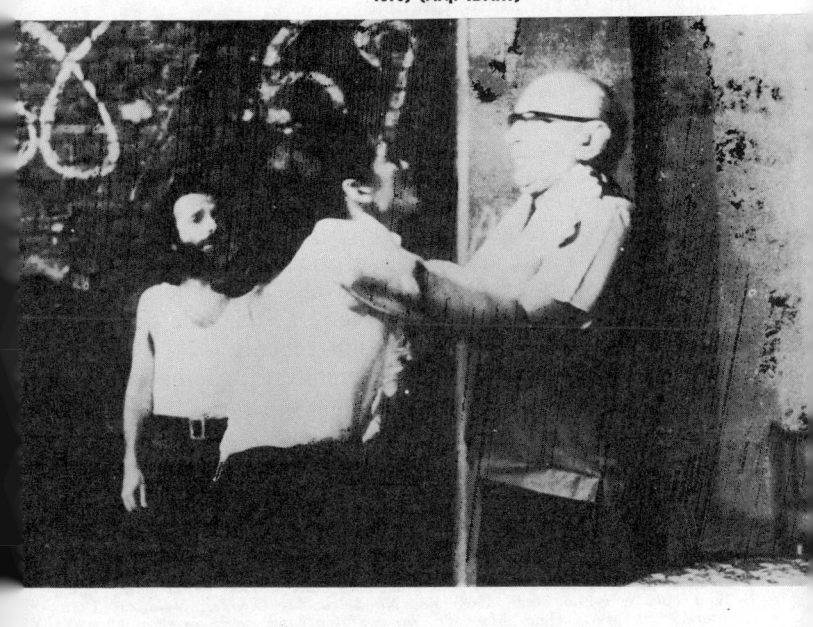

de uma lucidez ímpar, ao lado do gênio criativo de José Celso, o Teatro Oficina não teria alcançado muitos de seus melhores resultados[1].

O encontro com o Living Theatre, a mais relevante *troupe* da vanguarda americana, frustrou-se em virtude das discordâncias já relatadas na primeira parte deste estudo. A confrontação, entretanto, serviu para que o Oficina conhecesse de perto um grupo marginal, distante do "teatro instituição"; teatro este que também acabava de ser contestado aqui em 1969. Com efeito, tratava-se de um elenco que vivia, desde 1955, em vida comunitária e portanto completamente afastado das relações empresariais. Sem dúvida, essa estrutura e algumas das idéias do conjunto americano influenciariam muito a futura opção dos remanescentes do Teatro Oficina. Podemos mesmo dizer que José Celso não se integrou na experiência comum, mas absorveu bastante do tipo de vida e experiência comunitária do grupo norte-americano. O encontro com o Living constituiu-se, na verdade, em uma bomba de efeito retardado para o conjunto paulista[2].

Do Teatro Oficina de *Pequenos Burgueses* e de *O Rei da Vela*, só restavam, em dezembro de 1970, José Celso Martinez Correa e Renato Borgni[3]. Haviam destruído o teatro "institucional", de bilheteria, para não continuarem sendo a maior companhia profissional do País e, com ele, a parte do grupo que não podia entender tal destruição. A agonia estava chegando ao seu desenlace. Era preciso muita coragem e dedicação para formar um novo elenco. José Celso proclamava: "Temos de novo zero anos!"[4] O canto lúgubre do Teatro Oficina de São Paulo se transformava no grito de um rebento... o "Oficina Brasil", que já nascia com um manifesto, chamado "Saldo para o Salto".

1. Fernando Peixoto abandonaria o grupo após *Dom Juan*, depois seria a vez de Ítala Nandi.
2. A óbvia influência do Living Theatre no Te-Ato será relatada, em detalhes, no próximo capítulo.
3. Depois que o grupo se dissolveu em 1969 *(Na Selva das Cidades)*, um novo grupo foi sendo, aos poucos, formado. Dos «representativos», praticamente, só restou Renato Borghi. O grupo teria se fechado em torno dos elementos que ficaram na Bahia e seriam eles: Tessy Calado — 21 anos. Trabalhou com o grupo desde 1969. Fez *Na Selva das Cidades*. Veio do Teatro Amador de Maria Clara Machado, do qual fez parte desde os doze anos. Samuel Costa (Samuka) — 24 anos. Eugênia Moreira — 20 anos. Fez pontas em alguns filmes. Roberto Duarte — 20 anos. José Celso — 34 anos. Rogério Noel — 19 anos. Henrique Nurimberg — 21 anos. Trabalhou em *Cemitério de Automóveis*, *A Dança das Bruxas* e *Macunaína*. Everaldo Cunha — 20 anos. Renato Borghi — 24 anos. Flávio Cavalcanti — 18 anos. Ester Góes — 25 anos. Walquíria Mambert — 29 anos.
4. JOSÉ CELSO, O Novo Está Velho, *Folha de São Paulo*, 19/02/1971.

## 10. A VIAGEM EM BUSCA DO "TE-ATO"

*Praticar o teatro com a finalidade de criar uma sociedade na qual cada um fará o seu teatro.*

ANDRÉ BENEDETTO

*Meu relógio anda para frente, a história também!*

OSWALD DE ANDRADE

O manifesto que antecedeu às remontagens — "Saldo para o Salto" — se configurava, em seus termos, como uma espécie de penitência de José Celso e do Oficina, como se o próprio diretor anarquista de *Roda Viva* e *Na Selva das Cidades* considerasse essas duas encenações como deslizes impensados de um grupo que, dessa maneira, se afastava de seus reais objetivos revolucionários. O manifesto soava como se apavorados, com medo da irracionalidade desenfreada, com medo da posição suicida de Schlink[1], fossem de encontro à última experiência paulista de *Na Selva das Cidades,* em busca da sobrevicência.

O Oficina abre a boca e sai o velho. O prato da vanguarda, da agressão, não será servido este ano. (...) Vimos que nestes dez anos, dentro de todos os erros e fraquezas, nunca acertamos tanto quanto nos momentos em que fomos mais fiéis ao realismo na tentativa de transformar a energia revolucionária em realidade. Nosso objetivo, portanto, passou a se clarificar dentro da opacidade que não era mais absoluta. Agora nossa missão fica mais clara e nós não decidimos traí-la, mas cumpri-la. Assim temos a dizer que, nestes dez anos, o nosso objetivo não foi conseguido e para consegui-lo vamos voltar atrás e utilizar tudo, absolutamente tudo. Aceitamos até os meios já ineficazes como o teatro preso à estrutura social a que serve, pois somos o que dispomos aqui e agora (...). Pelo fim do vanguardismo. Pela instituição da procura permanente do nosso objetivo[2].

Tudo indicava uma nova alteração de roteiro, uma espécie de volta ao filão sócio-político, abandonado depois de *O Rei da Vela.* O ressurgimento do grupo entraria quase que numa espécie de rotina do conjunto, feita na base de crises e superação das mesmas através das remontagens. As expectativas se assemelhavam às da época que se seguiu ao incêndio de 1966, ou seja: a consciência de que o verdadeiro sentido da arte está na eficácia junto ao povo e para tanto deve refletir de um modo crítico a cultura nacional, buscando aqui as formas de expressão descolonizada. A agressão não seria usada, porque a mesma afronta e afasta uma parcela importante do público. O momento, portanto, era o de reconciliação com o grande público, de comunhão.

É preciso lembrar que, após o incêndio, vislumbrou-se a possibilidade de construir-se, num terreno que seria doado pela Prefeitura de São Paulo, um grande centro cultural, com inúmeras promoções gratuitas para o povo[3].

Em breve, os planos recentes começaram a ser executados; no Rio de Janeiro, por exemplo, foram feitas inúmeras apresentações gratuitas. Em Recife a nota no jornal dizia:

O Grupo Oficina parte para uma reformulação total do povo. Ele quer entrar em contato com um público que não costuma ir ao teatro. Está na hora de quebrar a imagem de que teatro é pri-

---

1. Personagem malaio de *Na Selva das Cidades,* vide Cap. 8.
2. JOSÉ CELSO MARTINEZ CORREA, O Novo Está Velho, *Folha de São Paulo,* 19/02/71.
3. Vide descrição na parte histórica.

vilégio de elite. O importante é a ação: quarta-feira, às 21 horas, no "Santa Isabel": *Galileu, Galilei*. Entrada franca[4].

Outra característica, que confirma a semelhança por nós relatada, foi a preocupação com o estudo da realidade brasileira. Se, em outros tempos a pesquisa se baseava no Brasil, mas filtrado pelo movimento modernista de 1922 e nas formas de comunicação popular, de origem urbana, agora deslocava-se para o imenso interior do país. Se antes, buscava-se um estilo baseado na comunicação dos ídolos popularizados pela imprensa, rádio e televisão, agora a pesquisa se concentrava no tipo de comunicação que poderia nascer dos grandes mitos do Nordeste — Padre Cícero e Lampião, por exemplo. Não mais o modernismo, mas Euclides da Cunha... *Os Sertões*, um grande e antigo plano do conjunto.

O espetáculo seria feito num grande estádio, onde se tentaria efetivar o reencontro das grandes formas de comunicação popular com as mais avançadas.

Em suma, o Oficina se colocava, mais uma vez, contra o teatro importado, que teria São Paulo e Rio de Janeiro como seus grandes centros. Nos termos do elenco, importando-se peças como *Hair* e *O Balcão*, continuar-se-ia numa relação antiga, de colonizado e colonizador, que sempre existiu no teatro brasileiro. Seriam corpos estranhos ao processo cultural brasileiro, manifestações desligadas do curso político nacional. Como postura artística, o Oficina voltava à antropofagia:

(...) Estamos tentando deglutir a realidade brasileira, engolir o homem e depois vomitar as coisas no palco (...). Sempre procuramos discutir com a nossa platéia os problemas brasileiros e colocar, na medida do possível, nossa posição[5].

Para se entender o sentido dessa fase é preciso salientar que todos esses estudos, feitos na fase das remontagens — o "Saldo" — estavam preparando o esperado "Salto" (no sentido da dialética hegeliana, de "salto qualitativo"). O "querer de novo" (expressão contida no manifesto) não significava voltar a querer o teatro que já haviam experimentado, mas radicalizar-se na busca de uma nova forma, de uma nova relação, mais viva, entre palco e platéia. Essa "nova forma", à qual José Celso sempre se referia, era nada mais nada menos do que o "Trabalho Novo",

---
4. MARIA LUIZA ROLIM, De Graça, o Oficina quer o Povo no Teatro, *Jornal do Comércio*, Recife, 03/07/71.
5. Entrevista à Maria Denil Vieira, *Jornal da Bahia*, Salvador, s/d.

que era o prenúncio de uma nova ressurreição para o Oficina. Foi a partir da publicidade sobre as remontagens, publicidade essa feita nas ruas das cidades onde o Oficina se apresentava, que surgiram as bases para o futuro "salto". Tais formas inusitadas de propaganda, aos poucos, foram se transformando em exercícios teatrais de comunicação interpessoal e, daí, o novo veio... o "Teatro de rua".

Mais uma vez o "sismógrafo"[6] voltava a funcionar. O Oficina Brasil, através das próximas experiências, incluir-se-ia na corrente *up-to-date* do teatro radical da década de sessenta, como iremos mostrar, tomando como base uma análise comparativa das tendências teatrais dos anos cinqüenta e sessenta, publicada pelo jornal francês *Le Mond,* com o pórtico de uma nova década[7]. A mudança das características do teatro, de uma década para outra, marcaria, no Teatro Oficina, a passagem de *Galileu* (moldes da década anterior) destruído por *Na Selva das Cidades,* para a nova fase do "salto".

Segundo o periódico, o teatro teria se deslocado de *novos teatros,* onde apenas não existiam os *cenários tradicionais,* para a *"rua,* local *sem nenhuma estrutura teatral fixa".* Foi exatamente o caminho do Oficina em Mandassaia, Santa Cruz e Brasília. Se o teatro da década anterior tentava *captar o público* de todas as *classes misturadas* e assim *formar o espectador;* na nova década, o teatro iria *até o público,* principalmente até as *classes desprivilegiadas,* para se *submeter às experiências daqueles espectadores.* O núcleo de idéias do manifesto do "salto", escrito pelo Oficina, era, como relatamos, o de

(...) destruir a cerca que separa o teatro do povo (...); buscar o contato com o público que não costuma ir ao teatro. Está na hora de quebrar a imagem de que o teatro é privilégio de elite.

Voltando ao *Le Monde,* a diferença também estaria concentrada nas características dos promotores do evento teatral. Se antes o teatro era feito por *artesões, donos de edifícios* teatrais, legítimos *especialistas* em interpretação e liderados por um *diretor;* agora a arte cênica seria feita por *voluntários sem propriedade, diletantes, militantes espontâneos,* liderados por *agitadores.*

---

6. «O Oficina funcionou sempre como um 'sismógrafo' das últimas tendências artísticas internacionais» (SÁBATO MAGALDI, «Cem Anos de Teatro», *ob. cit.).*
7. In *Novos Rumos do Teatro,* Salvat Editora do Brasil, RJ, 1979.

Aos poucos as remontagens do "Saldo para o Salto" foram se transformando, até ficarem bastante diferentes das montagens originais. O Rei da Vela **transformado num happening ao ar livre (Arq. IDART)**

...E o palco se transforma em rua e a rua se transforma em palco... (Encenação de Galileu Galilei numa das ruas de Recife — 1972) (Arq. Teatro Oficina)

O Oficina acabara de perder o seu núcleo de atores com técnica de interpretação apurada — os "representativos" — e se fechava agora, durante a viagem, numa comunidade composta de atores inexperientes — cinegrafistas, intelectuais — enfim pessoas que não assumiriam o teatro como profissão. Ao mesmo tempo, José Celso iniciava uma carreira de intérprete e dizia, muito claramente, que não gostaria mais de dirigir ninguém. O seu posto entretanto, de fomentador de atividades, jamais foi deixado para outrem. Enfim, o Oficina estaria também incluído na tendência do teatro da década de sessenta, pelas seguintes outras características:

— *O teatro em si não existe*. Veremos que, por não aceitar mais as definições da arte teatral, iriam inventar um novo nome para o exercício de comunicação que estavam realizando. A máscara como finalidade, como já vimos, começaria a ser destruída em *Roda Viva* e quase que totalmente abandonada em *Na Selva das Cidades*, devido aos exercícios de Grotowski. Agora estavam chegando à fase do "nós não representamos, nós somos".

— *Depredação dos clássicos*. No final das apresentações de *Galileu*, quase já não mais se identificava o texto com o autor alemão, como já vimos. O mesmo aconteceu em relação à *Dom Juan*, a "ópera-*rock*" de Fernando Peixoto.

— *Negar a propriedade*. O Oficina abandona a estrutura de empresa para viver em comunidade, onde os lucros eram divididos e deveriam servir, apenas, para a subsistência de seus membros. Uma *teoria generosa* e uma rigorosa *reflexão* cederiam lugar para uma *prática violenta* e uma *ação total*. A esse respeito, é sintomático o fato de que antes de *O Rei da Vela* o conjunto tenha se dedicado a cursos e leituras, para estudar a realidade brasileira, e agora entrava em contato direto com essa realidade, procurando mais vivenciá-la do que discuti-la. A confrontação com os habitantes das cidades transformar-se-ia no estudo principal da equipe. Finalmente, e talvez aí a mais importante mudança da década, mudar a *relação cena-público* em busca de uma *participação mais ativa* por parte dos espectadores. O objetivo essencial do "Trabalho Novo" era justamente a abolição da divisão palco e platéia e a instituição de um jogo criativo interpessoal.

No meio da viagem, o Teatro Oficina descobriu que as experiências que estava fazendo não se inseriam mais no conceito de linguagem teatral, visto que tinham abolido, de vez, a máscara, a personagem. A estrutura dos *happenings* era muito simples e baseada no encontro dos atores do conjunto com o povo da região. As ações simbólicas — carregar pedras para a construção de uma ponte, por exemplo, transformavam-se numa realidade, na medida em que a ponte era realmente construída, com todo o cansaço físico que o ato sugeria. Era a transformação da arte em vida e da vida em arte. Na entrevista ao *Jornal da Bahia*, por exemplo, uma ação real — a entrevista — era transformada numa ação simbólica — os atores fingiam morrer em cima das mesas. Em Brasília, no percurso do túnel, os atores realmente deram e apanharam dos estudantes. O nome teatro foi então, a meu ver inteligentemente, abandonado e a nova proposição de comunicação seria chamada de "Te-ato" — nome com múltiplas significações que vão desde "te uno a mim", até ... "te obrigo a unir-se a mim".

As justificativas para a sua implantação e os princípios básicos da comunicação "te-atal" seriam os seguintes:

As estruturas teatrais do "teatro comercial" estariam definitivamente mortas. O teatro teria apenas se antecipado às outras mortes: das várias formas de comunicação, das estruturas arcaicas em geral, das instituições sociais. Paradoxalmente o teatro foi quem primeiro ressuscitou. Para isso, entretanto, precisou abandonar o que herdou de outras épocas (sua fixidez num local específico arquitetônico, a idéia de que é uma mercadoria), para voltar à sua raiz (o contato inventivo entre um grupo de pessoas). O melhor meio de informação e conscientização, de transformações, seria a informação proveniente do testemunho de um corpo em contato com outros corpos, na medida em que todos se dispõem a um contato vivo e criativo — isto seria o teatro na sua acepção mais literal; o "Te-ato", para o grupo Oficina.

O "Te-ato" seria a própria reivenção da comunicação direta e funcionaria como defesa contra a forma piramidal com que os meios de comunicação impuseram suas mensagens aos cérebros desprevenidos. Uma sociedade que não recriasse seus hábitos de teatro tornar-se-ia uma sociedade repressiva, fechada. Seria preciso, então, um novo homem, um novo ator para o "novo teatro". As sociedades tecnológicas e do lazer desenvolveriam novas formas de "Te-ato" como atividade de invenção crítica, através da comunicação direta, da qual participam progressivamente como "atuadores" todos os seus membros. A divisão palco e platéia estaria então superada — a existência da platéia estaria com os dias contados — a nova forma de comunicação seria um corretivo ao público passivo e consumidor. Seu corpo e sua atividade coletiva, inevitavelmente, transformariam as relações sociais; inevitavelmente, o teatro tornar-se-ia o "esporte das multidões" e o futebol viria a ser cultura[8].

A meu ver, quase todas as experiências de comunicação feitas pelo Oficina nesta viagem foram um tanto quanto frustradas. No meio rural, principalmente, a ponte entre as duas culturas, a dos integrantes do Oficina e a das camadas populares, era muito extensa e o que acontecia, conforme relatos, eram os equívocos, a desintegração. Em Mandassaia, a ponte construída teria provocado enchentes. Em Santa Cruz, o povo pediu para ser empresariado para uma grande produção. Em Goiânia, a sala foi depredada. Ficaram destas experiências talvez a descoberta de suas impossibilidade, ou seja, a eterna dificuldade de se procurar entender uma realidade apenas a partir de uma verdade, a de um grupo comunitário fechado em si mesmo. Segundo depoimento de Renato Borghi, ele teria viajado o Brasil inteiro sem vê-lo, porque olhavam apenas para si mesmos[9].

Lendo os depoimentos de viagem dos próprios atores, chega-se a conclusão de que o "Trabalho Novo" apenas se concretizou plenamente na cidade de Brasília, junto aos estudantes universitários. Não é de estranhar, aliás, o fato de se ter conseguido efetivamente um ou outro fruto durante toda a viagem, porquanto, na medida em que se procurava realizar um novo tipo de comunicação, programada como um "acontecimento", essa comunicação seria mais efêmera do que o próprio fenômeno teatral. O "acontecimento" de Brasília produziu realmente um

---

8. Foi quase a realização de uma proposta teórica, bastante utópica, da qual o crítico Sábato Magaldi assim falou:
(...) «Como idéia, ela me parece brilhante. Um grupo vitorioso, que se sabia 'filho predileto' do público, resolve questionar-se a ponto de destruir sua bela imagem. Não a exploração do prestígio justamente adquirido, mas a denúncia da relação convencional com o espectador como morto e a tentativa de estabelecer um novo projeto. O grupo, em face de pressões e repressões, sentiu a volúpia da morte, mas encontrou em si a fonte da energia para a 're-volição' (querer de novo), base para uma nova vida. Teoricamente, parecia que o Oficina superava o desespero irracional prestes a engoli-lo para assumir um papel modificador da realidade». (SÁBATO MAGALDI, A Volta do Oficina ou a Imagem Destruída, *Jornal da Tarde*, SP, 02/05/72).
9. FERNANDO PEIXOTO, «Conferência sobre o Teatro Oficina», *ob cit*.

impressionante resultado, a ponto de se poder aquilatar o quanto era ativo o "novo" tipo de teatro proposto pelo conjunto paulista[10].

Com o encontro do "Te-ato" a viagem estava terminada, o "salto" havia sido dado. As notícias eram as de que o Oficina estava mais vivo do que nunca. No Rio de Janeiro e principalmente em São Paulo, os "filhos prediletos"[11] esperavam ansiosamente o conjunto que ali tivera o seu berço. Foi tal a inquietação estética da equipe paulista nos anos sessenta que, para todos os que acompanhavam a arte cênica, de um modo ou de outro, o momento era de grande expectativa e de um certo *suspense*. Apesar da tentativa de destruir a grande "instituição", apesar de repudiar o "vedetismo", o Teatro Oficina continuava sendo a grande "estrela" do teatro brasileiro. Talvez o mais lógico, naquele momento, fosse o conjunto voltar de mãos vazias para tentar, a partir do novo confronto com o povo das ruas da capital, uma comunicação "Te-atal" específica, para determinado grupo ou lugar. Mas temos quase certeza de que o Oficina sentiu novamente o peso de um público que vivia na "Meca do consumo" nacional. Espectadores acostumados a pagar caro pelas novidades materiais, ou espirituais, mas entenda-se bem, só pelas novidades. A classe desprivilegiada, para quem o Oficina queria fazer teatro, estava nas fábricas tentando construir o "milagre brasileiro" e muito bem protegida de qualquer "abordagem", pela censura e polícia. A imprensa falava de um elenco que voltava com a "imagem destruída". Mas que imagem destruída seria essa, para a qual se construíam parágrafos e mais parágrafos nos jornais? A viagem para a utopia do Teatro Oficina (o teatro tornar-se-ia esportes das multidões e o futebol viria a ser cultura) encontrava aqui a realidade de um *teatro,* lotado de espectadores de *teatro* e críticos de teatro.

Mas o Oficina parecia ter a obrigação de apresentar qualquer coisa, e assim o fez.

Da mesma maneira que Carlos Goldoni sistematizou e assim disciplinou a Commedia dell'Arte, José Celso, Renato Borghi e os atores que restavam da comunidade sistematizaram e disciplinaram o "Te-ato". Essa sistema-

---

10. Vide descrição de José Celso na parte histórica deste trabalho.
11. Expressão criada pelo grupo, para designar o público sempre presente aos seus espetáculos.

tização, tendo como base um texto-roteiro, escrito logo após o encontro com o Living Theatre, em 1970, chamou-se *Gracias Señor*.

*Gracias Señor* era uma "peça-estrutura" de autoria coletiva, sem direção. "Atuadores", e não mais atores, coordenavam uma experiência nova de comunicação, recriavam uma viagem pelo Brasil: utilizavam tudo o que pôde ser anotado, visto, filmado, etc., ao mesmo tempo que falavam do processo geral do grupo Oficina. A divisão entre vida e teatro era abolida. *Gracias Señor* era, acima de tudo, a tentativa de fazer com que o público entendesse e vivenciasse o mesmo processo pelo qual passou o Teatro Oficina do teatro ao "Te-ato". Era uma aula, em sete partes, de como transformar o espectador em atuador de "te-ato"... A vida renovada pela arte.

Na primeira parte, chamada de "Confrontação", discutia-se o tipo de comunicação a ser estabelecido. Os atores se recusavam a representar tradicionalmente, recusavam a divisão entre palco e platéia, recusavam a máscara, a maquilagem, a fantasia, todo o fascínio da mentira. Contestavam o "grande espetáculo", o "grande *show*", os valores de ritmo, ordem, boa produção, etc. Procuravam uma nova "missão", que consistiria em lançar-se a uma investigação em conjunto com as pessoas presentes na sala de espetáculos. Essa comunicação abandonada naquele momento seria o reflexo de relações mortas e mentirosas dentro da própria sociedade. O teatro não deveria, portanto, servir de refúgio a criaturas mortas. Depois tentavam provar que, apesar de haver vida biológica na platéia, a relação palco e platéia antiga estava morta. Faziam isso através de olhares diretos para platéia, imóveis, fixamente. Daí, desse entendimento, tudo teria de começar. A partir desse momento, palavras de desordem eram dadas: "Fora dos Teatros", "Fora dos Túmulos",. "Teatro, anarquia, sem regras". O verdadeiro papel do teatro é levar o público fora dos teatros. A platéia deveria entregar-se a esse jogo, mesmo que fosse de maneira secreta. Pedia-se à platéia que enviasse, por escrito, seus pensamentos secretos; eles eram lidos e queimados. Surgia assim a primeira possibilidade de relacionamento. A confrontação terminava com um tipo de relação ainda muito morta, mas enfim, uma relação.

A "confrontação", apesar de constituir uma metáfora muito ampla (visto que qualquer relacionamento, no fundo, pressupõe uma confrontação), falava, em particular, do processo teatral, do processo teatral específico de um grupo que, em determinado momento, resolveu contestar o "sistema" de teatro convencional, do bom gosto artístico (o Oficina de 1967 com *O Rei da Vela* e *Roda Viva*) e da interpretação teatral, na medida em que para se expor no palco é preciso tirar as máscaras. Somente pode colocar máscaras quem as tirou. No fundo isso era o que incumbia fazer com o público. Torná-lo capaz de atuar, de participar de um jogo teatral. O Oficina, negando o teatro, pretendia ensinar teatro ao público.

Ainda divididos em palco e platéia, passavam à segunda parte do espetáculo, chamada de "Aula de Esquizofrenia". Em virtude dessa divisão adotavam o esquema de "Aula". Os atores-professores; e o público-alunos. Nessa aula tentava-se mostrar a origem e as causas da esquizofrenia (divisão). Devido a uma forte pressão externa, um organismo fica doente, cinde-se em dois: um secreto, perigoso, violento — o da energia encarcerada; outro legal, disposto a todas as concessões. Esse encarceramento devia ser mostrado num jogo de três tempos. No primeiro apresenta-se o índio sendo colonizado, dominado; no segundo, a cultura negra sendo sugada, vampirizada pela européia; no terceiro, o proletariado dos anos vinte sendo dominado pelo paternalismo e por pequenas concessões.

Depois do terceiro momento, formava-se uma "Pirâmide louca", sustentada na base por interesses opostos. Um "senhor", no topo, balançava mas não caía. Quando o balanço se tornava excessivo era submetido a uma camisa de força. Um esquizofrênico libertava-se da camisa. Era representado por dois atores amarrados com interesses opostos: um queria reflexão, silêncio, clareza, outro queria lutar e obrigar à luta. O esquizofrênico, na aula, se contrapunha ao *homo normalis*, adaptado, que obedecia ordens e era totalmente encouraçado. No final dessa segunda parte, propunham à platéia a seguinte questão: lobotomização (redução do cérebro à vida vegetativa) ou tentativa de um novo tratamento para o esquizofrênico? Geralmente o público respondia: — Não! — quer dizer, propunha-se a tentar, junto com os atores, um novo tratamento para a explosão criativa encarcerada. Havia claramente, neste ponto, uma demonstração da esquizofrenia palco-platéia. Suscitava-se na sala a necessidade de tomar uma decisão ou de pensar nela. Depois de demonstrado o "momento esquizofrênico", terminava a segunda parte.

A "aula de esquizofrenia", apesar de ser também uma parábola bastante ampla, voltava a discutir o imperativo de um novo tipo de comunicação, onde fossem abolidas as demarcações entre palco e platéia, atores e público, na busca de uma ação criativa, mas ainda impossível, devido à couraça que envolvia o público. Ao mesmo tempo o grupo revolvia, mais uma vez, suas feridas. A esquizofrenia, o grupo dividido, nada mais era do que a racionalização da grande crise iniciada em *Galileu* e continuada *Na Selva das Cidades*. (Segundo José Celso, pelo menos, as versões para o público dessas duas peças foram encouraçadas porque deveriam ser feitas com duração e tipo de criação que não cabiam dentro da estrutura do teatro profissional: empresa, obrigação de espetáculos diários, censura, etc.) A segunda fase de *Gracias Señor* colocava a questão de um grupo que faz um teatro contra o sistema, mas dentro do sistema — daí a esquizofrenia. Na terceira parte, denominada "Divina Comédia", os atuadores assumiam o papel de encouraçadores, provocando o afloramento na sala de todos os dados de personalidade autoritária. Por intermédio de objetos de consumo, propaganda, tentavam comprar e ganhar os cérebros. Alguns resistiam. A violência contra o corpo dos resistentes. Perante o inflexível, que apanhava, o público era estimulado às reações mais contraditórias. Tentativa de seduzir o oponente, através do símbolo adocicado de Doris Day. O que sobrava deste homem que resistia era mostrado... seu cérebro ainda não havia sido ocupado. Um anjo vinha com uma grande bola e a enterrava no cérebro do contestador. Tudo o que resistia fora superado. Dedicavam-se a jogos de imbecilização e fuga: *slogans* — gritados pela platéia: "Criar é obedecer", "Guerra é paz", "Os incomodados que se mudem". Toda agressão individual era jogada na sala. Um bando de repressores atacava com bolas os resistentes. Pessoas do público deveriam optar. A situação era colocada fisicamente para os que assistiam: ou se defendiam, apanhavam e batiam, ou assistiam indiferentes. Todos os atuadores cediam, enfraquecidos, embrutecidos, batidos, vencidos. Iniciava-se um ritual de lavagem e esmagamento dos cérebros.

Na quarta parte, a destruição da vontade de querer — a morte: os cérebros se transformavam em fascículos cerebrais. Um anjo os recolhia, mas caía com o peso deles. A Divina Comédia era um desafio claro à platéia. Um desafio na base carrasco-vítima, que deveria passar através da pele, fisicamente, toda a violência de uma sociedade

**Em Brasília as condições ideais para uma sessão de "Te-ato" (Arq. IDART)**

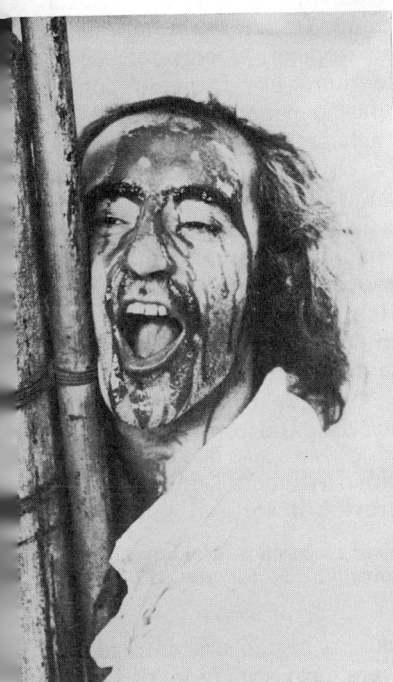

"Te-ato". Gracias Señor (1972). Dentro de um edifício teatral tradicional, com bilheteria e mutilado pela censura. (Arq. Teatro Oficina)

ANTES DA MORTE

Voltar a organizar um grupo... uma paixão pelo teatro ou pelo "Te-ato". A sofrida e maravilhosa tarefa de um líder... (Arq. Teatro Oficina)

Agora, imaginemos uma planície numa terra desolada. No primeiro plano, uma multidão inquieta de cidadãos aglomera-se nas ruínas de um velho templo. Atrás deles, um altar arruinado, repleto de artefatos. E, para além, o imenso espaço vazio. Um sacerdote esquálido, em roupas andrajosas, permanece diante do altar ruinado, ao nível da multidão, olhando para um espelho que reflete uma imagem deformada. Saltita grotescamente diante dele, espelhando sua própria imagem em várias posições bizarras. A multidão murmura ameaçadoramente e dispersa-se em parte. O sacerdote volta o espelho para os que ficaram, a fim de que reflita suas figuras, estupidamente sentadas no chão áspero. Arregalam os olhos para as suas próprias figuras, por um momento, penosamente refletidas; então, cheios de horror, fogem, lançando pedras para o altar e gritando furiosas imprecações contra o sacerdote. Este tremendo de raiva, futilidade e ironia, volta o espelho para o vazio. Ele está sozinho no vazio.

ROBERT BRUSTEIN,
Teatro de Protesto...

repressora. Os estímulos eram os mais elementares possíveis, na base de bater ou apanhar, reagir ou não reagir. Uma metáfora do óbvio que, de certa maneira, conseguia a participação, não raro desintegrada da platéia. A agressão era a constante dessa parte, uma radicalização do processo de comunicação de *Roda Vida*. Ao mesmo tempo constituía o símbolo do massacre repressivo que o Oficina sofreu, em parte da sua história. A "morte" — quarta parte — simbolizava o ano da paralisação, após *Na Selsa das Cidades*, 1970, o ano do silêncio, do "não querer mais", da dissolução do antigo Oficina.

Na quinta parte, acontecia "A Ressurreição". Os corpos se uniam para inventar uma nova humanidade. Eram dois grupos — o Grupo Ar-Cotovia e o Grupo Terra-Rã. Comungavam com sal, amendoim e armavam um navio para sair em busca do paraíso tropical. O corpo e o espírito se fundiam. Um grande útero era formado com a união dos dois grupos — o Bastão penetrava todos e instaurava um navio que seria a base do "humano futuro". A metáfora era óbvia demais. Os dois grupos representavam os dois líderes restantes no Oficina e os novos atores, que procuravam novas terras (a viagem do ano de 1971) para descobrir uma nova humanidade (nova forma de comunicação, o "Te-ato") após o que o grupo voltaria a se expressar (re-volição). O Oficina Brasil ressuscita e procura uma nova forma de contato corporal — (união dos corpos). A nova humanidade ressuscitada seria uma humanidade de atores de "Te-ato", que transformariam as relações interpessoais em busca do paraíso.

Na sexta parte — "O Novo Alfabeto", um bastão, o de Antônio Conselheiro, ilustrava a lição:

— Há muitos objetos num só objeto (o bastão). Mas um só objetivo: destruir o inimigo. Se esse objetivo não for atingido, não há nenhum objeto num objeto.

Na sétima parte — Te-ato: o bastão era entregue às pessoas do público. Aí nada era previsto, tudo ficava ao acaso do dia e do momento do espetáculo. Mas a aspiração era a de que o bastão representasse ações reais e não teatrais. Em resumo, terminada a esquizofrenia, e após a ressurreição, chegavam os tempos da ação para um novo homem que aprendeu um novo alfabeto, uma nova forma de comunicação, o da contestação permanente das formas deterioradas de alfabeto antigo, ou seja, da vida, como ela se apresenta na sociedade mascarada e reprimida.

Assim como, já o dissemos, havia todas as condições para que o "Trabalho Novo" se realizasse satisfatoriamente em Brasília, o mesmo não podia ocorrer em relação ao *happening Gracias Señor* em São Paulo e no Rio de Janeiro. É preciso aqui reafirmar alguns pontos, apesar da redundância. A contradição se iniciou no momento em que se tentou produzir um acontecimento novo, longe das propostas do "teatro-instituição", algo que não mais se chamaria teatro, dentro do espaço tradicional do edifício teatral. Como se isso não bastasse, com bilheteria e divisão em duas partes rígidas. O *happening* não se mantém dessa maneira. Jean-Jacques Lebel, um dos pontífices do *happening* europeu, sempre exigiu que a arte descesse à rua, que saísse do "zoológico" cultural e se enriquecesse com a contaminação do casual[12]. Além do mais, escolheu-se, no Rio de Janeiro, o Teatro Tereza Raquel, em Copacabana. Em São Paulo, o Teatro Ruth Escobar, segundo o próprio José Celso a Meca dos espetáculos da vanguarda estrangeira (*O Balcão*, por exemplo). Finalmente, a Censura viria colaborar para o seu fechamento no meio intelectual, seu hermetismo portanto, e sua proibição. Com todas essas contradições, seria impossível fazer uma análise que fizesse justiça ao "Te-ato", tomando-se por base o resultado dessas duas capitais. Como já frisamos, somente em Brasília, as reações da platéia, tais como foram descritas, antecipavam realmente um teatro fora das instituições convencionais, como um novo jogo de ações envolvendo unicamente atuadores num processo de integração total.

Não havia mais atores e espectadores. Existiam apenas pessoas inventando uma nova ação simbólica que por pouco não se transformava em vital. Momentos como esse são raros. É preciso, entretanto, ficar bem claro que, para esse "acontecimento", existiam condições bastante favoráveis. Em primeiro lugar, o espaço não-teatral, a arquitetura ampla de Brasília, com grandes planos que podiam ser compartilhados por todos, túneis e edifícios pelos quais se podia passar e subir. Áreas verdes propícias a largos encontros de confraternização. Além disso, os estudantes de Brasília sempre primaram por uma ação política vanguardeira, sempre dispostos e abertos à qualquer tipo de manifestação em seu *campus*. Se não bastasse tudo isso, tivemos também, nos atores do Oficina, o concurso de um dia de muita força e inspiração, conforme depoimento de

12. JEAN-JACQUES LEBEL, *Le Happening*, Paris, Ed. Denoel, 1966.

Renato Borghi[13]. Aqueles dois mil universitários, aceitando as regras do jogo proposto pela equipe, transformaram-se em algo tão fascinante e inusitado que chegou a assustar todos os componentes do grupo e temos a convicção de que José Celso, como coordenador e agora como ator, conseguiu, ali, pelo menos em um dia, realizar o seu "Te-ato".

Nome, entretanto, que poderia ser outro, se José Celso assim o quisesse, sem mudar o seu sentido básico. *Happening*, por exemplo, aquele que mais usamos nesta análise: jogos e surpresa. Atos instantâneos, espontâneos. Ação multifocal. Afastamento do eixo teatral. Busca dos sentidos, não apenas da inteligência. Sugestão, não representação. Impressionar, não apenas convencer. Destruir a inibição, produto da cultura ocidental representativa. Festa Teatral. Comunicação. Obra aberta à improvisação. Atos provocativos. Liberdade para participar, etc.

Ou quem sabe se não poderia usar o nome de "Teatro Pânico" que

(...) se realiza na festa pânica ... onde o homem pânico não é, mas está sendo. Pânico é um estilo de vida, uma forma de ação uma maneira de ser. Reencontro com a linha vital que se nega a considerar a arte como algo alheio à vida do artista, que se transforma em sua arte, vivendo igual ao que escreve ou representa. Mistura de vida privada e vida artística[14].

Ou talvez "Teatro-Revolução" do Living Theatre que, de um modo semelhante ao Oficina, no seu roteiro foi dos clássicos a Brecht e Piscator. Em 1958, descobriu Artaud. O Living, a partir de então, foi do texto à improvisação, da representação à participação, do teatro à rua. Esse grupo, que no dizer de Peter Brook

(...) existe pela representação, e suas representações contêm os movimentos mais intensos e íntimos de sua vida coletiva[15].

O público aliás, em São Paulo, percebeu a semelhança com esse estilo, pois lera a respeito de *Paradise Now* e viu o grupo numa criação coletiva no Embu[16].

13. Vide descrição na parte histórica, deste trabalho.
14. *Novos Rumos do Teatro*, p. 48.
15. PETER BROOK, citado *in Novos Rumos do Teatro*, p. 83.
16. Com efeito a estrutura de *Paradise Now*, espetáculo do Living, é realmente semelhante em certos aspectos, à de *Gracias Señor*. Também é dividida em partes (8) e os momentos mais próximos à criação coletiva do Oficina seriam:

Living
VIII — Ritual do Tu e Eu;
VII — Ritual das novas possibilidades;
VI — Ritual das forças opostas;
V — Ritual de viagem;
I — O Ritual do Teatro.

Oficina
I — Confrontação;
VII — O novo alfabeto;
II — Aula de esquizofrenia;
V — A ressurreição;
VII — O «Te-ato» (*Teatro y Revolución*, obra citada).

Eu diria que o "Te-ato" seria uma mistura de tudo isso, mas antropofagicamente engolido e vomitado por José Celso. Isso não é uma crítica, é uma constatação (afinal ele fizera anteriormente o mesmo e de maneira genial). O fato é que hoje é muito difícil dizer onde começam e terminam as influências. Os centros urbanos são semelhantes, no que tange aos problemas encontrados e à arte, na medida em que reflete esses problemas, tende a seguir um paralelismo de tendências. Quando o *Le Monde* publicou o seu artigo, não estava pensando especificamente na Europa, mas também em outros centros desenvolvidos culturalmente. Quando o Living Theatre veio, ingenuamente, ao Terceiro Mundo catequizar os "índios", encontrou o Oficina com problemas semelhantes e, segundo Fernando Peixoto, pareciam precisar mais do grupo brasileiro, do que estes precisariam deles[17]. A crítica maior, que podemos fazer a esta fase, está contida na contradição entre o manifesto do "Salto" e a realização do "Te-ato" *Gracias Señor*. Em primeiro lugar, José Celso afirmava que para o novo tipo de trabalho seria necessário um grupo tão integrado que vivesse em comunidade. Não bastava o contato diário na hora dos ensaios. Ora, a última peça foi montada com um grupo composto às pressas, após a dissolução da comunidade. Do mesmo modo, a agressão renegada, como um método, foi usada quase sem controle. E talvez o mais grave e citamos aqui o trecho do manifesto

(...) a eficácia da arte está no contato com o grande público, o povo e para tanto deve refletir de um modo crítico a cultura nacional... O Oficina quer destruir a cerca que separa o teatro do povo. Ele quer entrar em contato com o público que não costuma ir à teatro. Está na hora de quebrar a imagem de que o teatro é privilégio de elite...[18].

O Teatro popular, de fácil assimilação do público em geral, transformou-se num exercício hermético para o público universitário que sustentara o elenco em sua fase profissional. A imagem estava destruída? A crítica que Grotowski fez ao teatro radical norte-americano serve também ao Oficina de *Gracias Señor*:

Os norte-americanos nunca seguem suas próprias técnicas, e quando o fazem não podem mantê-las puras. Se aferram a qualquer suporte cultural; aprovam a tudo, desde a Ioga até à sensibilização de grupo e drogas. Buscam a segurança no grupo porque não a têm em si mesmos. Misturam arte e sociabilidade, os pro-

17. FERNANDO PEIXOTO, «Conferência sobre o Teatro Oficina», *ob. cit*.
18. JOSÉ CELSO, O Novo Está Velho e De Graça, o Oficina quer o Povo no Teatro, *ob. cit*.

blemas pessoais com os profissionais e, como resultado, o trabalho artístico se corrompe ...[19]

O último espetáculo com o nome do Grupo Oficina, *As Três Irmãs*, constituiu-se mais num canto de cisne do que numa montagem teatral. Novamente o Oficina iria ressuscitar seus fantasmas, mexer nas suas feridas, falar de si mesmo. Agora "um si mesmo" quase pessoal de José Celso Martinez Correa, solitário no "Grande Barco do Teatro Brasileiro" da década de sessenta. O Oficina já não era mais um elenco com uma proposta de pesquisa formal e uma ação ideológica programada. A bem dizer, o Teatro Oficina já não era mais uma *troupe*. A partir daquele momento, a história do grupo passaria a ser a de José Celso Martinez Correa, pelo menos a partir de 31 de dezembro de 1972, quando Renato Borghi o abandonou.

O teatro é uma arte essencialmente coletiva, faz-se por uma conjugação de pessoas que amadurecem juntas, ideológica e artisticamente. Hoje, vinte anos depois do nascimento do Teatro Oficina, quando escrevemos este trabalho, o teatro brasileiro ainda padece do desaparecimento do inquietante conjunto. José Celso volta ao País, após anos de exílio voluntário, e somente esse fato já augura dias melhores para a grande crise que assola hoje o nosso teatro, extremamente comercializado. Entretanto, a primeira frase que pronunciou foi: "Se eu não encontrar colaboradores, voltarei ao exílio". Ele sempre foi um homem de teatro e sabe que a formação de um grupo é algo tão penoso e maravilhoso como a própria arte de viver. Não vivemos um sem o outro, sem o grupo... É necessário o outro para que organize uma paixão, seja ela pelo teatro, pelo "Te-ato" ou pela vida.

---

19. JERZY GROTOWSKI, cit. *in Novos Rumos do Teatro*, p. 83.

# A LINGUAGEM TEATRAL DO OFICINA

## J. Guinsburg e Armando Sérgio da Silva

*Agora, imaginemos uma planície numa terra desolada. No primeiro plano, uma multidão inquieta de cidadãos aglomera-se nas ruínas de um velho templo. Atrás deles, um altar arruinado, repleto de artefatos. E, para além, o imenso espaço vazio. Um sacerdote esquálido, em roupas andrajosas, permanece diante do altar ruinado, ao nível da multidão, olhando para um espelho que reflete uma imagem deformada. Saltita grotescamente diante dele, espelhando sua própria imagem em várias posições bizarras. A multidão murmura ameaçadoramente e dispersa-se em parte. O sacerdote volta o espelho para os que ficaram, a fim de que reflita suas figuras, estupidamente sentadas no chão áspero. Arregalam os olhos para as suas próprias figuras, por um momento, penosamente refletidas; então, cheios de horror, fogem, lançando pedras para o altar e gritando furiosas imprecações contra o sacerdote. Este tremendo de raiva, futilidade e ironia, volta o espelho para o vazio. Ele está sozinho no vazio.*
ROBERT BRUSTEIN, *Teatro de Protesto*.

Não cabe a menor dúvida que o Teatro Oficina assinalou, durante toda a década de sessenta, uma presença revitalizadora na arte cênica brasileira. Em raríssimos momentos, um grupo nacional se mostrou tão vivo, polêmico e amparado por um público. Assim sendo, é natural que agora, quando surgem as primeiras tentativas de uma avaliação globalizante deste fato, sejam propostas algumas questões básicas sobre as razões de tal repercussão. Afora outros aspectos, como os sociais e políticos, que naturalmente se entrelaçam no conjunto, a indagação que vai aqui nos interessar mais de perto é a que diz respeito à especificidade artística do Oficina e o que esta representa de concreto. Teria ela, por exemplo, em algum momento, atingido uma expressão inteiramente característica, uma forma, um *modus fasciendi*, um estilo original que pudessem servir de elemento definidor das realizações marcantes do elenco, uma espécie de selo de sua obra estético-teatral?

Talvez não seja excessivo reiterar que as pesquisas teatrais de maior relevância estiveram, quase sempre, ligadas ao preenchimento de certas condições que, no caso do Oficina, nos parecem também terem sido atendidas. Uma delas, fundamental, ao que tudo indica, é a existência de um núcleo estável. Com efeito, no teatro, os esforços sistemáticos para alcançar algum tipo de coerência e unidade de linguagem, nos vários níveis envolvidos, efetuaram-se de um modo geral não só ao redor de indivíduos, diretores, atores, cenógrafos, de força artística impositiva, mas também no âmbito de grupos que, por um ou outro motivo, tanto por princípio quanto de fato, estavam em boa parte livres de compromissos, de outro modo, ineludíveis, com a renda da bilheteria e cujos membros, conseqüentemente, não dependiam, para a subsistência, da participação necessária na produção subseqüente. Assim, dois dos mais importantes trabalhos de investigação metódica no terreno da interpretação teatral foram feitos dessa maneira: o de Stanislavski, dentro de uma companhia estabilizada na cidade de Moscou, e o de Grotowski, em um laboratório dramático subvencionado pelo Estado. O inovador polonês pôde obter, destarte, atmosfera de tranqüilidade que sua busca requeria, quer em termos de concentração, quer de conjugação energética e existencial no corpo e na corporação do desempenho atorial. O mestre russo, cujos resultados exerceriam influência tão profunda no teatro moderno, desenvolveu o essencial de seu pensamento e de sua metodologia da atuação cênica no quadro do Teatro de Arte, num labor contínuo e exaustivo de quarenta anos que, tomados em conjunto, na perspectiva da arte que geraram, parecem confirmar o que Stanislavski dissera a um dos produtores da *troupe:*

A primeira coisa que é preciso fazer é criar uma companhia (entenda-se: permanente). Só assim terei ao mesmo tempo, uma obra e um Teatro[1].

Ora, na medida em que existiu efetivamente e não se reduziu a um simples nome, o Teatro Oficina sempre contou, se não com toda uma companhia, pelo menos com um pequeno agrupamento central, que absorveu e reelaborou todas as experiências e em torno do qual se organizaram sucessivamente os mutantes elementos periféricos.

Nascido nas Arcadas da Faculdade de Direito do Largo S. Francisco, a trajetória inicial do Oficina foi idêntica a de numerosos elencos universitários que corriqueiramente se constituem nas escolas superiores. São grupos que em pouco tempo apresentam, muitas vezes, resultados interessantes, mas que ficam de um modo geral nestes primeiros passos promissores. Têm um caráter quase obrigatoriamente transitório, pois o teatro não é a opção primordial, seja de vida seja de carreira, de seus componentes. O pessoal do Oficina, ao contrário, desde logo passou a encarar a atividade teatral como escolha básica, como centro dominante, não só de atração intelectual e artística, mas de trabalho profissional, relegando crescentemente para um segundo plano o curso de Direito. Contudo, foi talvez no "Teatro a Domicílio", um tipo de apresentação concebido com o fito de reunir recursos para levar à frente as encenações, que o grupo se afastou das práticas usuais dos nossos amadores universitários e percebeu no seu horizonte a possibilidade de um dia tornar-se um elenco permanente. Paralelamente, também, começou a decantar-se, aos poucos, no interior da *troupe*, o pequeno núcleo de participantes que serviu de pólo catalisador do empreendimento.

Enquanto este centro se manteve coeso, decidindo em comum as buscas e os caminhos da *troupe*, as crises e os choques, que inevitavelmente se produziam num processo teatral desta ordem, jamais chegaram a afetar a estrutura da equipe e tampouco as suas consecuções cênicas. É mais do que provável, para citar um exemplo, que a notável e exacerbada criatividade de José Celso não dispusesse de terreno tão propício para exercitar-se, sem os ensinamentos fundamentais e profundos ministrados pela vocação didática de Eugênio Kusnet, sem a perspicácia crítica de Fernando Peixoto ou a seriedade interpretativa e o senso grupal de Renato Borghi. Separados, cada qual poderia realizar,

---

1. CONSTANTIN STANISLAVSKI, *El Arte Escénico*, Siglo Veintiuno editores, México, 1971, p. 151.

como de fato realizou, por vezes, espetáculos do melhor quilate, mas nenhum deles, nem mesmo o encenador que integrou todas essas contribuições, faria um teatro tão conseqüente consigo próprio quanto o foi o Oficina.

Vê-se, pois, que, à sua maneira, o grupo dirigido por José Celso preencheu o requisito da estabilidade. Outra condição, não menos importante, era a da abertura para a experimentação. Ora, se há um traço a salientar no conjunto aqui em foco é a sua permanente insatisfação com os resultados artísticos que ia obtendo. Havia um constante questionamento do realizado e uma contínua expectativa de novas descobertas. A verdade é que, durante toda a existência do Oficina, verificou-se uma visível tentativa de entrosar, numa espécie de dialética, a expressão pessoal e o que deveria ser dito à platéia, isto é, de realizar a integração entre o elemento psicoestético e a mensagem social. Os estudos de interpretação, segundo o chamado Método de Stanislavski, forjaram nos componentes do grupo um critério imperativo: o da verdade orgânica daquilo que pretendiam transmitir ao público. Pode-se dizer que cumpriram à risca, sem que isto implique servilidade, mas encarnação própria, o preceito do mestre russo, transmitido por Kusnet:

> Para poder sempre conferir as leis objetivas da criação artística, devemos manter ininterrupto o desenvolvimento de nossa própria experiência subjetiva[2].

Impelidos pelo anseio de encontrar sua própria verdade não só como artistas, mas igualmente como seres humanos, foi no teatro e com a sua ajuda que plasmaram algumas de suas principais formas de atuar e pensar artisticamente. Antes de cada montagem, sobretudo as mais contestatórias, houve sempre uma longa fase de dúvidas e indagações pessoais de cada participante e, acima de tudo, dos elementos nucleares. Se, de um lado, essa constante problematização das idéias e das linhas de criação vigentes no grupo o conduzia a situações perigosamente conflitivas, de outro, impulsionou-o para a experimentação, levando-o a retomar e refazer em termos próprios algumas das mais importantes pesquisas e realizações da arte do teatro deste século, num espaço de tempo relativamente curto. Por vezes o Oficina se empenhou em apreender abordagens já cristalizadas (Stanislavski, Brecht, por exemplo), mas em outros momentos caminhou *pari passu* com o movimento teatral da atualidade no reprocessa-

---

2. EUGÊNIO KUSNET, *Ator e Método*, Rio de Janeiro, Ed. S.N.T., 1975, p. 151.

mento das concepções de Artaud, Meyerhold (Living, Grotowski) e com as investidas da vanguarda radical ("Teatro de Rua", entre vários).

A dificuldade, hoje, de distinguir o que vem a ser uma contribuição cênica inteiramente original, decorre da imensa gama de propostas teatrais contemporâneas. Em compensação, pode-se estabelecer, com certa facilidade, um pólo comum às pesquisas mais significativas neste terreno. Na verdade, a procura de uma linguagem cênica, com maior ou menor sistematização e codificação, por parte dos mais fecundos e coerentes homens de teatro de nossos dias, girou, com poucas exceções, em torno de um ponto, que foi o do estudo rigoroso de seu próprio meio de expressão artística. Nestes termos, questões críticas e fundamentais atinentes à linguagem mesma do teatro como tal ou ao seu posicionamento em certo contexto de realidade, ideologia ou estilo, suscitaram respostas não só ao nível da obra cênica, mas também do debate e da formulação teóricos. Aí, a voz passa a ser a de uma metalinguagem que traduz e mede o grau de consciência e amadurecimento da experimentação e sua síntese, dando-lhes ressonância ampla, senão universal, integrando-as no conjunto do processo teatral, sem com isso desligá-las da prática artística que lhes deram origem e significação específica.

O Oficina não fugiu à regra. Um exame de sua história mostra que efetivamente descobriu o teatro, como forma artística cheia de possibilidades no próprio curso de atuação do conjunto. E essa descoberta, à medida que ocorria e era absorvida, foi se articulando em maneiras caracterizadas de entender e fazer teatro.

Basicamente, trata-se de uma trajetória que comporta três grandes fases. Em cada uma delas, reinou na companhia um ponto de vista distinto acerca de alguns conceitos essenciais da arte teatral. Para compreender, pois, o sentido das sucessivas etapas e avaliar o seu peso no desenvolvimento global do elenco, faz-se necessário um rápido exame, pelo menos, dessas noções primordiais.

Antes de mais nada, é preciso considerar que o teatro se realiza em ato pela conjugação, em um dado espaço, de três elementos principais: ator, texto e público. Da relação ator-texto, surge a personagem em cena. É ela, a máscara, que dá ao teatro, entre os diversos gêneros de comunicação artística interpessoal, o seu lugar próprio. Da copresença física ator-público, decorre o modo pelo qual se verifica a apreensão sensível da obra cênica, isto é, o da percepção ao vivo. Assim, nenhum desses elementos pode faltar para que haja uma plena função teatral e, de seu equilíbrio, por distintas que sejam as maneiras de acentuá-los e estabilizá-los, depende não apenas da existência de um tipo de teatro e linguagem teatral, mas inclusive a riqueza de sua expressão.

Resta ainda examinar duas operações que, em si restritas ao palco, são indispensáveis à configuração e comunicação do universo cênico. Trata-se da concretização mimética e da articulação significativa. A primeira torna-se necessária para que a representação teatral seja apreendida. Pois sem as sugestões feitas a partir de similaridades no mundo real, por tênues e remotas como é possível que sejam, seria inoperável a percepção imediata de alguns aspectos da ficção teatral que permitem a decodificação mediata do restante pelo espectador. Mas a arte cênica não fica nisso no seu esforço para constituir e veicular a "peça". O outro recurso que utiliza é o da simbolização. Tudo quanto se apresenta em seu quadro, contanto que se mantenha no plano do "teatral", adquire um caráter simbólico. É o caso, por exemplo, de qualquer gesto, que deixa de ser sintomático, como é em geral na vida, e se converte em símbolo de si mesmo, por mais espontâneo e automático que pareça ser ou seja de fato. O teatro procura articular em termos de suas convenções constitutivas elementos provenientes do mundo real, e o caminho para uma linguagem cênica inovadora liga-se diretamente à capacidade da criação teatral inventar, agrupar e interrelacionar símbolos, isto é, ao poder de ela gerar uma articulação significativa a partir do palco.

A primeira fase relevante do Oficina caracterizou-se, desde que a companhia ingressou no trabalho profissional, pelo estudo da técnica realista de interpretação. A princípio, os exercícios inspiraram-se em ensinamentos do Actors' Studio, sobrevindo posteriormente as aulas de Eugênio Kusnet sobre o Método Stanislavski. Longo tempo foi dedicado à assimilação do desempenho psicofísico, sendo os resultados, desde logo, suficientemente palpáveis, do ponto de vista artístico, para que o grupo paulista, já então, passasse a ser apontado pela crítica e pelos mais qualificados setores do público como um dos melhores do país. É claro que, neste particular, o da apropriação fecunda das propostas stanislavskianas, o Oficina não estava inovando. Pelo menos quando encarado sob o prisma do movimento na ribalta internacional, era somente um dos muitos elencos que encontraram nas idéias do encenador russo os fundamentos de uma interpretação teatral consistente e o incentivo para uma busca incessante da verdade artística e humana. Mas, na proporção mesma em que o conjunto liderado por José Celso se empenhava nesta via, a fim de atender o seu compromisso com a representação orgânica e veraz, concretizava uma experiência cênica das mais singulares, no contexto brasileiro da época. Efetivamente, raras vezes um grupo nacional promoveu com tanto zelo e autenticidade a pesquisa do realismo stanislavskiano e, com ele, graças ao aprofundamento que propicia em itens cruciais da expressão e linguagem teatrais, a dos problemas do teatro e da vida nele representados.

Durante esse período, que termina com *Pequenos Burgueses* de Gorki, o elenco, ainda em estágio de aprendizagem, tinha uma visão bastante tradicional do fenômeno teatral. Fazia-se notar então um desequilíbrio ponderável entre os elementos da tríade básica do teatro. As montagens eram essencialmente calcadas no eixo ator-texto e, como conseqüência, a relação ator-público não recebia maior ênfase, ficando abandonada a si mesma, sem que houvesse qualquer tentativa de ativá-la de algum modo na função teatral, fora dos moldes costumeiros da recepção passiva. Isso vinha de um tipo de abordagem que R. Ingarden chamou de "cena fechada". Aí, o público é reduzido ao mero papel de observador impotente e distante:

> Tal modo de composição do universo representado e do jogo dos atores é, apesar de tudo, talhado segundo o espectador, mas de um espectador considerado ausente. Estima-se, com efeito, que o objetivo máximo da arte consiste em dar ao espectador a "natureza" em toda a sua nudez e no seu caráter inalterável na presença do espectador. Toda modificação introduzida no comportamento de uma personagem ou no desenvolvimento dos sucessos, e que tenderia a produzir um "efeito" no espectador, é percebida como um "artifício", como uma "falta de naturalidade", uma "falsificação" da natureza[3].

É claro que tal concepção, construída sobre a "ausência ou a desativação de um dos fatores do fenômeno, atenta contra a natureza específica da percepção do espetáculo teatral. A relação contemplador-obra de arte é, no teatro, *sui generis*, justamente porque o espectador, além de testemunhar a encarnação sensível da "peça", que a cada noite renasce das cinzas ontológicas que o tempo a reduziu na noite anterior, pode influir no próprio ato desta realização, visto que, copresença necessária no espa-

---

3. ROMAN INGARDEN, «As Funções da Linguagem no Teatro», in *Semiologia do Teatro*, S. Paulo, Ed. Perspectiva, 1978, pp. 158-159.

ço do teatro, "reage" sempre diante do que se desenrola à sua frente. Daí tornar-se possível que venha a "agir" também, quando mobilizado de alguma maneira, participando ativamente do processo desencadeado em cena. Mas, ainda que não ocorra tal ação, não se pode recusar o reparo de Dufrenne, segundo o qual:

... o espectador, como figurante em um público, colabora na execução da obra teatral...[4]

Compreende-se, por conseguinte, que o Oficina se preocupasse preferencialmente, naquela etapa, com a concretização mimética, relegando a um segundo plano o que surgiu, no binômio exposto mais acima, como a articulação significativa. Tudo isso advinha, por certo, do próprio estilo realista adotado, com seu alto grau de submissão ao texto dramatúrgico, fato que transforma muitas vezes o trabalho da *mise-en-scène* numa simples leitura apurada da obra literária. Daí resulta freqüentemente um tratamento privilegiado da palavra e da expressão verbal, em detrimento dos outros componentes da linguagem cênica.

Mas a jovem companhia só se daria plena conta desta problemática bem mais tarde. Por ora, o seu objetivo, em grande parte alcançado, era o de desenvolver um alto domínio artesanal de um desempenho alicerçado na verossimilhança histórica, social, psicológica e na veracidade artística e teatral, ou seja, numa síntese tão rematada quanto possível entre o compromisso com o real e a boa materialização cênica de um texto. Todavia, se os estudos empreendidos nessa primeira fase foram fundamentais para que o Oficina chegasse, posteriormente, a algo que, embora complexo, cambiante e de difícil apreensão, se poderia chamar de feição peculiar, na época não eram suficientes para proporcionar-lhe um *status* inteiramente diferenciado e muito menos uma linguagem própria. A verdade é que, apesar da assimilação e domínio quase perfeitos de um estilo de teatro, a idéia essencial de uma articulação consciente a partir do palco e da coparticipação do público achavam-se ainda nos bastidores, minimizadas, mesmo se discutidas. Somente após *Pequenos Burgueses,* ápice e termo de um primeiro período de aprendizado e aprofundamento, é que a questão se colocaria com traços mais precisos no tablado do Oficina.

O início dessa nova fase deu-se como fruto natural

4. MIKEL DUFRENNE, *Phénoménologie de l'Experience Esthétique*, Paris, P.U.F., 1967, v. 1, p. 86.

da conjunção, de um lado, da necessidade de encontrar, ao nível do conteúdo, novos registros temáticos dos problemas e das inquietações de nosso tempo, no Brasil e no mundo, e, de outro, a descoberta de novas possibilidades estéticas nas propostas do movimento teatral contemporâneo. Desde então, a balança, que oscilava entre a preocupação existencial e a social, começou a pender para esta última. Se, em 1968, nos termos do manifesto "Veja hoje, porque amanhã vai ser diferente", o Oficina expressava sua perplexidade ante a angustiosa situação do homem e de sua condição, tentando fazer opções e posicionar-se face à questão, no manifesto de *Os Inimigos* o grupo enveredava por uma análise social bastante concreta. Desse modo, era evidente que teria de abandonar o repertório dramatúrgico que alimentara e etapa anterior — onde o universo apresentado, embora visto à luz de engajamentos sociais e políticos, destacava apenas detalhes de grandes ações coletivas, sublinhando de preferência caracterizações individuais, em prejuízo da configuração dramática de conjuntos mais abrangentes da sociedade. Tal visão das coisas e do mundo já não satisfazia o pessoal do Oficina. Tendo começado a colocar-se intensamente o problema da decadência burguesa e orientando-se cada vez mais, em sua maneira de compreendê-lo, para a perspectiva do processo de classes e de agentes coletivos como sujeitos da História, sentia-se dia-a-dia menos atraídos por um gênero de peça em que, para empregar o enfoque da *Estética* hegeliana nas formulações de Gerd Bornheim, "a ação não se objetiva no sentido da realidade épica, mas no sentido da realidade subjetiva, ou lírica"[5].

Contudo, essa evolução só receberia um estímulo decisivo, do ponto de vista cênico, depois que alguns membros da *troupe* fizeram um estágio no Berliner Ensemble. Daí nasceram algumas das pesquisas que abririam, para o grupo paulista, a via de acesso efetivo a um tipo de encenação e espetáculo teatral capaz de sintetizar e traduzir os novos interesses e tendências do conjunto.

A teoria da "cena épica", desenvolvida por Bertolt Brecht e por ele instituída como base dos trabalhos do Berliner, vinha da tradição de pesquisas teatrais da vanguarda européia e russa, que se teceu a partir de Gordon Craig, Adolphe Appia, George Fuchs, Meyerhold, Max Reinhardt e Erwin Piscator, com o qual Brecht trabalhou. E foi nesse

---

5. GERD A. BORNHEIM, *O Sentido e a Máscara*, S. Paulo, Ed. Perspectiva, 1969, p. 25.

veio, fonte de importantes concepções da *mise-en-scène* moderna, que José Celso e seus companheiros encontraram alguns dos principais estímulos para as soluções criativas que definiriam, se é que alguma vez se definiram totalmente, o perfil do Oficina e o caráter de sua contribuição artística.

A idéia da articulação significativa com base na teatralidade tem sua origem sobretudo em Craig e Appia. O primeiro, com suas teorias sobre as funções simbólicas do palco e do desempenho, da potencialidade estética da convenção teatral, estabeleceu os direitos do poético e do plástico em cena[6]. O segundo, com sua reflexão de que o corpo humano em movimento no espaço cênico é que dá existência à arte do teatro. A obra teatral não seria, portanto, a soma de todas as artes, conforme a concepção wagneriana, mas algo inteiramente novo, uma arte singular e própria. Produto da ação corporal do ator, transformaria em sua dinâmica as contribuições de outras artes puras e originárias — como a arquitetura e a pintura, que são de natureza especial exclusivamente, ou a poesia, que é de ordem temporal — em uma manifestação essencialmente espaço-temporal, a arte do teatro[7].

O que era pouco mais do que um programa e um convite em Gordon Craig e Appia, tornou-se interpretação e realização concreta de teatro com Max Reinhardt e Vsevolod Meyerhold. Um, em seu ecletismo mas também em seu experimentalismo irrequieto, que o levou do teatro de câmara ao espetáculo de massa, numa estonteante caminhada de fascínios e prestidigitações cênicas; o outro, no rigor e na radicalidade de sua busca inovadora, no seu poder inventivo de encenador que pôs velhos teatros a falar uma linguagem espantosamente plástica e musical, visual e rítmica, carregada de significações inauditas, que se armam por fios de vibrações sinestésicas ou por borrões de figurações grotescas; ambos, em sua prática teatral, contribuíram decisivamente para que, no palco, o produtor sígnico de índices fosse substituído pelo criador de ícones cênicos, com seus espetáculos que não pretendem apenas roçar, mas sim entrar pelos olhos do público.

O problema da participação do público no evento teatral já era colocado, e com muita perspicácia, pelo arquiteto e teatrólogo alemão George Fuchs. A seu ver,

6. E. GORDON CRAIG, *Da Arte do Teatro*, Lisboa, Ed. Arcádia, s.d..
7. ADOLPHE APPIA, *A Obra de Arte Viva*, Lisboa, Ed. Arcádia, s.d..

"o valor artístico é recriado cada vez que é experimentado"[8]. Isto, no teatro, torna-se particularmente sensível, devido à natureza do espetáculo que se desfaz e refaz no próprio fazer-se, realizando-se na sucessividade temporal que "desrealiza" as concreções e encarnações espaciais do universo fictício apresentado. Ora, tal operação, pela qual se constitui o "teatro" à medida que se instauram como realidades imaginárias atos e ocorrências "reais" no palco, exige, necessariamente, para efetivar-se e consubstanciar a obra, o empenho ativo, a participação do olhar do espectador. Em outras palavras, para voltar às formulações do autor de *Revolução no Teatro*,

na audiência é que a obra dramática de arte realmente nasce — nasce na hora em que é experimentada — e ela é *diferentemente* experimentada por todo membro individual do auditório. O começo de uma obra dramática não está no palco ou sequer em um livro. É criado no momento em que ela é experimentada como movimento de forma no espaço e no tempo[9].

Mas, não há dúvida, toda essa indagação teórica e prática, que de Antoine a Jessner revolucionara o palco europeu, foi visualizada e lida pelo Oficina, naquele momento, principalmente através da óptica de Brecht. Mas, já por suas raízes, sempre voltadas para o existencial e humano, o elenco paulista ou, quiçá, seu núcleo dirigente, nunca polarizou seu interesse "exclusivamente" no domínio formal. O desenvolvimento dos meios de expressar teatro, sempre estiveram a serviço, neste caso, não propriamente do propósito de "aumentar a capacidade de divertir" brechtiana[10], mas de enriquecer a potencialidade da "expressão significativa". É aí também que se inserem as novas expectativas do Oficina em relação ao trabalho do ator e que talvez encontrem seu resumo nas seguintes observações do mestre do teatro épico com respeito ao desempenho:

Tudo o que o ator nos propõe, no tocante aos gestos e ritmos prosódicos, deve estar acabado, trazer a marca dos ensaios e o selo do rematado. O ator deve dar a impressão de facilidade, a facilidade das dificuldades sobrepujadas. Deve também cuidar para que o público não atribua demasiada importância à sua arte, ao seu domínio da técnica. Ele oferece uma representação acabada do acontecimento tal como este pode, em sua opinião, desenvolver-se

8. GEORGE FUCHS, *Revolution in the Theatre*, Ithaca-New York, Cornell University Press, 1959, p. 42.
9. *Idem*, p. 43.
10. BERTOLT BRECHT, *Teatro Dialético*, Rio de Janeiro, Civilização Brasileira, 1967, p. 125. Ver também no mesmo ensaio sobre «O Teatro Experimental» e, principalmente, em «Teatro de Diversão ou Teatro Pedagógico» a análise da questão.

ou ter-se desenvolvido na realidade. Não esconde que ensaiou, assim com oo acrobata não dissimula o seu treino; e sublinha que o depoimento, a opinião ou a versão que ele nos está dando é sua, ou seja, a de um ator. (...) O ponto de vista que o ator adota é *um ponto de vista de crítica social*. Enquanto trabalha para esclarecer o sentido dos eventos e para desenhar o caráter de sua personagem, traz à luz fatos e traços do âmbito social. Sua representação se transforma assim em uma conversa sobre as condições sociais, uma conversa com o público ao qual ele deve dirigir-se. Ele possibilita ao espectador justificar ou condenar esta situação de acordo com a sua classe social[11].

Nos primeiros espetáculos dessa nova fase, ou seja, *Andorra* e *Os Inimigos* (encenações de aprendizagem e, portanto, de transição) começou a aflorar uma tímida porém importante preocupação com a articulação dos elementos teatrais em termos de uma linguagem cênica. O trabalho do Oficina entrava em processo de complementação vital. Dessa maneira, a partir de uma visada social, cada vez mais forte, ao mesmo tempo que adotava a "cena aberta", iniciava a maior valorização da presença do público, o terceiro fator do trio fundante do fenômeno teatral. É verdade que não se pode falar, ainda aqui, de uma linguagem própria, pois o ideal é, de certo modo, o modelo brechtiano. Mas na medida em que avança o domínio da verdade cênica, a ampliação dos meios de organização simbólica e a intensificação do envolvimento do público numa coparticipação consciente, é possível dizer que se abre o caminho de uma expressão teatral com traços específicos. A referência, no caso, é evidentemente a *O Rei da Vela*, de Oswald de Andrade.

Pela primeira vez, o grupo procurava reagir conscientemente aos modelos alheios, com a segurança de quem descobria um meio de expressão ligado ao país onde vivia. De outro lado, também era a primeira vez que encontrava um texto nacional que atendia as proposições do elenco, no fundo e na forma. Sem maior receio, tudo quanto a companhia assimilara em seu largo estudo das correntes cênicas modernas foi integrado no espetáculo. Mas, em contrapartida, tudo isso viu-se submetido a um singular reprocessamento, em que se lhe mesclaram, numa fusão integrada, elementos colhidos em pesquisas sobre "a chanchada brasileira", "os mitos populares", "a semana de arte moderna", "a criação coletiva de cenários e figurinos" e o "novo método de interpretação" baseado na função social

11. BERTOLT BRECHT, *Écrits sur le Théâtre*, Paris, L'Arche, 1963, p. 152. Cf. *Teatro Dialético*, «Uma Nova Técnica de Representação», pp. 160-166.

da personagem. Repositório de muitos estilos, glosa das mais variadas propostas, a montagem combinou livremente múltiplos estímulos e influências em um espetáculo pletórico, espoucante, desbragado, furioso em seu grito e em sua crítica, mas dotado de indubitável originalidade e unidade, de riqueza dramática e pregnância significativa, com uma fala que fez, das numerosas inflexões estrangeiras nela embutidas, uma voz prosódica e sintaticamente nacional, a "grande comédia histórica" brasileira. Daí resultou uma expressão estética violenta, agressiva, extremada, que o crítico francês Bernard Dort, em sua apresentação ao espetáculo no Théâtre de la Commune, qualificou como

... não uma tranqüila experiência para fundar um teatro folclórico e nacional (como era o espetáculo brasileiro que fez correr Nancy e Paris, há dois anos, com *Morte e Vida Severina*), mas um apelo enraivecido e desesperado em direção a um teatro: um teatro da insurreição[12].

Mas o papel de *O Rei da Vela* não se circunscreveu à esfera estritamente teatral. Como uma espécie de ponta-de-lança de toda uma arremetida artística, que abrangeu também a música, a literatura e as artes plásticas, converteu-se na estridente, ainda que não programada previamente, manifestação cênica do chamado "Tropicalismo". Na verdade, se, como diz Augusto de Campos, "a Antropofagia oswaldiana é a própria justificação da Tropicália"[13], *O Rei da Vela* do Oficina foi o banquete que consagrou a devoração e deglutinação do Bispo Sardinha por seus pósteros...

Naturalmente, num projeto como o do grupo de José Celso, sempre aberto a novas experiências, em busca irrequieta mas ininterrupta da verdade social e humana na vida e na arte, não havia lugar nem para a idéia nem para uma tentativa de cristalizar, em metodologia e didática de trabalho, os frutos de uma realização sentida e entendida como puramente artística e teatral, por mais madura que fosse. Todavia, se a exemplaridade atingida era, por sua natureza, nada exemplar, nem por isso ela deixava de revelar, ao exame crítico-estético, o equilíbrio alcançado entre os três componentes fundamentais deste teatro. Com efeito, em *O Rei da Vela*, o Oficina conseguiu enfatizar de maneira adequada, não apenas a relação ator-texto, mas igualmente aquela outra, cuja valorização correta perse-

---
12. Comunicação pessoal de Sábato Magaldi.
13. AUGUSTO DE CAMPOS, *Balanço da Bossa e Outras Bossas*, S. Paulo, Ed. Perspectiva, 1974, p. 287.

guira debalde em outras encenações, ou seja, a relação palco-platéia. O público, por sua vez, espicaçado pela consciência do espetáculo e pelo espetáculo da consciência, num momento particularmente agitado e explosivo da vida nacional, respondeu com bastante intensidade, e não só ao nível lúdico e do aplauso, à solicitação que vinha do palco, tornando-se uma presença de algum modo atuante no processo de criação cênica.

Ao mesmo tempo, no tocante às duas operações pelas quais se plasma especificamente o universo da representação teatral, ou seja, a concretização mimética e a articulação significativa, a montagem da comédia oswaldiana mostrou até que ponto a companhia da Rua Jaceguai adquirira a capacidade de desenvolvê-la de maneira inusitada e inventiva em criações dramáticas inovadoras. A concretização mimética exprimiu-se, acima de tudo, no alto grau de sugestão verossímil que, tecendo-se paradoxalmente de dentro das numerosas figurações simbólicas e projeções grotescas de categoria e espécimes do mundo focalizado, contribuiu para a pronta decodificação do espetáculo e sua força de impacto. A articulação significativa conseguiu tornar sensíveis e comunicar dramaticamente os nexos de um texto controvertido e complexo, infenso até então à encarnação cênica, e de uma interpretação teatral não menos polêmica e complexa, graças a um trabalho de encenação que, além do verbo das dialogantes *dramatis personae*, soube criar um rico conjunto de elementos visuais e sonoros, verdadeiras trilhas semânticas paralelas. Inteirando e até revelando, junto com a palavra falada, sentidos que, de outra forma, não se constituiriam ou não viriam à tona, estruturou-se assim toda uma ordem de veiculadores de significação, uma espécie de linguagem ancorada na singularidade e na irreprodutibilidade de seus signos, mas, outrossim, dotada de surpreendente e estonteante expressividade e comunicabilidade teatrais.

Após a marcante *mise-en-scène* da peça de Oswald de Andrade, o jogo entre os elementos da tríade básica do fenômeno cênico voltaria a descompensar-se. Pois o elenco paulista, na esteira da grande lição apreendida no capítulo de *O Rei da Vela*, passaria a investigar com profundidade o eixo ator-público, tendendo a privilegiá-lo crescentemente, a ponto de ver-se levado, no fim, por força da procurada comunicação direta, a ultrapassar os próprios limites do teatro.

Seja como for, mesmo àquela altura, quando tal evolução apenas se iniciava, a postura contemplativa e a recepção audiovisual passiva, por parte da audiência, não mais contentava o diretor paulista e seu elenco. Findara-se o tempo da crítica bem elaborada, na base da reflexão amadurecida. O Oficina ingressava no seu período de agressão irreverente. Do ataque indireto e, no fim de contas, apesar do grosso calibre de seu grotesco de contestação, apenas intelectual e espiritual, encenado em *O Rei da Vela*, passava à provocação direta e ao ataque físico em *Roda Viva* — espetáculo em que o grupo não participou como tal, mas que, por seus efeitos sobre os rumos teatrais de José Celso e do Oficina, não pode ser separado do processo conjunto.

Tratava-se, agora, sob o ângulo ora em estudo, de enfrentar o problema da especificidade do teatro, arte que pode levar a sua percepção, se assim o desejar, a todos os sentidos do destinatário. Era preciso deixar patente que o espectador não era um ser apenas provido de visão e audição. Cumpria sacudi-lo de sua letargia, arrancá-lo de seu comodismo. Para tanto, não se devia hesitar mesmo diante de um tratamento de choque, fazendo-o "engolir sapos e gibóias", na base da "porrada"[14].

Artaud tornar-se-ia, então, sem dúvida, o grande inspirador do Teatro Oficina, embora não exercesse uma tutela exclusiva, pois Brecht, por exemplo, continuava sendo um nume dominante. Mas, o murro que se pretendia desfechar no grande dorminhoco, o público, não visava somente a acordar sua consciência crítica. Tal aspecto, é verdade, seria desenvolvido algum tempo depois. Naquele momento, porém, o interesse principal era mais restrito, girando em redor daquilo que o autor de *O Teatro e seu Duplo* caracterizou com o intento de

... restabelecer uma *comunicação direta*[15] entre o espectador e o espetáculo, entre o ator e o espectador, pelo fato de que o espectador, colocado no meio da ação, ser por ela envolvido e sulcado. Esse envolvimento provém da própria configuração da sala[16].

Para José Celso, em particular, a relação assim configurada passou a ser a questão-chave do processo teatral. Com isso, o diretor brasileiro via-se inscrito na corrente da *mise-en-scène* que, em nossos dias, procurou nas idéias

14. Afirmação de JOSÉ CELSO, ver cap. 5 e 7, nota 18.
15. O grifo é nosso.
16. ANTONIN ARTAUD, *Le Théâtre et son Double*, Paris, Gallimard, 1944, p. 103.

do poeta francês e de sua "crueldade" dramática os fulcros de uma revolução no modo de entender e fazer teatro. Em função de tais objetivos, principalmente, a palavra de ordem geral no movimento teatral, e mais ainda em sua vanguarda, foi a de pesquisar em profundidade a vinculação palco-platéia e suas potencialidades inexploradas, a fim de enriquecer a expressão cênica do comediante e intensificar a vivência teatral do espectador. É o que se reflete em Peter Brook, quando ele observa:

...Ocasionalmente, no que chama de uma "noite boa", (o ator) encontra uma platéia que contribui com um interesse ativo, com vida no seu papel de observadora — essa idéia *assiste*. Com esta "assistência", a *assistência* de olhos e concentração, desejos e divertimento, a repetição se transforma em representação. Então a palavra representação não mais separa ator e platéia, espetáculo e público; ela os envolve, o que está presente para um está presente para o outro. O público também passou por uma mudança. Veio de uma vida fora-do-teatro que é essencialmente repetitiva, para uma arena especial na qual cada momento é vivido mais clara e intensamente. O público assiste o ator e, ao mesmo tempo, para o próprio público, a *assistência* retorna do palco[17].

Um pensamento afim, não obstante a diferença de proposta e propósitos, guia Jerzy Grotowski em seu *Rumo a um Teatro Pobre*. Diz ele:

Prescindimos da planta tradicional que dividia palco e platéia: para cada produção, criamos um novo espaço para atores e espectadores. Assim se consegue uma infinita variedade de relações entre intérprete e público; os atores podem representar entre os espectadores, pondo-se em contato direto com o público...[18].

*Roda Viva* foi a primeira aplicação mais conseqüente dessa linha de indagações. As concepções artaudianas serviram de lêvedo a algumas das ousadias do espetáculo, fazendo com que, por exemplo, os atores quebrassem a moldura do palco e invadissem a área da platéia. Se, na segunda fase do Oficina, o da cena aberta, se tratava de estabelecer um diálogo com o espectador, agora, após *O Rei da Vela*, o intuito era o de provocá-lo, instigá-lo a atos de envolvimento, por meios contundentes, senão violentos. O público via-se compelido, não raro a contragosto, a entrar num jogo que ia além do faz-de-conta e o submetia a ações que, assumindo por vezes um caráter de agressão física, só podiam ser entendidas no contexto da vida real e não da arte.

17. PETER BROOK, *O Teatro e seu Espaço*, Petrópolis, Ed. Vozes, 1970, pp. 149-150.
18. JERZY GROTOWSKI, *Hacia un Teatro Pobre*, México, Siglo Ventiuno editores, 1968, p. 14.

Em todo caso, o importante nessa montagem era que a assistência não só tomava assento na sala, como era até certo ponto, de bom ou mau grado, levada a inserir-se no espaço cênico e a participar dos "atos" nele desempenhados, procedimento que seria o embrião do "Te-ato". Em contrapartida, se a relação ator-espectador, eixo da ativação do público, tornava-se objeto de um grande esforço de desenvolvimento, a do ator com o texto, geradora da personagem cênica, começou a ficar um tanto esfumada e confusa, na medida em que se desertava o espaço convencional, na tentativa de trocá-lo pelo espaço real. A máscara tornava-se menos configurada do ponto de vista dramático e teatral, pendendo antes para o lado do carnavalesco. A técnica de interpretação sofria alterações acentuadas, em obediência às novas formulações acerca da representação no teatro.

A bem dizer, nessas descobertas do Oficina, nem tudo era tão novo quanto parecia à primeira vista. Jarry, o futurismo italiano e russo, Tristan Tzara e os dadaístas, o movimento expressionista na Alemanha e o surrealismo na França, para mencionar alguns predecessores, haviam antecipado em sua época, tanto a arremetida contra os padrões da sociedade "burguesa" e seus valores culturais, como o empenho em subverter as "artes" consagradas, em suas formas e destinação. No teatro, embora cada movimento o assumisse de maneira diferente, com maior ou menor emprego dos recursos tradicionais e das convenções do palco e da platéia, um dos pontos, entre vários outros não menos nevrálgicos, foi o de realizar em termos efetivos, quando não revolucionários, o tipo de comunicação inerente ao teatro, ou seja, a comunicação coletiva. Tratava-se de intensificá-la e fazê-la chegar a níveis inatingidos no teatro convencional, através de espetáculos, eventos ou mesmo "espetáculos-eventos", que desencadeariam atos espontâneos de participação, com toda a gama de efeitos imprevistos e extravagantes, senão escandalosos, que tais intervenções poderiam suscitar.

Como se vê, nas linhas gerais de sua proposta, o Oficina não estava inovando na realidade, não obstante a estupefação que provocou em certos críticos e em vários setores do público. Todavia, na medida em que a colocação se fez essencialmente no palco, como produção cênica, certos elementos do trabalho teatral desenvolvido pelo elenco assumiram feições bastante diferenciadas diante do que o próprio grupo vinha apresentando e, até certo ponto, em relação ao que se afeiçoara fora dele, no conjunto de pesquisas afins. Um desses aspectos singulares foi o coro de que José Celso lançou mão em *Roda Viva*. Seus integrantes dariam origem a uma espécie de ator que não tinha paralelo na cena de vanguarda, anterior ou contemporânea, ao menos no âmbito estrito do teatro. De fato, a "ralé", apodo que seria atribuído a uma parte assaz particularizada da *troupe* do Oficina e constituída com acentuada participação de elementos vindos de *Roda Viva*, distinguir-se-ia pelo estilo violento, agressivo, de desempenho e expressão, onde o acento principal era o anticharme cafona da Broadway. Seus membros compensariam, segundo José Celso, com a percepção vivaz, a inteligência rápida, tudo o que lhes faltava em matéria de técnica de representação. Dispensavam-na, aliás. Podiam superá-la sem maior esforço pela capacidade de improvisação: eram "porraloucas", mas "geniais".

Este tipo de ator não era produto apenas do experimentalismo artístico vanguardista, nem do engajamento extremado na contestação sócio-política em que o elenco paulista embarcara de corpo e alma. Para a sua eclosão, também concorreu um movimento, talvez menos de idéias do que de sentimentos, uma classe de "onda" que àquela altura estava em impetuoso montante, agitando com a sua revolta e iconoclastia a vida cultural em diferentes países: a da contracultura. Os componentes da "ralé" encontravam-se direta ou indiretamente sob o seu influxo, movendo-se num círculo de tendências e principalmente num estado de espírito em que podia dizer com Norman Brown:

... Freud é a medida de nossa ímpia loucura, como Nietzsche é o profeta da santa loucura, e Dionísio, da louca verdade (...). Antinomia entre mente e corpo, palavra e ato, fala e silêncio, está superada. Tudo é apenas metáfora, só a poesia existe (...). Na visão dialética a desmistificação torna-se a descoberta de um novo mistério (...). É preciso dizer à próxima geração que a verdadeira luta não é a luta política, e sim pôr termo à política. Poesia, arte, imaginação, o espírito criador é a própria vida, a verdadeira força revolucionária, para reformar o mundo (...)[19].

Em conseqüência, o princípio da atuação passa a girar em redor de um novo centro. Em vez da representação, do "ser-outro", da transmissão acabada de uma personagem que deve ser acabada e convincente em sua

19. THEODORE ROSZAK, «A dialética da libertação: Herbert Marcuse e Norman Brown», *in Contracultura*, Petrópolis, Ed. Vozes, 1972, pp. 121-122-124.

forma para ser "aceita", sem maior resistência, pelo espectador, o ideal torna-se a marcada porosidade da máscara, sua inconclusão e abertura, para permitir o fluxo do "ser-eu", o extravasamento da subjetividade, da personalidade do ator, cujo desempenho é pura expressão individual, explosão de forças, provocativa e instigadora de reações ao mesmo nível, o da vivência intensa, aqui e agora.

É claro que, nestas circunstâncias, o trabalho de caracterização, no Oficina, começou a enveredar por um caminho *ateatral*, inundado de pulsões comunicacionais. As personagens iriam tornar-se parecidas com os seus próprios intérpretes, porquanto o "papel" atribuído aos atores era principalmente o de assumir-se cada qual a ele mesmo e "ser" ele próprio. O que houve depois, no mínimo até *Gracias Señor*, foi a radicalização desse processo de relacionamento contundente, irracional, anárquico, entre palco e platéia, e de carnavalização da máscara dramática. Mesmo em *Galileu Galilei*, um *intermezzo* em que a visada racional voltou a vigorar, a tendência conseguiu tomar a brida entre os dentes e disparar na cena do "Carnaval em Veneza". As sérias pesquisas sobre o pensamento teatral de Jerzy Grotowski, empreendidas durante os ensaios de *Na Selva das Cidades*, de Bertolt Brecht, só contribuíram para que o grupo continuasse a acentuar, de maneira cada vez mais extremada, não a inter-relação, mas a inter-ação ator-público. Com efeito, o ponto central do trabalho do diretor polonês reside justamente na confrontação: durante o processo de ensaio, na confrontação do intérprete com a personagem, mas no curso da apresentação, fundamentalmente na confrontação do ator com o público, do novo comportamento proposto pelo intérprete e o comportamento cotidiano da assistência — entre a arte e a vida, entre a vida e a morte. A bem dizer, já compareciam em *Na Selva das Cidades* quase todos os ingredientes de que se comporia o "Te-ato". Faltava apenas um, o fundamental. Pois se a máscara define praticamente o teatro, sua destruição, o des-mascaramento, deve destruí-lo, abolir o jogo entre ficção e realidade no palco.

Sem dúvida, este último elemento necessário à evolução ulterior não poderia aflorar inteiramente no decorrer dos preparativos para a encenação da citada peça de Brecht, sobretudo por causa das próprias concepções grotowskianas que tanto pesaram naquela realização. Isto porque se na teatralidade pobre a máscara é minimizada e considerada um meio e não um fim para o trabalho do ator, ainda assim continua existindo. Ela é, em tal visão, o suporte que sustenta a representação, devendo o intérprete confrontar-se com ela. Pode-se, portanto, afirmar que, para o encenador polonês, não há trabalho teatral sem personagem, só que o intérprete não se submete ao gesto da *dramatis personae*, mas cria o seu próprio sistema de signos, independentemente do sistema gerado pelo dramaturgo. Em suma, Grotowski considera que

... a personagem deve ser um bisturi para que o ator (...) descubra o que está escondido dentro dele — através do excesso, da exposição, da autopenetração — mas a disciplina externa precisa ser rígida; quer dizer, a forma, a artificialidade, o ideograma, o signo. Nisto consiste o princípio geral da expressividade[20].

O Teatro Oficina, na sua trajetória de buscas e experiências a partir de 1970, levaria ao limite a idéia de que o fenômeno teatral nasce e se concentra, quase exclusivamente, na co-autoria ator-público. Neste sentido, o grupo paulista se aproximava da corrente radical americana, cuja palavra de ordem era: "Nós não atuamos, nós somos". Para esse tipo de manifestação, o momento teatral seria sempre uma resposta, ou seja, quanto mais aguda a crise mais incisivo e extremado deverá ser o teatro em suas posições. Em busca da vida, teria de abandonar os cenários e ir para a rua. Assim, poderia efetuar-se a penetração da arte na vida, configurar-se artisticamente numa vinculação profunda, diminuindo a distância entre a realidade teatral e a realidade social. Tal era também a perspectiva no "Te-ato", mas com a diferença que aí ela era levada, com extraordinária audácia, às últimas conseqüências. A proposta era a de que fossem suprimidas todas as distinções e barreiras entre atores e espectadores, engendrando-se um conjunto de atuadores que, num jogo criativo, despido de máscara, promoveriam a comunicação e liberação coletivas. A coparticipação, que sempre fora entendida no teatro como um fator de apoio, passaria a ser real co-autoria em ação, ou seja, atuação. O atuador seria o instigador de novos comportamentos individuais e sociais... A vida renovada pela arte.

Toda esta visada, encontrou expressão sensível em *Gracias Señor*. Na "confrontação", que constituía a primeira parte do espetáculo-evento, discutia-se o tipo de

20. JERZY GROTOWSKI, *Hacia un Teatro Pobre*, pp. 31 e 34.

comunicação a ser estabelecido em seguida com os presentes nos assentos aparentemente reservados ao público. Os atores se recusaram a representar ao modo tradicional, rejeitavam a divisão entre palco e platéia, *repeliam a máscara e todo o fascínio da mentira.*

Com isso, a tríade básica do fenômeno teatral se desequilibrava por inteiro e, na prática, era despojada de um de seus elementos constituintes... a personagem. Com efeito, já não se podia mais falar de teatro *strictu sensu*, mas de um outro tipo de comunicação. Uma grave crise esboçou-se então e foi se agravando, à medida que as experiências começaram a desembocar em contradições fundamentais, como: racionalismo e irracionalismo, técnica e antitécnica, teatro-instituição ou teatro marginal, esquema empresarial ou comunitário e, por fim... falência ou não da comunicação teatral. E, na proporção em que o grupo logrou resolver a última das contradições citadas, ele foi levado a deixar o teatro e a adentrar-se no "Te-ato".

A proposição do "Te-ato" fecha um ciclo no roteiro do Teatro Oficina. No início, aqueles jovens deslumbrados com o palco usavam a arte cênica, a máscara, para falar de suas experiências, de seus sentimentos e emoções, em termos dramáticos da "existência" não só de uma geração, como em geral. Vinte anos depois estavam desiludidos com o teatro-instituição. Tiraram a máscara e quiseram olhar, sem disfarce, de cara limpa, o público, na procura de um novo relacionamento entre os homens e de uma nova visão humana. O ciclo se fecha, como o próprio ciclo da comunicação humana — a partir de si, para chegar ao outro e voltar ao reencontro de si mesmo, renovado.

É possível concluir, agora, ao fim deste exame, o qual nos fez acompanhar rapidamente a "viagem" de uma das mais fascinantes aventuras cênicas no Brasil que a "linguagem própria", o "estilo específico" do Oficina, se é que algo assim alguma vez se cristalizou, talvez o tenha sido na fugaz e brilhante explosão de *O Rei da Vela*. Mas a partir daí não surgiu, no elenco paulista, uma metodologia teatral nem um modo típico de formulação cênica e estética. De outro lado, cabe pensar também, e esta é uma hipótese a ser investigada mais detidamente, que a "linguagem própria" pode não ter-se configurado nesta ou naquela encenação, porém na maneira de o elenco da Rua Jaceguai encarar o fenômeno teatral, ainda que não exista uma atitude uniforme a abranger as várias fases de evolução da *troupe*. Em todo caso, é lícito discernir, por entre as sucessivas mudanças de enfoque e interesse, uma constante preocupação com a vivência e a autenticidade, com a busca experimental e a renovação de valores nos diferentes domínios do humano, com a relação entre arte e vida, expressão e linguagem, estrutura e forma, que exerceu efeitos significativos e peculiares no modo como o Oficina produzia teatro e no caráter de sua produção. Este conjunto de elementos, com uma articulação apenas implícita, constituindo-se, quando muito, a rigor, numa pré ou pára-linguagem teatral, talvez haja evitado que o grupo de José Celso caísse na situação paradoxal, e tão comum nas manifestações de arte desenvolvidas continuadamente por um certo período de tempo: a de se verem, por sua natureza artística, impelidas a buscar a linguagem da originalidade e, depois de agarrar-lhe alguma fímbria, perder a originalidade da linguagem.

De outro lado, ainda que não faltem na história da arte cênica, e mais ainda na da moderna *mise-en-scène*, cristalizações exemplares de linguagem teatral, é dado argumentar que esta exemplaridade foi sempre instituída *a posteriori* por uma reflexão crítica sobre o período propriamente criativo do grupo ou do encenador a cujo nome ela se vincula. Assim, o resultado obtido pelo Oficina não pode constituir-se em critério sobre o valor artístico de sua produção e, quiçá, seja até a prova de que, na realidade, a companhia atendeu com entrega total o modo de ser do teatro, que, embora se realize plenamente como obra de arte, não dota esta objetivação com o atributo da permanência: gerado num tempo que é sobretudo duração, carece de durabilidade. Em cada fase, em cada temporada, em cada espetáculo de um elenco, em cada ato, em cada cena, em cada quadro e até em cada momento de uma representação, ele se faz desfazendo-se. Em cada tempo, exige um novo espaço, porque mudam as condições e a forma de o homem ver-se, localizar-se, representar-se no plano de sua sociedade, de sua cultura e de sua consciência, global e individualmente — o homem de ontem, não é o de hoje e não será o de amanhã. Sua transitoriedade é outrossim a de seu gesto. E isto o teatro incorpora como nenhuma outra arte. A criação e a destruição do gesto é o seu gesto vital, que lhe permite continuar vivendo criativamente. Só a morte da criação viva é que faz o gesto em cena repetir-se maquinalmente.

Daí por que, enquanto houve pelo menos dois remanescentes do núcleo inicial tentando efetuar uma comunicação de alguma maneira teatral, o Oficina prosseguiu em seu itinerário, com a fluidez e a efemeridade orgânicas da vida do teatro. Em dado momento, restou do conjunto apenas uma pessoa, que teria de formar um novo núcleo e recomeçar tudo, se quisesse criar de novo um teatro vivo — condição indispensável para encetar uma pesquisa cênica rigorosa e a busca de uma "linguagem teatral própria". Mas esta já seria uma outra linguagem, não a do Teatro Oficina, de modo que recomeçaria a elaboração paradoxal de uma linguagem de teatro, forma de comunicação artística que *em seu cerne* se nega a cristalizar-se em linguagem, mesmo porque, como diz Anatol Rosenfeld[21]:

> O tema do teatro é o próprio teatro — o mundo humano; o tema do ator, o próprio ator — o homem.

---

21. ANATOL ROSENFELD, «O Fenômeno Teatral», in *Texto/Contexto*, S. Paulo, Ed. Perspectiva, 1973, p. 43.

## BIBLIOGRAFIA

*Artigos, Noticiário*

"Será inaugurado na quarta-feira o Teatro Oficina". *O Estado de São Paulo*, 13-08-1960.

"Inaugura-se hoje, com peça de Odets, o Teatro Oficina". *O Estado de São Paulo*, 16-08-1961.

"A peça deve mudar de nome e sofrer cortes". *O Estado de São Paulo*, 17-08-1961.

"Espera-se amanhã a solução do caso do Teatro Oficina". *O Estado de São Paulo*, 20-08-1961.

"Provável hoje a reabertura do Teatro Oficina". *O Estado de São Paulo*, 22-08-1961.

"Liberado ontem o espetáculo do Teatro Oficina". *O Estado de São Paulo*, 23-08-1961.

"Recurso do 'Teatro Oficina' à Censura Federal". (Rascunho escrito pelo grupo, encontrado nos arquivos do jornal *O Estado de São Paulo*, 02-09-1961.)

"Peça brasileira estréia hoje no Teatro Oficina". *O Estado de São Paulo*, 28-12-1961.

"*Andorra* em ensaios finais no Teatro Oficina". *O Estado de São Paulo*, 29-09-1964.

"*Andorra* aplaudida no Uruguai". *O Estado de São Paulo*, 13-12-1964.

"Gorki volta ao Oficina com *Os Inimigos*. (Censura libera peça proibida). *Diário da Noite*, São Paulo, s/d.

"Teatro Oficina elogiado pela crítica uruguaia". *O Estado de São Paulo*, 17-12-1964.

"Fogo destrói o Oficina". *O Estado de São Paulo*, 01-06-1966.

"Fogo". *Jornal da Tarde*, São Paulo, 01-06-1966.

"Fogo 'Teatro Oficina' sem fins lucrativos". *O Estado de São Paulo*, 04-06-1966.

"José Celso bate na madeira para falar de Máximo Gorki". *Jornal da Tarde*, São Paulo, 21-01-1966.

"Oficina: O mito do teatro novo". *Jornal do Comércio*, Rio de Janeiro, 04-12-1966.

"Os burgueses entram hoje em cena". *Jornal da Tarde*, São Paulo, 27-07-1966.

"O Oficina estréia hoje *Quatro num Quarto*". *O Estado de São Paulo*, 24-11-1966.

"Teatro: *Os Inimigos*". *O Jornal*, Rio de Janeiro, 06-05-1966.

"Um país imaginário". *Jornal da Tarde*, São Paulo, 02-09-1966.

"Oficina: Itália gosta, França não". *O Estado de São Paulo*, s/d.

"*O Rei da Vela* define o Oficina". *O Estado de São Paulo*, s/d.

"*O Rei da Vela* provoca reações". *Folha de São Paulo*, 04-10-1967.

"Etty Fraser" (Suplemento Feminino). *Folha de São Paulo*, 12-03-1967.

"Oficina envia carta a C.E.T.". *Diário de São Paulo*, 25-09-1967.

"Oficina altera marcação". *O Estado de São Paulo*, 11-10-1967.

"Conjunto estável do Teatro Oficina prepara programa". *O Estado de São Paulo*, 15-07-1965.

"*Roda Viva* entra em ensaios no Rio". *O Estado de São Paulo*, 10-12-1967.

"Chico Buarque fala de estréia teatral". *O Estado de São Paulo*, 17-12-1967.

"Chico conta sua peça". *Jornal da Tarde*, São Paulo, 27-10-1967.

"Todos com o Rei". *O Estado de São Paulo*, 11-04-1968.

"*O Rei da Vela* vai à Nancy". *Última Hora*, São Paulo, 12-10-1968.

"Artistas mostrarão na rua prejuízos que extremistas causaram à peça *Roda Viva*". *Jornal do Brasil*, Rio de Janeiro, 23-07-1968.

"A guinada de José Celso" (entrevista a Tite Lemos). *Revista da Civilização Brasileira*, (Caderno Especial n.º 2 — "Teatro e realidade brasileira"), Rio de Janeiro, 1968.

"Negros constroem o seu poder". *Última Hora*, São Paulo, 24-07-1968.

"Depoimentos sobre o teatro brasileiro hoje". (José Celso Martinez Correa e Augusto Boal), *Aparte — TUSP*, março/abril de 1968.

"Quem é este Galileu". *Folha da Tarde*, São Paulo, 04-12-1968.

"Maria José Motta: intérprete do espetáculo *Roda Viva* afirma: 'A cor de minha pele ajudou-me a ingressar no teatro' ". *Diário da Noite*, 09-09-1968.

"Terror contra o teatro: O Ruth Escobar foi depredado, os artistas espancados e despidos, a polícia assistiu". *Folha de São Paulo,* 19-07-1968.

"*Roda Viva* vem com policiamento". *A Tribuna,* Santos (S.P.), 20-07-1968.

"Eis que chega a *Roda Viva*". *A Tribuna,* Santos (S.P.), 24-07-1968.

"Elenco de *Roda Viva* rebelou-se no último sábado...". *Diário da Noite,* São Paulo, 05-08-1968.

"Flávio Santiago é o 'capeta' de *Roda Viva:* simboliza a má imprensa". *Diário da Noite,* São Paulo, 07-08-1968.

"Oficina estréia hoje *Quatro num Quarto*". *O Estado de São Paulo,* 24-11-1966.

"O Poder Negro". *Última Hora,* São Paulo, 07-08-1968.

"O Poder Negro como nós vemos". *Última Hora,* São Paulo, 04-08-1968.

"O Oficina vai à Ouro Preto". *O Estado de São Paulo,* 25-05-1969.

"Kusnet dá novo curso". *O Estado de São Paulo,* 25-05-1969.

"Grotowski no Oficina". *O Estado de São Paulo,* 29-04-1969.

"Um jovem Brecht estréia no Oficina". *O Estado de São Paulo,* 31-07-1969.

"Esqueçam Maria Garga por um momento" (entrevista com Ítala Nandi). *Jornal da Tarde,* São Paulo, 13-09-1969.

"A respeito da nudez de *Na Selva das Cidades*". *O Cruzeiro,* Rio de Janeiro, 04-12-1969.

"Suspensa a temporada do Teatro Oficina em São Luís do Maranhão". *O Estado de São Paulo,* 05-09-1970.

"O Oficina começa a inventar o futuro". *Jornal da Tarde,* São Paulo, 06-10-1970.

"Grupo Oficina abre temporada em Belém". *O Liberal,* Belém (PA), 07-09-1971.

"A caminhada do Oficina em busca dos *Sertões*". *O Liberal,* Belém (PA), 07-09-1971.

"De graça o Oficina quer o povo no teatro". *Jornal do Correio,* Pernambuco, 03-07-1971.

"Teatro da Paz terá uso regulamentado". *Folha do Norte,* Belém (PA), 09-09-1971.

"*Os Sertões* é tema de estudo em Nova Jerusalém". *Diário de Pernambuco,* 13-10-1971.

"Oficina vai usar o público no meio da rua". *Jornal do Comércio,* Recife (PE), 08-07-1971.

"Oficina — *O Rei da Vela* — Oswald". *Correio da Manhã,* Rio de Janeiro, 05-02-1971.

"Teatro Oficina despede-se hoje da platéia paraense". *O Liberal,* Belém (PA), 12-09-1971.

"Grupo Oficina passa do teatro morto ao 'Te-ato' ". *O Estado de São Paulo,* 14-01-1972.

"Grite, agrida, o Oficina agradece". *Jornal da Tarde,* São Paulo, 27-04-1972.

"O que o Oficina tem a ver com essa peça" *(As Três Irmãs). Jornal da Tarde,* São Paulo, 26-12-1972.

"O elenco, os preços, tudo muito popular" *(As Três Irmãs). Jornal da Tarde,* São Paulo, 26-12-1972.

"Sobre *Gracias Señor*" (Depoimentos de José Celso, Renato Borghi e Henrique). *Bondinho, Jornalivro* n.º 4, s/d.

"Teatro de Zé Celso, choca Portugal". *Crítica*, São Paulo, junho de 1968.

"O Teatro está na rua". *Última Hora*, Rio de Janeiro, 18-01-1972.

"Sempre defendi um teatro racional". (Depoimento de Fernando Peixoto), *Palco e Platéia*, São Paulo, junho de 1972.

"Ítala Nandi fala de *Roleta Russa*". *O Estado de São Paulo*, 03-05-1972.

"*As Três Irmãs*". *Jornal da Tarde*, São Paulo, 26-11-1972.

"Entrevista de Zé Celso". *Ex*, São Paulo, setembro de 1974.

"Trabalho, a medida do sucesso desse diretor". *Jornal da Tarde*, São Paulo, 25-11-1974.

"Promotor acusa os cinco detidos do Teatro Oficina". *O Estado de São Paulo*, 25-04-1974.

"Três acusações contra os presos do Teatro Oficina". *Jornal da Tarde*, São Paulo, 25-04-1974.

"Zé Celso preso". *Jornal da Tarde*, São Paulo, 01-06-1074.

"Zé Celso: *Galileu* choca a inteligência portuguesa". *Crítica*, São Paulo, 26-05-1975.

"A volta de José Celso". *Folha de São Paulo*, 31-08-1977.

## Críticas

PRADO, Décio de Almeida. *A Vida Impressa em Dólar*. *O Estado de São Paulo*, 17-08-1961.

COELHO, Nelson. Mas o Teatro não Morre. *O Jornal*, São Paulo, 19-08-1961.

JAFA, Van. Entrevista informal com José Celso Martinez Correa no Teatro Oficina. *Correio da Manhã*, São Paulo, 05-09-1961.

SILVEIRA, Miroel. Estréia do Teatro Oficina. *Diário de Notícias*, São Paulo, 17-09-1961.

PRADO, Décio de Almeida. José do Parto à Sepultura. *O Estado de São Paulo*, 31-12-1961.

PRADO, Décio de Almeida. A Encenação de *Andorra*. *O Estado de São Paulo*, 03-11-1964.

D'AVERSA, Alberto. *Os Inimigos*: Pretexto para um Espetáculo. *Diário da Noite*, São Paulo, s/d.

JAFA, Van. Gorki e os *Pequenos Burgueses*. *Correio da Manhã*, Rio de Janeiro, 06-05-1965.

GONÇALVES, Belmiro. *Os Inimigos*. *O Globo*, Rio de Janeiro, 05-05-1966.

PRADO, Décio de Almeida. *José, do Parto à Sepultura*. *O Estado Paulo*, 31-10-1964.

GONÇALVES, Belmiro. O Oficina Monta outro Êxito. *Visão*, São Paulo, 25-02-1966.

MAGALDI, Sábato. *Os Inimigos* voltam ao Oficina. *Jornal da Tarde,* São Paulo, 24-01-1966.

MENDONÇA, Paulo. *Os Inimigos. Folha da Tarde,* São Paulo, 31-01-1966.

PRADO, Décio de Almeida. *Andorra. O Estado de São Paulo,* 17-10-1964.

D'AVERSA, Alberto. O Teatro Oficina Continua Queimando. *Diário de São Paulo,* 04-06-1966.

OSCAR, Henrique. *Andorra* no Teatro Maison de France. *Diário de Notícias,* Rio de Janeiro, 06-10-1966.

MICHALSKI, Yan. Oficina Precisa de Ajuda. *Jornal do Brasil,* Rio de Janeiro, 03-06-1966.

GONÇALVES, Martim. *Andorra. O Globo,* Rio de Janeiro, 06-10-1966.

MICHALSKI, Yan. *Andorra. Jornal do Brasil,* Rio de Janeiro, 05-10-1966.

MAGALDI, Sábato. Que Espetáculo de Teatro. *Jornal da Tarde,* São Paulo, 29-07-1966.

D'AVERSA, Alberto. *O Rei da Vela:* Forma e Imagens. *Diário de São Paulo,* 28-09-1967.

MAGALDI, Sábato. *Andorra* Apela Contra a Mentira. *Jornal da Tarde,* São Paulo, 05-09-1966.

D'AVERSA, Alberto. *O Rei da Vela:* Abelardo II. *Diário de São Paulo,* 29-09-1967.

WOLF, Fausto. Teatro. *Tribuna de Imprensa,* Rio de Janeiro, 04-10-1966.

JAFA, Van. *Andorra* e o Bode Expiatório. *Correio da Manhã,* Rio de Janeiro, 27-09-1966.

VIRMOND, Eduardo Rocha. *Quatro num Quarto. Diário do Paraná,* 04-06-1967.

MENDONÇA, Paulo. *O Rei da Vela* — I. *Folha de São Paulo,* 03-10-1967.

D'AVERSA, Alberto. *O Rei da Vela:* Intérpretes. *Diário de São Paulo,* 01-10-1967.

MENDONÇA, Paulo. *O Rei da Vela* — II. *Folha de São Paulo,* 05-10-1967.

VIANNA, Hilton. Teatro Oficina Reabre Hoje.

PRADO, Décio de Almeida. Uma Perspectiva Crítica sobre Oswald de Andrade. *O Estado de São Paulo,* 1968.

GONÇALVES, Martim. *O Rei da Vela. O Globo,* Rio de Janeiro, 06-10-1967.

D'AVERSA, Alberto. *O Rei da Vela:* Forma e Conteúdo. *Diário de São Paulo,* 27-09-1967.

D'AVERSA, Alberto. *O Rei da Vela* de Oswald de Andrade. *Diário de São Paulo*, 26-09-1967.

D'AVERSA, Alberto. Oswald de Andrade, Comediógrafo. *Diário de São Paulo*, 25-09-1967.

D'AVERSA, Alberto. Nota Crítica: *O Rei da Vela*. *Diário de São Paulo*, 30-09-1967.

JAFA, Van. *O Rei da Vela*. *Correio da Manhã*, Rio de Janeiro, 26-11-1967.

MICHALSKI, Yan. Considerações em torno do *Rei*. *Jornal do Brasil*, Rio de Janeiro, 17-01-1968.

ALBERTO, Carlos. Num Metrô esse Conflito. *Última Hora*, São Paulo, s/d.

MAGALDI, Sábato. *Galileu*, um Espetáculo Ótimo. *Jornal da Tarde*, São Paulo, 18-12-1968.

RODRIGUES, Teresa Cristina. *Galileu* esse Velho Subversivo. *Jornal do Brasil*, Rio de Janeiro, s/d.

ALBERTO, Carlos. O Bom Menino Grita Alto. *Última Hora*, São Paulo, s/d.

MENDONÇA, Paulo. *Roda Viva*. *Folha de São Paulo*, 26/06/1968.

CARVALHO, A.C. Freud Explica. *O Estado de S. Paulo*, 23/08/1968.

ALBERTO, Carlos. Negros Constroem seu Poder. *Folha da Tarde*, São Paulo, 24/07/1968.

D'AVERSA, Alberto. *O Poder Negro*. *Última Hora*, São Paulo, 27/08/1968.

APOLINÁRIO, João. *Poder Negro* uma Palavra de Ordem e Violência. *Última Hora*, São Paulo, 22/08/1968.

APOLINÁRIO, João. As Regras do Jogo. *Última Hora*, São Paulo, 25/08/1968.

MORARI, Carlos. *O Poder Negro* Aqui. *Última Hora*, São Paulo, 07/08/1968.

MENDONÇA, Paulo. *O Poder Negro*. *Folha de São Paulo*, 21/08/1968.

MAGALDI, Sábato. Falta Força Teatral ao *Poder Negro*. *Jornal da Tarde*, São Paulo, 16/08/1968.

PAES, Cristovão. Vamos ao Teatro? *Jornal da Tarde*, São Paulo, 08/07/1969.

MAGALDI, Sábato. *Na Selva das Cidades*. *Jornal da Tarde*, São Paulo, 17/09/1969.

VIOTTI, Sérgio. Molière, 305 Anos Depois. *O Estado de S. Paulo*, 22/07/1970.

MAGALDI, Sábato. *Dom Juan*. *Jornal da Tarde*, São Paulo, 28/07/1970.

MAGALDI, Sábato. *Dom Juan*. *Jornal da Tarde*, São Paulo, 13/11/1970.

MAGALDI, Sábato. O Perigo Maior: Criar. *Jornal da Tarde*, São Paulo, 06/10/1970.

MICHALSKI, Yan. Os Burgueses não Morreram. *Jornal do Brasil*, Rio de Janeiro, s/d.

MICHALSKI, Yan. *Galileu* Versão 71. *Jornal do Brasil*, Rio de Janeiro, 14/05/1971.

MOURA, Jurandir. Oportunidade Única. *O Norte*, João Pessoa, 18/07/1971.

MARCONI, Celso. O Rei da Vela o Fogo da Tropicália. *Jornal do Comércio*, Recife, 30/06/1971.

DEL RIOS, Jefferson. José Celso Martinez Correa: O Novo está Velho. *Folha de São Paulo*, 19-02-1971.

LEITE, Adeth. Temporada do Teatro Oficina no Recife com *Pequenos Burgueses*. *Diário de Pernambuco*, 16-06-1971.

KLINTOWITZ, Jacob. Desta vez Galileu Morreu. *Tribuna da Imprensa*, Rio de Janeiro, 29/03/1971.

MICHALSKI, Yan. O Rei da Raiva. *Jornal do Brasil*, Rio de Janeiro, 16/02/1971.

TUMSCITZ, Gilberto. *Gracias Señor* ou "Revo-lição". *O Globo*, Rio de Janeiro, 04/02/1972.

TUMSCITZ, Gilberto. *Gracias Señor*, Salto ou Pulinhos. *O Globo*, Rio de Janeiro, 23/02/1972.

SOUZA, Rosane. *Gracias Señor* é um Soco na Cara. *Tribuna da Imprensa*, Rio de Janeiro, 07/02/1972.

MAGALDI, Sábato. A Volta do Oficina ou a Imagem Destruída. *Jornal da Tarde*, São Paulo, 27/04/1972.

GARCIA, Clóvis. Uma Proposta Parcialmente Bem-sucedida. *O Estado de S. Paulo*, s/d.

DEL RIOS, Jefferson. A Viagem de Ida ou de Volta. *Opinião*, São Paulo, 20 a 27/10/1972.

MAGALDI, Sábato. O Oficina Apresente o Resultado de suas Pesquisas. *(As Três Irmãs)*. *Jornal da Tarde*, São Paulo, 28/12/1972.

ROMEIRO, Maria Lúcia. Oficina em "Re-volição". *O Jornal*, Rio de Janeiro, 26/02/1972.

GONÇALVES, Martim. O Teatro não Está Morto: Te-ato, Atua-dores, Re-volição. *O Globo*, Rio de Janeiro, 27/01/1972.

BORGHI, Renato. A Crítica aos Críticos. *Folha de São Paulo*, 14/11/1975.

MAGALDI, Sábato. Sábato Responde. *Folha de São Paulo*, 21/11/1975.

MICHALSKI, Yan. José Celso em Portugal; o Mutante Coerente. *Jornal do Brasil*, Rio de Janeiro, 09/10/1975.

*Ensaios — Programas*

MAGALDI, Sábato. *A Engrenagem*. Suplemento Literário de *O Estado de S. Paulo*, 30/10/1960.

——————. *A Vida Impresa em Dólar.* Programa do Teatro Oficina, 31/08/1961.

——————. "Amanhã vai ser diferente." (Rascunho de ensaio escrito pelo Teatro Oficina e encontrado nos arquivos do jornal *O Estado de S. Paulo),* 03/05/1962.

——————. "Um teatro de análise". *(Os inimigos).* Programa do Teatro Oficina, 22/01/1966.

——————. *Quatro num quarto.* Programa do Teatro Oficina, s/d.

HELENA, Regina. Um Rei (de velas) no Oficina. *A Gazeta,* São Paulo, 03/10/1967.

CAMPOS, Haroldo. A Estrutura do *Rei da Vela.* Suplemento Literário de *O Estado de S. Paulo,* s/d.

CHAMIE, Mário. Interpretação da Peça. Suplemento Literário de *O Estado de S. Paulo,* 23/08/1967.

DIAFÉRIA, Lourenço. A Vela e o Dia Depois do Outro. *Folha de São Paulo,* 30/09/1967.

MACIEL, Luís Carlos. A Volta de Oswald de Andrade. *Jornal do Brasil,* Rio de Janeiro, 14/10/1967.

CAMPOS, Haroldo. Da Vela à Vala. Suplemento Literário de *O Estado de S. Paulo,* s/d.

RODRIGUES, Tereza Cristina. O Segundo Incêndio no Teatro Oficina. *O Rei da Vela. Jornal do Brasil,* Rio de Janeiro, 20/10/1967.

DE LAMARE, Germana. A Revolução Começa pelo Rei. *Correio da Manhã,* Rio de Janeiro, 17/10/1967.

ROSENFELD, Anatol. "O Teatro Agressivo". In: *Texto e Contexto,* São Paulo, Ed. Perspectiva, 1973.

LEMOS, Tite. Que é, o que é o Novo Teatro? *Jornal do Brasil,* Rio de Janeiro, set./1968.

LEITE, Luiza Barreto. Oswald, o Oficina e o Tempo. *Jornal do Comércio,* Rio de Janeiro, 14/01/1968.

PEIXOTO, Fernando. A Crise no Teatro. *Jornal da Tarde,* São Paulo, 07/05/1969.

MAGALDI, Sábato. O Jovem Brecht. *Jornal da Tarde,* São Paulo, 22/09/1969.

MAGALDI, Sábato. *Dom Juan:* Obra-prima de Molière. *Jornal da Tarde,* 17/06/1970.

MARCONI, Celso. *O Rei da Vela* o Fogo da Tropicália. *Jornal do Comércio,* Recife, 30/06/1971.

ALVES, Isidoro. Teatro e Ritual. *Folha do Norte,* Belém (P.A.), 09/09/1971.

Oficina: Um Compromisso com a Realidade Brasileira. Suplemento de domingo do *Jornal da Bahia,* 31-05-1971.

## Depoimentos — Roteiros — Resenhas

PEIXOTO, Fernando. Sempre Defendi um Teatro Racional. *Palco e Platéia,* São Paulo, junho de 1978.

PEIXOTO, Fernando. "O Teatro Oficina" — gravação de conferência feita no Teatro Aliança Francesa, em maio de 1977, 3 fitas cassete, 1 e 1/2 horas.

PEIXOTO, Fernando. O Rei da Vela. Depoimento dado aos alunos do curso "O contexto exterior da obra de arte teatral", de responsabilidade do Prof. Dr. Fredric M. Litto, em outubro de 1974 (Apontamentos).

FRASER, Etty. O Rei da Vela. Depoimento dado aos alunos do curso "O contexto exterior da obra de arte teatral", de responsabilidade do Prof. Dr. Fredric M. Litto, em outubro de 1974 (Apontamentos).

MAGALDI, Sábato. "Roteiro do Teatro Oficina". Depoimento dado aos alunos do curso "O contexto exterior da obra de arte teatral", em outubro de 1974 (Apontamentos).

CORREA, José Celso Martinez & BORGHI, Renato. "Depoimento sobre Teatro Oficina" dado à Bondinho n.º 4, s/d.

PEIXOTO, Fernando. A Verdade de Dom Juan. Jornal da Tarde, São Paulo, 17/06/1970.

CORREA, José Celso Martinez. "SOS". Depoimento datilografado, Arquivo da Secretaria Municipal de Cultura, s/d.

—————. "Roteiro de Gracias Señor". Rascunho datilografado, encontrado no Arquivo da Secretaria Municipal de Cultura, s/d.

MAGALDI, Sábato & VARGAS, Maria Tereza. Cem Anos de Teatro em São Paulo — IV. Suplemento do Centenário do Jornal O Estado de S. Paulo, 17/01/1976.

GUARNIERI, Gianfrancesco. "O Teatro de Arena: formação, importância e objetivos". Apostila mimeografada pelos seguintes órgãos: Comissão Estadual de Teatro e Sindicato dos Artistas e Técnicos em Espetáculos de Diversões no Estado de São Paulo, junho de 1977.

*Livros*

ARTAUD, Antonin. O Teatro e seu Duplo. Lisboa, Ed. Minotauro, s/d.

APPIA, Adolphe. A Obra da Arte Viva. Lisboa, Ed. Arcádia, s/d.

ALMEIDA PRADO, Décio. Teatro em Progresso. São Paulo, Martins Editora, 1964.

BORNHEIM, Gerd A. O Sentido e a Máscara. São Paulo, Ed. Perspectiva, 1969.

BRECHT, Bertold. A Vida de Galileu. São Paulo, Ed. Abril, 1977.

—————. Na Selva das Cidades. Rio de Janeiro, Ed. Civilização Brasileira, 1977.

—————. Estudos Sobre Teatrc. Lisboa, Ed. Portugália, s/d.

BROOK, Peter. O Teatro e seu Espaço. Petrópolis, Ed. Vozes, 1970.

BRUSTEIN, Robert. O Teatro do Protesto. Rio de Janeiro, Ed. Zahar, 1967.

CÂNDIDO, Antonio. *Literatura e Sociedade.* São Paulo, Ed. Nacional, 1965.

CÂNDIDO, Antonio e outros. *A Personagem de Ficção.* São Paulo, Ed. Perspectiva, 1972.

CARPEAUX, Otto Maria. *As Revoltas Modernistas na Literatura.* São Paulo, Ed. de Ouro, s/d.

DAVIS, Roger & PLANCHON, Roger e outros. *Teatro e Vanguarda.* Lisboa, Editorial Presença, 1973.

DESUCHÉ, Jacques. *La Técnica Teatral de Bertolt Brecht.* Barcelona, Ed. Oikos-Tau, 1966.

DUFRENNE, Mikel. *Estética e Filosofia.* São Paulo, Ed. Perspectiva, 1972.

——————. *Phénomenologie de l'Experience Esthétique.* Paris, Presses Universitaires de France, 1967, 2v.

GORKI, Máximo. *Pequenos Burgueses.* São Paulo, Ed. Abril, 1976.

GROTOWSKI, Jerzy. *Hacia un Teatro Pobre.* México, Siglo Veintiuno editores, 1968.

HETHMON, Robert. *El Método del Actors' Studio.* Caracas, Ed. Fundamientos, 1972.

INGARDEN, R. e outros. *O Signo Teatral.* Porto Alegre, Ed. Globo, 1977.

KUSNET, Eugênio. *Introdução ao Método da "Ação Inconsciente".* São Paulo, Fundação Armando Álvares Penteado, 1971.

——————. *Ator e Método.* Rio de Janeiro, Serviço Nacional de Teatro, 1975.

KAPLAN, Donald. *La Cadidad Teatral.* Barcelona, Ed. Anagrama, 1973.

——————. *Les Voies de la Création Théâtrale* (études réunis et présentés par Jean Jacquot). Paris, Ed. du Centre Nacional de la Recherche Scientifique, v. I - IV.

LEBEL, Jean-Jacques. *Teatro y Revolución.* Entrevistas com el "Living". Caracas, Ed. Monte Ávila, 1970.

——————. *Le Happening.* Paris, Ed. Denoel, 1966.

MAGALDI, Sábato. *Panorama do Teatro Brasileiro.* Rio de Janeiro, Serviço Nacional de Teatro, s/d.

——————. *Oswald de Andrade.* Tese de Doutoramento — Apresentada à Fac. de Filosofia, Ciências Humanas e Letras - USP. Cópia datilografada.

MEYERHOLD, Vsevolod. *O Teatro de Meyerhold* (trad. apresentação e organização de Aldomar Conrado). Rio de Janeiro, Ed. Civilização Brasileira, 1969.

PISCATOR, Erwin. *Teatro Político.* Rio de Janeiro, Ed. Civilização Brasileira, 1968.

ROSZAK, Theodor. *A Contracultura.* Petrópolis, Ed. Vozes, 1973.

ROSENFELD, Anatol. *Texto e Contexto.* São Paulo, Ed. Perspectiva, 1973.

——————. *O Teatro Alemão.* São Paulo, Ed. Brasiliense, 1968.

―――――. *O Teatro Épico*. São Paulo Editora, 1965.

SARTRE, Jean-Paul. *As Moscas*. Lisboa, Editorial Presença, 1974.

―――――. *A Engrenagem*. Lisboa, Ed. Presença, 1964.

―――――. *Entre Quatro Paredes*. São Paulo, Ed. Abril, 1977.

STANISLAVSKI, Constantin. *(1863-1963)*. Edição comemorativa, Moscou, Ed. du Progrés, 1963.

STANISLAVSKI, Constantin. *A Preparação do Ator*. Rio de Janeiro, Ed. Civilização Brasileira, 1968.

―――――. *A Construção da Personagem*. Rio de Janeiro, Ed. Civilização Brasileira, 1970.

―――――. *A Criação de um Papel*. Rio de Janeiro, Ed. Civilização Brasileira, 1972.

―――――. *El Arte Escénico*. México, Siglo Veintiuno editores, 1971.

―――――. *Teatro e Realidade Brasileira*. Caderno Especial n.º 2 da *Revista da Civilização Brasileira*, Rio de Janeiro, junho - 1968.

TCHEKHOV, Aton P. *As Três Irmãs*. São Paulo, Ed. Abril, 1977.

WILLIAMS, Tennessee. *Um Bonde Chamado Desejo*. São Paulo, Ed. Abril, 1976.

ZAMORA, Guerrero. *História del Teatro Contemporáneo*. São Paulo, Ed. Juan Flors, 4v., 1960.

# TEATRO NA DEBATES

*O Sentido e a Máscara*
  Gerd A. Bornheim (D008)
*A Tragédia Grega*
  Albin Lesky (D032)
*Maiakóvski e o Teatro de Vanguarda*
  Angelo M. Ripellino (D042)
*O Teatro e sua Realidade*
  Bernard Dort (D127)
*Semiologia do Teatro*
  J. Guinsburg, J. T. Coelho Netto e Reni C. Cardoso (orgs.) (D138)
*Teatro Moderno*
  Anatol Rosenfeld (D153)
*O Teatro Ontem e Hoje*
  Célia Berrettini (D166)
*Oficina: Do Teatro ao Te-Ato*
  Armando Sérgio da Silva (D175)
*O Mito e o Herói no Moderno Teatro Brasileiro*
  Anatol Rosenfeld (D179)
*Natureza e Sentido da Improvisação Teatral*
  Sandra Chacra (D183)
*Jogos Teatrais*
  Ingrid D. Koudela (D189)
*Stanislávski e o Teatro de Arte de Moscou*
  J. Guinsburg (D192)
*O Teatro Épico*
  Anatol Rosenfeld (D193)
*Exercício Findo*
  Décio de Almeida Prado (D199)
*O Teatro Brasileiro Moderno*
  Décio de Almeida Prado (D211)
*Qorpo-Santo: Surrealismo ou Absurdo?*
  Eudinyr Fraga (D212)
*Performance como Linguagem*
  Renato Cohen (D219)
*Grupo Macunaíma: Carnavalização e Mito*
  David George (D230)
*Bunraku: Um Teatro de Bonecos*
  Sakae M. Giroux e Tae Suzuki (D241)
*No Reino da Desigualdade*
  Maria Lúcia de Souza B. Pupo (D244)
*A Arte do Ator*
  Richard Boleslavski (D246)
*Um Vôo Brechtiano*
  Ingrid D. Koudela (D248)
*Prismas do Teatro*
  Anatol Rosenfeld (D256)
*Teatro de Anchieta a Alencar*
  Décio de Almeida Prado (D261)
*A Cena em Sombras*
  Leda Maria Martins (D267)
*Texto e Jogo*
  Ingrid D. Koudela (D271)
*O Drama Romântico Brasileiro*
  Décio de Almeida Prado (D273)
*Para Trás e Para Frente*
  David Ball (D278)
*Brecht na Pós-Modernidade*
  Ingrid D. Koudela (D281)
*O Teatro é Necessário?*
  Fátima Saadi (D298)
*O Teatro do Corpo Manifesto: Teatro Físico*
  Lúcia Romano (D301)
*O Melodrama*
  Jean-Marie Thomasseau (D303)

Impresso nas oficinas
da Gráfica Palas Athena
em janeiro de 2008